本書獲"饒宗頤學術館之友"資助出版經費,特此鳴謝!

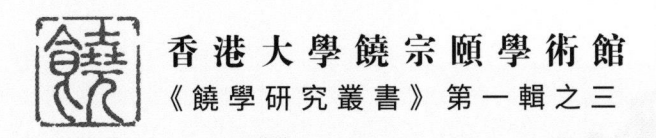

香港大學饒宗頤學術館
《饒學研究叢書》第一輯之三

饒宗頤先生《江南春集》
文獻及相關史料研究

羅慧 孫沁 著

A Study on Prof. Jao Tsung-i's *Jiang Nan Chun Ji*,
its related literature and other historical materials

中國社會科學出版社

圖書在版編目（CIP）數據

饒宗頤先生《江南春集》文獻及相關史料研究／羅慧，孫沁著. -- 北京：中國社會科學出版社，2024.8.（香港大學饒宗頤學術館《饒學研究叢書》）. -- ISBN 978-7-5227-4142-0

Ⅰ．C53

中國國家版本館 CIP 數據核字第 20248MX960 號

出 版 人	趙劍英
選題策劃	宋燕鵬
責任編輯	王正英　宋燕鵬
責任校對	李　碩
責任印製	李寡寡

出　　版	中國社會科學出版社
社　　址	北京鼓樓西大街甲 158 號
郵　　編	100720
網　　址	http://www.csspw.cn
發 行 部	010-84083685
門 市 部	010-84029450
經　　銷	新華書店及其他書店

印　　刷	北京明恒達印務有限公司
裝　　訂	廊坊市廣陽區廣增裝訂廠
版　　次	2024 年 8 月第 1 版
印　　次	2024 年 8 月第 1 次印刷

開　　本	710×1000　1/16
印　　張	17.5
插　　頁	2
字　　數	236 千字
定　　價	89.00 元

凡購買中國社會科學出版社圖書，如有質量問題請與本社營銷中心聯繫調換
電話：010-84083683
版權所有　侵權必究

叢書主編　鄭煒明

編　　委　鄭煒明　鄧偉雄

　　　　　羅　慧　饒清芬

《饒學研究叢書》總序

香港大學饒宗頤學術舘之《饒學研究叢書》第一輯出版在即，有幾句話必須借此機會清楚地說一下的：

一、什麼是饒學？饒學就是對饒師宗頤先生方方面面的開放式研究。本質上它屬於學人研究的範疇，一如研究王國維、陳寅恪、錢鍾書等等前輩大先生一樣。其中對錢鍾書先生的研究，也有"錢學"之名。饒師宗頤先生除了學術之外，還是個文學家，他在詩詞駢散文賦等等各種舊文體方面俱有所創作，充份體現了至為珍貴的民族文化傳統的內涵、形式和精神面貌，他的文學放在二十世紀的中華文化漢語文學史裏，也是應該深入研究的。此外，他又是一位開宗立派的書畫家，他學養豐厚、各體書畫俱佳，尤其是饒隸書法和西北宗山水畫，皆無愧於藝術創新的高要求。研究這樣一位文、藝、學三絕的文化史人物，難道就不能稱之為學？一直有些追求網紅效果和流量的學者和文人，批判說提倡饒學或創辦饒宗頤學術舘等等都是噱頭，是好名，是在攢個人崇拜等等。其實這種扣帽子的說法，只反映出持這種觀點的人內心並不干淨，沒有一絲對學術與文化的真正尊重和愛護而已。不過，我們尊重他們發表意見的權利。

二、要向一直支持我們饒學工作的各方朋友致敬、致謝。沒有你們，我們的路肯定更艱難。尤其要向饒宗頤學術舘之友、饒學研究基金和饒宗頤基金的長期支持致謝。饒學同仁莫不銘感五中。

三、叢書第一輯開始刊行，意味着第二輯也在路上了。饒學方興未艾，歡迎更多的同道參與進來，共同努力，使饒學成為深入認識中華傳統文化的一個合適的切入點。讓我們共勉之。

四、林子大了，什麼鳥都有。在饒學圈子裏，也的確已出現了極少數眼中只有錢的唯利是圖之輩。這種人的著作，當然就不會列入我主編的系列叢書內了，因為我知道饒師宗頤先生不喜歡這些。

鄭煒明　博士
香港大學饒宗頤學術館
高級研究員、副館長（學術）

2020 年 9 月 9 日
於澳門氹仔，新冠防疫隔離中

序

鄭煒明

羅慧、孫沁二人合著的這部專著，從剛開始時候的兩三篇研討會論文，到現在終於可結集付梓，不知不覺間也已經過了十餘年了。從最初期的並不長篇的論文，到眼前這部二百多頁的著作，作者曾經多次增刪修訂；尤其是香港大學饒宗頤學術館的羅慧研究員大約從2019年下半年孫沁離職起計，到經歷整個新冠疫情，前後至今的四五年來，就已為此書作了不下五六次的大修改，部份內容甚至乎是推倒重來，可見任何一個題目要成就為一部書籍，是並不容易的，過程中的種種辛苦，的確多有不足為外人道的地方。

此書先後近十稿我都看過，深知其中艱苦；尤其是近年來香港學術界魚龍混雜，曾有人在著作上鬧出過大笑話，這使羅慧這位年輕的學者更感到壓力倍添，越發對自己要求嚴謹了。現在回頭看，這一種精益求精的態度原也不是壞事。

擺在眼前的此書，我是深感欣慰的，原因有二：一、是體例好；二、是方法好。作者此書分上下兩篇。上篇着重於考論，首先綜論香港大學饒宗頤學術館饒學研究中心所藏的"《江南春集》檔案"，接着探討了《江南春集》的各種版本，也論述了饒先生寫這一種詩集的創作特色，而最後還論證了饒先生與這本詩集相關的書畫作品，從而點出饒先生的詩書畫同源和學藝相攜。下篇則着重於文獻和相關史料全面而系統的整理，透過對《江南春集》各種不同版本的校勘和內容的註解，最終首度提供了一個《江南春集》的足本，並附錄了與饒先生當年浙東之遊極密切相關的參考文獻和相關研究共兩種，也選錄了港大饒舘所藏的"《江南春集》檔案"、饒先生舊藏的當年逊東之遊的照片、饒先生當年逊東之遊時的速寫畫稿和相關書畫創作。作者在方法上沒有像時下不少青年學者那樣，盲從西方理論先行的做法。她們做到了饒先生曾在《華學》的創刊辭中要求過的反求諸己，踏踏實實地用上了中國傳統國學的目錄、輯佚、版本、校勘、箋註、考證等學術研究方法，並以文獻整理和史料之學為此書的基調，為今後的饒學研究樹立了一個優異的案例：饒先生（或任何一位前人）的每一種著作，都可以甚至乎是應該用這一種貌似最笨，而實際上是最根本的研究方法去做。個人認為也只有如此方可取信於後人。

　　饒先生著作很多，而且一向喜歡改來改去；學術著作如此，文學創作亦如是。今此書一卷在手，細讀之下，可推知或略窺饒先生改詩之法，而足本及相關史料匯於一編，大大方便了讀者，最是難得，亦可具見此書於饒學的文獻和史料價值了。至於作者多年來為研究《江南春集》文獻與相關史料而付出的努力不懈，堪稱之為饒學的功臣，相信絕非過譽。

　　是為序。

2024 年 1 月 1 日下午於蠔鏡寓廬

目　錄

上　篇

前　言 ··· (3)

第一章　"《江南春集》檔案"概貌 ··································· (6)
　一　"《江南春集》"檔案資料簡述 ································· (6)
　二　"《江南春集》檔案"所涉行迹初辨 ··························· (10)
　三　本章餘論 ·· (19)

第二章　《江南春集》版本考論 ····································· (21)
　一　《江南春集》已刊版本情況簡述 ································ (21)
　二　《江南春集》手稿版 ·· (24)
　三　《江南春集》稿抄本 ·· (28)
　四　散見他處的《江南春集》中詩作 ································ (29)
　五　《江南春集》的版本問題探討 ··································· (31)

第三章　《江南春集》的創作特色 ··································· (38)
　一　引言 ·· (38)
　二　《江南春集》的詩作體裁分佈 ··································· (38)
　三　向上一路：春風得意的詠景之作 ································ (40)
　四　學者本色：舉目皆史，詩為札記 ································ (42)
　五　學藝雙攜：書畫入詩，懷古寫今 ································ (45)
　六　學人之詩：用典與用韻 ··· (47)

七　小結 …………………………………………………………（52）

第四章　《江南春集》相關書畫考論 ………………………（53）
　　一　浙東旅途速寫畫稿 ……………………………………（53）
　　二　《江南春集》相關書畫作品 …………………………（54）
　　三　饒宗頤教授的藝術思想在《江南春集》相關書畫中的
　　　　體現 …………………………………………………（68）

餘　論 ……………………………………………………………（74）

下　篇

一　饒宗頤教授《江南春集》足本校註 …………………（79）
　　（一）整理說明 ……………………………………………（79）
　　（二）《江南春集》足本校註 ……………………………（81）

附一　同遊友人相關詩詞匯輯 ……………………………（179）
　　（一）梁耀明（鍥齋）……………………………………（179）
　　（二）韓穗軒 ………………………………………………（184）
　　（三）陳秉昌 ………………………………………………（190）

附二　天一閣藏明刊本《淮海居士長短句》考略 ………（196）
　　（一）引言 …………………………………………………（196）
　　（二）版本述介 ……………………………………………（197）
　　（三）編刻者與序者考 ……………………………………（203）
　　（四）孟本體現之詞學思想和價值 ………………………（206）
　　（五）小結 …………………………………………………（210）

二　《江南春集》相關史料選輯 …………………………（213）
　　（一）《江南春集》檔案選錄 ……………………………（213）
　　（二）《江南春集》照片選錄 ……………………………（236）

（三）饒宗頤教授江南旅途速寫畫稿 …………………………（240）

（四）饒宗頤教授《江南春集》相關書畫創作 ………………（250）

後　記 ……………………………………………………………（266）

上 篇

绪　论

前　言

　　此書源自香港大學饒宗頤學術館饒學研究中心藏"《江南春集》檔案"（檔案編號 A. Jg00.002）之發現與研究。

　　香港大學饒宗頤學術館饒學研究中心，即饒宗頤教授資料庫暨研究中心，原名"饒宗頤教授資料庫"，由鄭煒明博士於2005年倡議，2006年1月創立並開始運作，旨在收集、整理、保存及研究饒宗頤教授個人在教學、研究、生活，以及在學藝交流等方面的文獻資料及文物，藉以推廣學術研究，並讓更多人認識饒教授篳路藍縷的學術和藝術兩方面的貢獻與成就。多年來，在有關文物徵集、資料整理和深入研究的過程中，研究成果與文物收藏均日益豐富，現有藏品逾千件，包括饒教授各類著作的不同版本、筆記、手稿、書信、獎章、證書、照片、剪報、音像資料及其他相關的文物。此外，還有其他學者研究饒教授的資料等等。現階段，這批藏品已初步完成整理分類，主力轉向對藏品中大量手稿、書信的整理研究及編目工作。在中心的收藏中，此類藏品，無疑是最具學術和研究價值的。

　　饒宗頤教授作為蜚聲國際的百科全書式大學者，有著多方面的成就，而他中華傳統文體的文學創作，更可謂卓立獨行於當代中國文壇，別樹一幟。詩詞尤為諸大家稱道，被贊"兼採魏晉六朝唐宋人之長，隨體而施，靡不盡其神趣"（夏叔枚語）[①]，"已得大全智，圓滿大梵道"（錢仲聯借《唵聲奧義書·釋頌》語）[②]。饒教授一生學遊四

[①] 夏叔枚：《〈選堂詩詞集〉序》，（香港）選堂教授詩文編校委員會1978年版，第1頁。

[②] 錢仲聯：《〈選堂詩詞集〉序》，臺北新文豐出版有限公司1993年版，第4頁。

海,"世界五洲已歷其四;華夏九州已歷其七;神州五嶽已登其四"①,留下大量紀遊詩作。而因其人生際遇,諸多紀遊詩中,又多海外紀遊之作。域內紀遊詩,則大多作於1978年自香港中文大學退休之後、新千年之前,其中又以1980年代為最多。這些域內紀遊詩作大多見錄於結集於1991年之《苕俊集》,而獨立成集者,僅有《江南春集》一種。《江南春集》中的詩作,是為饒教授1980年代一次浙東之遊中所作。可見,在饒教授的心目中,此行、此集,當是更具有一定的特殊意義的。

2012年,我們在饒學研究中心大量有待整理的文稿類藏品中,發現了饒教授留下的一包與《江南春集》相關的詩作手稿、書信、筆記等資料,即"《江南春》集檔案"。其後數年中,又陸續於中心其他檔案中找到了與此次旅行有關的照片和旅途中的速寫畫稿。而在具體的整理研究工作中,更在饒教授已出版的書畫圖錄中找到了一些與《江南春集》有關的書畫作品——眾所周知,饒教授在學術之外,於書畫藝術上亦有極高造詣,更身體力行主張學藝相互滋養。這批完整而豐富的資料,使得《江南春集》成為已知唯一存有詩作原始草稿、相關研究資料也最多的詩集。檔案中的詩作草稿、相關筆記、文獻等使我們得以深入探究該集創作的時間和背景、有關的人物與事件,整理詩集的版本演變,更為研究者提供了一個窺探饒教授創作思路的難得機會;而現存的《江南春集》相關書畫,可讓我們由其中詩、書、畫三者的呼應和互動,對饒教授學藝融通的藝術人生有更為鮮活、全面的認識,從而進一步理解饒教授"學藝互益"的學術思想。相信這一檔案的整理披露,在饒學研究乃至古典文學、乃至文學史研究方面亦是頗有意義的,希望也能為近現代名人手稿乃至近現代古體詩文的創作分析研究提供新的探索路徑。此外,在研究詩集本身時,我們亦有意外的學術發現,進而終於解決了一個學界長期未有正確結論的文獻學問題。這一意外驚喜,除證明饒教授詩作本身之價值外,亦能更加印證這項看似瑣碎的研究之潛在意義。

系統處理這樣一批相對體量不大、但相當複雜的材料和研究成

---

① 季羨林:《〈清暉集〉序》,海天出版社1998年版,第2頁。

果,實非易事,也無前例可以參照。經多番考慮和調整,本書最終決定以研究論述及資料公佈並重為原則,分為上下兩篇。其中上篇除本篇《前言》及篇尾《餘論》外,分設四章,分別考察"《江南春》集檔案"的概貌,以及《江南春集》的不同版本、創作特色及相關書畫。下篇則由"《江南春集》足本校注"及"《江南春集》相關史料選輯"兩大部分組成。前者旨在通過詩作不同版本的比對,還原《江南春集》的最早面貌及創作修訂軌跡,並對詩作中所涉人物、名勝、典故、學術問題等加以考索,亦將同行香港友人所作詩詞匯輯附錄,以便參照。後者則是對書中所涉資料,包括原始檔案、舊照片、旅途速寫乃至相關書畫等,挑選其中最具學術價值者進行選錄,以便讀者查閱,最大程度重現當年這一文化之旅的風雅韻味,亦便於後來者的進一步研究。

第一章　"《江南春集》檔案"概貌

一　"《江南春集》"檔案資料簡述

這批檔案資料在發現時，全部存放在一個5.5釐米×10.5釐米大小的文件袋內，共48份。大部份為手稿，共有31葉，乃詩作的草稿、抄定或相關筆記。其他則有信件1份，手書行程計劃1份，寫有李白《夢遊天姥吟留別》詩句草稿的信封1份，剪報2份，景點導覽折頁1份，文章複印件1份，名片7張，論文抽印本1份，記事便條2份。經辨認，手稿中所見詩作不少與《江南春集》中所錄相吻合，而其他材料亦都顯示與饒宗頤教授這次浙東之行有關，故以此集為檔案命名。

現將主要檔案內容分類介紹如下：

1. 詩作手稿

如前述，手稿是檔案的主要組成部份，《江南春集》今存的詩作中，幾乎都能找到相應的稿本，多為饒教授手書，有些還不只一稿，多有刪改修訂的痕跡，字跡從凌亂到工整皆有之，與今存本亦偶有出入，從修訂的痕跡，以及與詩作內容相關的筆記中，可窺饒教授創作的思路，故十分珍貴。但是值得注意的是，偶有手稿的字跡與大部份手稿上的並不一致，或是由同行之人抄錄。如《雁蕩即事》的手稿中，在"媧皇煉得態何奇，虎視龍飛各合宜"句的旁邊，有"饒作"二字，許是饒教授即興賦詩時，同遊之人為之抄錄。抄錄者究竟何人，有待進一步的確認。

另外，這些手稿還有一個非常突出的特點，即大部分書寫於酒店信箋或意見書之上。如第一首《西郊賓館喜誦鍥翁催花詩》，即是寫在蘇州飯店的意見書上，有又如《天台遣興》是寫在天台賓館的信箋上，而《登天一閣》則是寫在寧波華僑飯店的信箋上⋯⋯等等。相信應是饒教授在途中即興賦詩，故而隨手取用入住酒店提供的紙張；亦因此可斷定，這批手稿大多為該次旅途之中的原始創作。

2. 行程表

該行程表乃饒教授手書，簡明列出了整個旅程的時間和目的地，是這些資料中最為重要的一項。根據行程表上記載，3月7日星期三，7點前到達機場，乘坐的是國泰航空CX300航班飛往上海，3月8日前往蘇州崑山，3月9日往蘇州鄧尉看梅花後返回上海，3月10日前往杭州，3月11日過紹興、上虞、嵊縣、新昌、天台，夜宿天台山賓館，3月12日上午遊覽完天台山國清寺後，即前往溫嶺，夜宿雁蕩招待所，3月15日沿來時路，到達寧波，3月17日到杭州，然後在3月18日返回香港。共十二天十一夜的旅程。背面為手繪簡單路線圖。

以此比對《江南春集》，可發現第一首詩就是《西郊賓館喜頌鍥翁催花之什》。西郊賓館位於上海，而《江南春集》的前序中亦提及"梁鍥齋有鄧尉、超山賞梅之約"，與行程表上所記載飛往上海之地點吻合，又與之後行程表上記載前往蘇州看梅花之事情吻合。可以確定，這張行程表應該是饒教授《江南春集》中所說的浙東遊之行程。

3. 信件

此信乃檔案中唯一的信件。由落款得知，這封信是楊勇（1929—2008）先生所寫。按楊勇，字東波，浙江永嘉（今屬溫州市）人。香港私立新亞書院中文系畢業，香港大學文學碩士。曾任香港中文大學中文系助教、副講師、講師、高級講師及高雄師範大學研究所教授等職，乃著名的魏晉南北朝歷史文化研究的專家，著有《世說新語校箋》《陶淵明集校箋》《洛陽伽藍記校箋》等。饒宗頤教授是楊勇先生的碩士生導師，《世說新語校箋》即為饒宗頤教授指導的碩士畢業論文。此信不長，茲錄全文如下：

饒公：浙江故蹟，真是美不勝敘，山水秀麗，更是江南第一。若從上海到江蘇先觀梅林為快，次入浙江，則可從上海坐船到寧波，不知范欽藏書樓今仍開放否？再坐船到溫州樂清，遊北崖，再南下坐車遊南崖，中經溫州市，可見江心孤嶼，唐塔宋塔及謝公亭謝公墨池，皆在人間，可惜時不我遇，少人嚮導，但公稔謝詩，不難再見謝公足跡。北上歷青田，經諸暨，有美女村，然已不美，可不看西施住處。及入杭城，初至杭縣近郊，頗知一片平原，帝鄉婉在目下，氣魄雄偉，不下金陵北園。如此紹興上虞，難以遍書。或在杭州休息一天，次日再有雅興，可專車至蘭亭，見曲水流觴之勝，及謝公始寧，不過此皆屬歷史陳物，不足為今人遊也。所知有限，不如一問旅遊者意見，及較經濟入情。吾公此行，生無緣導遊，心甚歉咎，另日重行，或可更溫此遊之不足邪？悵甚。即頌

　　旅間愉快。多帶點衣物，保暖為上，春寒難耐，珍愛是本。
生楊勇再拜　三月一日午。

饒教授應曾就此行致信楊勇先生，請他推薦江南名勝。楊勇先生因而以"本地人"的身份和學者的博學，向饒教授介紹了一系列知名文化遺跡；其中不少遺跡與南北朝著名詩人謝靈運有關，在當時屬於"少人嚮導""不足為今人遊"的"歷史陳物"。楊勇先生所建議的"上海——寧波——溫州——杭州"路線，雖亦包括了饒教授一行確曾探訪的寧波天一閣、紹興蘭亭等名勝，但與前文之行程表方向則完全不同。考慮到楊勇先生寫這封信時（3月1日）已經距離這次旅行啟程（3月7日）不到一周，加之信件到達饒教授手上可能還需要時間，饒教授一行在計劃行程時大約很難來得及參考楊勇先生的建議。但該信背面另有饒教授手跡，上面除了一些關於旅行途經名勝（如新昌石城山大佛寺）的筆記外，更有《崑山謁亭林公園》《題青藤書屋》《高椅途中》等《江南春集》中詩作的草稿，從詩稿的修改痕跡看，應是旅途中所寫。也就是說，楊勇先生此函是被饒教授一路帶在身邊的。

4. 剪報

檔案中，剪報有二：

（1）鳳三：《鄧尉》，某報"夏曆甲子年二月廿五日"第十五版"花邊小品"專欄

鳳三，即馮鳳三（1918—2006），是二十世紀五十至七十年代於香港頗為活躍的職業作家。① 這是一篇介紹鄧尉山梅花的散文。經查，此剪報來自《星島晚報》1984年3月27日（即"夏曆甲子年二月廿五日"）第十五版。值得一提的是，經翻查當日報紙，我們發現在此篇專欄同版還刊有韓穗軒《江南詞》，錄詞四首，有序曰："甲子仲春，與梁鍥齋、饒選堂、陳秉昌諸君子結伴訪梅，徘徊於兩湖之間，尋復遠游雁蕩，周覽山川秀色。因依周美成韻成詞數闋，以留紀念。"亦與饒教授"鄧尉、超山賞梅之約"的說法相合。

（2）韓穗軒：《江南紀事詩》

分上、下二篇，由兩期報紙剪拼而成：上篇托底，下篇貼於上篇之上。經查，此剪報亦來自《星島晚報》，上篇刊於1984年4月16日第十版，下篇則刊於翌日（1984年4月17日）第二版。詩有序："甲子仲春，應梁鍥齋約，與饒選堂陳秉昌諸君子作蘇杭訪梅之游。道出樂清，暢游雁蕩。並及嘉興、紹興、無錫、寧波、奉化。成詩二十餘首，錄之如次。"

此二剪報為幫助我們瞭解浙東之遊的時間、人員及路線皆提供了極為重要的線索。

5. 名片

名片共有7張，除去4張為旅行社職員的名片外，另外3張名片分別為：

（1）"中國攝影家協會會員、英國皇家攝影協會會士（ARPS）、

---

① 馮鳳三，原名馮元祥，祖籍慈谿，生於上海，新中國成立前活躍於上海文壇，曾以馮蘅為筆名，在《萬象》發表長篇連載小說。1950年南來香港定居，賴筆耕為生，用司明、司徒明、馮鳳三等筆名撰有大量報刊專欄文章、歌詞與影視劇本。

（大眾電視）雜誌社特約記者　馬元浩"

（2）"天一閣文物保管所所長　邱嗣斌"

（3）"Collège de France Instituts d'Asie Hautes Études Japonaises Jiko Kyodo"（法蘭西公學院日本高等研究所京戶慈光），名片背面則用中文手寫"京戶慈光　台東區淺草2—31—2　淺草寺內日音院"

饒宗頤教授的這次浙東遊，至今已有三十多年，若要仔細追溯當年遊覽往事，或是完整還原當時情景，這些名片亦可作為線索資料。

6. 景點導覽折頁

此為天一閣導覽，共三折頁，內有天一閣簡介。上有饒宗頤教授手書筆記，可辨認者有"和义路掘唐船□□"，以及"許孟光"和"函林士民□□"。

7. 文章複印件

文章名為《保國寺》，單面印刷，共兩頁半。上有饒宗頤教授手書"寧波導遊"四字，以此為線索，查得此文見刊於玉浦、季子編寫之《寧波導遊》（杭州：浙江人民出版社1980年版）一書。①

二　"《江南春集》檔案"所涉行迹初辨

1. 浙東遊成行之年月

按目前通行最廣之饒教授《江南春集》的版本（《江南春集》版本問題見下文探討），前有自序曰："一九八五年春，梁鍈齋有鄧尉、超山賞梅之約，程十髮復為安排浙東之游，遂遍歷會稽天台雁蕩諸勝，得詩一卷，聊紀行蹤云。"後人亦有隨此序，將日期錯記為該年者。然而筆者認為，時間實應為1984年，而非1985年。理據有三：

一、據檔案剪報韓穗軒《江南紀事詩》，其序言所提時間為"甲子仲春"，而饒教授《江南春集》中提到的友人梁鍈齋，有《聽曉山

---

①　筆者所查證之版本為浙江人民出版社1980年3月第一版第一次印刷，書中相應書頁與複印件完全一致；未知此書日後是否再版或重印，故不知此複印件的確切版本出處。

房續集》，中有名為《江南行》的組詩，亦有"甲子二月"這一小注。① 另，檔案中的饒教授手書行程表，上有"3月7日星期三"一條。經查，1984年（甲子年）3月7日，確實是星期三；1985年3月7日則為星期四，與紀錄不符。

二、1985年2月的《明報月刊》第二十卷第二期刊有饒宗頤教授所發表的名為《浙東遊草》的一輯詩作，其中的內容與《江南春集》大部份相同，只是略少了幾首。此應為《江南春集》第一次公開發表。由此知旅行必早於1985年2月。

三、1985年1月26日，饒教授有作《與謝和耐教授書》，見諸《固庵文錄》，亦有言及"去年春，漫遊浙東，至天台雁蕩，途中有詩懷念戴老（筆者按：即法國漢學家戴密微 [Paul Demiéville, 1897－1979]），用謝靈運廬陵王墓下作原韻"②。此詩即《江南春集》中之《臨海道中，懷故法國戴密微教授，用大謝廬陵王墓下韻》。

因此筆者確認，浙東遊的成行確切時間為1984年3月，而目前通行之"1985年春"的說法應當是饒教授這組浙東紀遊詩在多年後收錄成集時之誤記。

2. 浙東遊同行或遇見之人

根據饒教授《江南春集》序言可知，梁鍠齋和程十髮兩位是浙東遊的同行之人，開篇就有《西郊賓館喜誦鍠翁催花之什》《又作示程十髮》分別以兩人入題。

"安排浙東之遊"的程十髮先生（1921—2007），名潼，字十髮，室名步鯨樓、不教壹日閑過之齋、三釜書屋、修竹遠山樓等，上海松江人，為中國海派書畫巨匠，在人物、花鳥方面獨樹一幟，又尤以連環畫、插畫而著稱。曾任中國美術家協會理事、全國文聯委員、中國畫研究院院務委員等，1984年時為西泠印社副社長，上海中國畫院院長。按，據饒教授《江南春集》序中"程十髮復為安排浙東之遊"語，可知此次浙東遊中的景點選擇、行程策劃，乃至與所訪名勝之地

---

① 梁耀明：《聽曉山房續集》，1993年自印本，第4頁。
② 饒宗頤：《固庵文錄》，臺北新文豐出版有限公司1989年版，第336—337頁。

方負責人的聯絡接洽,大多為程十髮先生一手操辦。而由饒教授詩作則可知,程十髮先生應也擔任起了"地陪"的角色,帶領從香港遠道而來的饒教授一行人遊賞山水。

梁鍥齋,即梁耀明(1912—2000),號鍥齋,廣東順德人。十四歲起從事工商業,中歲定居香港,好文酒會,參加愉社、昌社,又為鴻社及錦山文社發起人。喜旅遊,遊蹤所至,必有詩文,並常於其長洲別墅"聽曉山房"招待詩侶雅集。為人慷慨,樂善好施,嘗於故鄉順德容奇倡導重建容山中學。是個熱心公益的著名儒商,詩書傳家,後人多有能詩、書、畫者。著有《聽曉山房集》《聽曉山房續集》《聽曉山房三集》。① "梁鍥齋有鄧尉、超山賞梅之約",知鍥齋為這次活動的發起人。

根據前文提到的《江南紀事詩》剪報,全程同行者另有兩人,即:

韓穗軒(1907—1992),字宋齋,齋名心遠樓。廣東番禺(一說南海)人。戰後居香港。1950年代嘗與旅港藝術家李研山(1898—1961)、馮康侯(1901—1983)、呂燦銘(1892—1903)等創庚寅書畫社,組聯合展覽,頗負時譽。工書,又善倚聲。曾主編《華僑日報·藝文版》多年,以精審見稱。著有《廣東明儒理學概念》,詩詞著有《心遠樓詞話》《心遠樓詩集》《心遠樓詞集》及《瀛寰紀事詩》。②

陳秉昌(1921—2000),廣東順德人,與梁鍥齋是同鄉,五十年代初師從馮康侯習篆刻,為廣雅書學社中堅社員。工詩詞、書法、篆刻。從事教育,居港後任教崇文英文書院,後於恒生銀行任中文秘書。曾於孔聖堂、學海書樓及法住學會講授國學,並於香港大學及香港中文大學校外課程部講授篆刻藝術。參加碩果社、春秋詩社及愉社。遺作由其後人輯入《陳秉昌詩書篆刻》。③ 而《陳秉昌詩書篆刻》中收有《江浙遊

---

① 鄒穎文:《香港古典詩文集經眼錄》,香港中華書局2011年版,第120頁;另參考同人作品集《順德藝文集》,香港1983年自印本,第134、146、154、156、158頁。
② 鄒穎文:《香港古典詩文集經眼錄》,香港中華書局2011年版,第280頁。另參陳琳著《〈蟄庵詩存〉六度刊》,《汕頭特區晚報·文藝周刊》2011年5月22日第5版。
③ 鄒穎文:《香港古典詩文集經眼錄》,香港中華書局2011年版,第158頁。另參考:同人作品集同人作品集《順德藝文集》,香港1983年自印本,第245頁;陳秉昌著、陳正誠編印:《陳秉昌詩書篆刻》,香港新天印務公司1983年版,第9—11頁。

草》組詩，下序"一九八四甲子二月"，亦是這次旅行的紀遊組詩。其中《宿靈峰旅社》裏有"笑與山妻清夜坐，焚膏促膝到天明"句，點出了陳夫人應亦有隨行。① 陳夫人名王慕潔（1919—1986），小字綺梅，祖籍安徽，客居南海，據其子，其人"敦詩悅禮""亦能詩文"。②

值得一提的是，香港大學饒宗頤學術館的選堂文庫藏有梁耀明先生《聽曉山房集》《聽曉山房續集》《聽曉山房三集》及韓穗軒先生《瀛寰紀事詩正續全篇》的題簽本。陳秉昌先生的《陳秉昌詩書篆刻》中亦收有為饒宗頤教授、梁耀明先生刻的印章等。由此可以看出，這三位先生與饒宗頤教授之間的往來應該是比較密切的。

此外，根據"《江南春集》檔案"中名片、景點導覽折頁等資料，乃至三位訪梅詩友詩作中線索，以下幾個名字亦值得注意：

1. 馬元浩先生

馬元浩，生於上海，曾向程十髮先生學畫，為上海知名攝影師、藝術家，現居香港。他同時也是程十髮先生的女婿，故很有可能亦隨同遊覽，負責沿途攝影留念，或只是曾與饒宗頤教授一行有會面，有待查證。

2. 邱嗣斌先生

邱嗣斌先生是新中國成立後天一閣最早的工作人員之一，歷任寧波古物陳列所（天一閣）所長、天一閣文保所所長等。2012 年發現"《江南春集》檔案"不久，筆者即向寧波天一閣博物館（現名天一閣博物院）查詢，惟邱先生時已去世。後獲天一閣方面透露，當時陪同邱嗣斌先生負責接待工作的，還有後亦曾任天一閣文保所所長的古籍專家駱兆平先生。2013 年，香港大學饒宗頤學術館與寧波天一閣博物館在甬簽訂框架性合作協議時，已退休的駱兆平先生亦因而被邀出席。當時筆者亦在場，可惜未能向駱先生請教，頗感遺憾。

3. 林士民先生和許孟光先生

筆者根據饒教授手書天一閣導覽折頁上的名字，詢問了天一閣的

---

① 陳秉昌著、陳正誠編印：《陳秉昌詩書篆刻》，香港新天印務公司 1983 年版，第 140—144 頁。

② 陳秉昌著、陳正誠編印：《陳秉昌詩書篆刻》，香港新天印務公司 1983 年版，第 11—12 頁。

工作人員。得知，許孟光先生是寧波市文物考古研究所所長級調研員和研究員，而林士民先生則是寧波文物考古研究所原所長，與天一閣也非常有淵源。2013 年，筆者在時任天一閣博物館副館長賀宇紅女士牽線下，有幸見到了林士民先生。根據林先生回憶，當時饒宗頤教授一行人是由寧波市文化局接待，並派人全程陪同，他就是其中一個。林先生還回憶，饒教授一行人曾在天一閣留下了訪客簽名及合照。後來天一閣方面亦從舊檔案中找到了林士民先生所提到的這些照片，而筆者在香港大學饒宗頤學術館所藏饒教授舊藏照片中也找到了一些相關留影，可相互印證。

4. 京戶慈光先生

"《江南春集》檔案"中尚存其 1985 年出版之英文論文抽印本 History and Thought of Buddhism（日文名：《仏教の歷史と思想》）一份，上書"饒宗頤樣"，並有朱印，為其在東京淺草寺的地址。

據查，京戶慈光（1943—）乃日本僧人，為東京淺草寺勸學長。或因為淺草寺所奉聖觀音宗為天台宗傳日後之支系，他在天台宗歷史方面頗有研究。在二十世紀九十年代到本世紀初，與中國大陸之敦煌學界時有來往，亦曾與饒教授同場出現在 2000 年敦煌研究院舉辦的敦煌學國際學術研討會上。然而這兩份材料顯示，饒教授與京戶慈光之相識，應或遠早於此時。筆者在日常整理饒教授所遺手稿資料時發現，饒教授習慣將內容相關、主題相近之材料存放一處，或是以備他日研究的學者本色。顯然，京戶慈光先生的論文與名片或有可能是在旅行之後，饒宗頤撿收這批手稿時加入的。至於加入的原因，固可能是由於饒教授此行中曾至天台山國清寺，而該寺為天台宗祖庭。同時，考慮到京戶慈光該文發表於 1985 年，即距離饒教授浙東遊僅過一年，亦不能排除饒宗頤教授與京戶慈光先生在天台山偶遇甚或同行的可能，待考。

5. 謝軍

梁耀明此行中作有《隱珠瀑贈謝軍》詩。饒教授《江南春集》中《別雁蕩山》詩後註亦提到"謝軍《雁蕩詩選》"。經查，隱珠瀑為雁蕩山知名景點；而謝軍收集選注有《雁蕩山詩選》，1979 年由浙江省溫州地區雁蕩山管理局印行，故知其人應為當時雁蕩山管理局負責人。即饒教授一行遊覽雁蕩山之時，謝軍應一路陪同導遊。

3. 遊覽順序及佐證

檔案中的行程表已為這次旅行的行程安排提供了基本信息。至於每地所遊覽之景點，亦可通過饒教授本人詩作，以及上文材料所得的幾位同行詩友的作品加以印證。經查，除饒宗頤教授外，梁耀明先生、韓穗軒先生、陳秉昌先生亦全程皆有紀遊之作，並收錄各自詩集，即梁耀明先生的《聽曉山房續集·江南行》（1993）、韓穗軒先生的《瀛寰紀事詩正續全篇·江南紀事詩》（1985）和陳秉昌先生的《陳秉昌詩書篆刻·江浙遊草》（2001）。通過比對他們的詩作發現，四位先生所詠之景致高度重合，如鄧尉、蘭亭、青藤書屋、大禹陵、國清寺、雁蕩山、天一閣等。而除陳秉昌詩作排序較為隨意外，其餘三位則皆有意按遊蹤編列詩作，所詠名勝出現次序基本一致。（詳見表1）。

表1　　　　　饒、韓、陳、梁四詩友浙東紀遊詩作統計

\multicolumn{2}{c}{1. 上海}	
饒宗頤	《西郊賓館喜誦鏊翁催花之什》二首（第1、2首）、《又作示程十髮》（第3首）
韓穗軒	《甲子春重履上海—別五十年矣夜夜宿西郊賓館》（第1首）
陳秉昌	《鄧尉探梅前夕步饒老韻》（第1首）
梁耀明	《寄梅》（第1首）
2. 去崑山途中	
饒宗頤	
韓穗軒	《出郊》（第2首）
陳秉昌	
梁耀明	《吳門途次》（第2首）
3. 崑山	
饒宗頤	《崑山亭林公園》（第4首）、《劉過墓》（第5首）
韓穗軒	《崑山亭林公園》（第3首）
陳秉昌	《崑山》（第7首）
梁耀明	

续表

	4. 蘇州
饒宗頤	《鄧尉候梅用東坡和秦太虛梅花韻》（第6首）、《蟠螭山石壁》（第7首）
韓穗軒	《催花詩和選堂韻》（第4首）
陳秉昌	《鄧尉》（第2首）、《滄浪亭》（第3首）、《靈巖山》（第8首）、《虛谷墓》（第9首）
梁耀明	《鄧尉探梅和選翁元玉》（第3首）、《石壁村》（第4首）
	5. 去杭州途中
饒宗頤	
韓穗軒	
陳秉昌	
梁耀明	《過嘉興》（第5首）
	6. 杭州
饒宗頤	《放鶴亭》（第9首）
韓穗軒	《放鶴亭》（第5首）、《過錢塘江大橋》（第6首）
陳秉昌	
梁耀明	《湖堤垂柳與選翁》（第6首）
	7. 紹興
饒宗頤	《山陰道上和鍈翁》（第8首）、《青藤書屋》（第10首）、《禹陵用坡老遊塗山韻》（第11首）、《會稽山》（第12首）、《禹廟》（第13首）、《蘭亭三首柬青山翁》（第14、15、16首）
韓穗軒	《蘭亭》（第7首）、《禹王祠》（第8首）
陳秉昌	《蘭亭》（第4首）、《大禹陵》（第5首）、《青藤書屋》（第6首）、《鑒湖》（第25首）
梁耀明	《訪蘭亭謁右軍祠》（第7首）、《禹陵》（第8首）、《青藤書屋》（第9首）
	8. 新昌
饒宗頤	《過新昌》（第17首）、《石城山大佛》（第18首）
韓穗軒	《新昌大佛寺》（第9首）
陳秉昌	
梁耀明	
	9. 天台
饒宗頤	《天台賓館遣興》（第19首）、《國清寺隋梅》（第20首）、《赤城山》（第21首）、《方廣寺》（第22首）、《石梁飛瀑為天台勝處》（第23首）、《智者大師禪院》（第24首）、《訪唐梁肅撰智者大師修禪道場碑，碑在天台山華頂峰絕頂塔院，以道遠不克至悵賦》（第25首）

续表

韓穗軒	《國清寺隋梅》（第10首）、《方廣寺》（第11首）
陳秉昌	《國清寺》（第10首）、《天台山道中》（第11首）、《方廣寺》（第12首）
梁耀明	《天台山石梁飛瀑》（第10首）
	10. 去樂清途中過臨海、黃岩
饒宗頤	《臨海道中，懷故法國戴密微教授，用大謝廬陵王墓下韻》（第26首）、《黃巖》（第27首）、《虎頭山》（第28首）
韓穗軒	
陳秉昌	《過黃巖》（第13首）
梁耀明	《過黃岩》（第11首）
	11. 雁蕩山
饒宗頤	《雁蕩即事》二首（第29、30首）、《雙珠谷》（第31首）、《半月天峭壁》（第32首）、《小龍湫》（第33首）、《觀音閣》（第34首）、《龍西鎮和鍥翁》（第35首）、《攀登顯勝門絕頂》（第36首）、《和鍥翁雁頂生朝》（第37首）
韓穗軒	《小龍湫觀瀑》（第12首）、《碧水潭》（第13首）、《北斗洞》（第14首）、《合掌峯又名夫妻峯》（第15首）、《顯聖門》（第16首）、《含羞瀑和鍥齋》（第17首）、《三宿靈峯》（第18首）
陳秉昌	《宿靈峯旅舍》（第14首）、《石谷坑》（第15首）、《顯勝門》（第16首）、《雁蕩山中壽鍥齋師伯》（第17首）、《留別雁蕩》（第18首）、《隱珠瀑》（第19首）
梁耀明	《初登雁蕩》（第12首）、《隱珠瀑贈謝軍》（第13首）、《龍西》（第14首）、《顯聖門含羞瀑下七三初度》（第15首）、《中折瀑》（第16首）
	12. 去寧波途中
饒宗頤	《別雁蕩山》（第38首）、《高梘道中》（第39首）
韓穗軒	《大溪墟集》（第19首）
陳秉昌	《大溪市集》（第20首）
梁耀明	《離雁蕩過樂清灣》（第17首）、《過大溪集》（第18首）
	13. 溪口
饒宗頤	
韓穗軒	《溪口停驂》（第20首）
陳秉昌	《溪口》（第21首）
梁耀明	《溪口》（第19首）

续表

	14. 寧波
饒宗頤	《登天一閣》（第40首）、《喜見山谷狂草竹枝長卷真跡，嘆觀止矣》（第41首）、《題嘉興吳孟暉編〈淮海長短句〉》（第42首）、《天童寺次東坡道場山韻》（第43首）、《望四明山》（第44首）
韓穗軒	《登天一閣》（第21首）、《阿育王寺禮佛》（第22首）、《保國寺》（第23首）
陳秉昌	《天一閣》（第22首）、《天童寺》（第23首）
梁耀明	《登天一閣》（第20首）、《天童寺道中》（第21首）
	15. 去超山途中、超山
饒宗頤	《超山有唐宋梅各一株》（第45首）
韓穗軒	《超山看梅》（第24首）
陳秉昌	《曹娥江》（第24首）、《吳昌碩墓》（第26首）
梁耀明	
	16. 杭州
饒宗頤	《白堤夜步》二首（第46、47首）
韓穗軒	
陳秉昌	
梁耀明	
	17. 回港
饒宗頤	
韓穗軒	
陳秉昌	
梁耀明	《贈饒老》（第22首）、《歸程》（第23首）

四位先生詩作紀遊蹤跡，亦與前文所述饒教授手書行程表相符。綜合二者及其他檔案資料（如手稿所用箋紙），考慮所涉名勝地理位置及行程便利，可知該次江南之行詳細行程及遊覽景點應大致如下：

1984年3月7日（星期三）：早七時前到機場，乘國泰航空CX300號航班飛抵上海，夜宿上海西郊賓館

1984年3月8日（星期四）：經崑山往蘇州，訪崑山亭林公園，謁園中劉過墓；夜宿蘇州飯店

1984年3月9日（星期五）：往蘇州鄧尉賞梅；過太湖邊蟠

蠔山觀摩崖石壁、謁虛谷墓；途中亦曾經滄浪亭、靈岩山；再返回上海。

1984年3月10日（星期六）：經嘉興往杭州，訪西湖孤山（放鶴亭）；夜宿花家山賓館。

1984年3月11日（星期日）：過錢塘江大橋往紹興，訪山陰道（蘭亭）、會稽山（禹陵、禹廟）、青藤書屋；經上虞、嵊山往新昌（按：此三地今皆屬紹興），參觀石城山大佛；至天台，夜宿天台山賓館。

1984年3月12日（星期一）：遊天台山，訪國清寺、赤城山、方廣寺、智者塔院等諸名勝；後經臨海、黃岩往溫州樂清，夜宿雁蕩招待所。

1984年3月13日（星期二）—14日（星期三）：遊覽雁蕩諸勝，如雙珠谷、小龍湫、顯聖門、觀音閣等等。

1984年3月15日（星期四）：離開雁蕩，沿來時路北上，經溫嶺（大溪）、天台（高梘）、過奉化（溪口），抵寧波，夜宿寧波華僑飯店。

1984年3月15日（星期四）—16日（星期五）：遊寧波，訪天一閣、阿育王寺、天童寺、四明山等處。

1984年3月17日（星期六）：回杭州，路經曹娥江，於超山賞梅並謁吳昌碩墓；晚間西湖（白堤）漫步。

1984年3月18日（星期日）：早機回港。

三　本章餘論

由上可知，"《江南春集》檔案"首先是提供了一份珍貴的詩作稿本，以此與已刊行之《江南春集》諸版本相校勘，可令研究者更深入了解該集詩作的創作思路和過程。詩作手稿外的其他材料，則為此詩集提供了諸多背景參考資料和線索。特別是饒教授手書之行程表，難得地提供了此行的詳細日程、路線安排和遊賞景點。而隨附剪報、名片等資料，除讓我們了解到更多的旅途同行及所遇之人員外，又透露了同行詩友亦有詩詞留記之情形。由此按圖索驥，得梁耀明、韓穗軒、陳秉昌等紀遊之作，加之饒教授詩作本身，與行程參照，進一步相互印證了此旅之行跡。此外，又因饒教授手跡留下的線索，筆者有幸能在數十載之後與當時的親歷者之一林士民先生當面交談，了解到當時饒教授一行人探訪天一閣，乃得到了寧波市政府方面的接待。由此可推之，饒教授此行探訪其他景點時，或亦有類似的待遇。這與我們今天大眾所熟悉的普通旅遊模式大相庭徑，更值得為研究者所注意。

　　眾所周知，二十世紀八十年代乃國家實行改革開放，由封閉全面走向對外開放之路的轉型時期。這一時期內，香港文人、學者開始回內地探親訪友、旅遊觀光，對促進兩地交流方面貢獻甚大。但內地封閉多年之後、開放伊始，要在其中遊歷，遠不如今日方便。美國學者夏含夷（Edward L. Shaughnessy）教授在其《興與象：中國古代文化史論文集》一書的自序中曾回憶："1980 年第一次和中國學者一起參加學術研討會……次年雖有機會去中國參加一次研討會（即 1981 年在山西省太原召開的第四屆中國古文字研究會），但當時中國對外開放政策剛剛開始，外國學者想得到國內的邀請函，頗為不易。我們每次去中國參加會議都會遇到某種困難。"[1] 港澳臺同胞往來內地，應較外國人容易，但如需四處旅行考察，限制仍多，手續亦繁。而同時對地方政府而言，外來訪問者仍屬稀客，故接待規格之鄭重，也是今天難以想象的。中山大學曾憲通教授著有《選堂訪古留影與饒學管窺》一書，回憶了 1980 年與饒宗頤教授近三個月在內地的旅行和考察，其中亦有類似的情節：即這雖然是饒教授的"自費旅行"，曾憲通教授卻"作為廣東省高教局派出的隨行人員全程陪同"，而他們抵達每一處地方之前，"國家文物事業管理局已行文到饒先生所經各地的文化局、文物局或文管會，請為協助接待饒先生和安排參觀事宜"[2]。"《江南春集》檔案"中所記錄的饒教授等人這一次浙東旅行，作為這一文化風潮中的又一實例，對研究當時香港和內地學術文化界的交流，也有着重要的意義。

---

　　[1] ［美］夏含夷：《興與象：中國古代文化史論文集》，上海古籍出版社 2012 年版，第 2 頁。

　　[2] 曾憲通：《選堂訪古留影與饒學管窺》，花城出版社 2013 年版，第 2 頁。

第二章 《江南春集》版本考論

既有"《江南春集》檔案"中的詩作手稿，經查又知，該集有不止一個刊行版本，故此章將對《江南春集》諸版本以及其他一些衍生問題，一併梳理探討。

一 《江南春集》已刊版本情況簡述

先看正式結集刊行之版本。《江南春集》公開結集發表的版本不多，現按諸版本發表先後順序整理如下：

（一）《明報月刊》版

此版以《浙東遊草》為題，發表於香港《明報月刊》第二十卷第二期（1985年2月），繁體直排，並以饒教授所畫《雁蕩搜奇》作為卷首插圖，是為饒教授這批紀遊詩作首次正式印行。

該篇收錄詩作依次為：《鄧尉候梅用東坡和秦太虛梅花韻》《蟠螭山石壁》《放鶴亭》《山陰道上和鍥翁》《青藤書屋》《禹陵用坡老遊塗山韻》《會稽山》《禹廟》《蘭亭三首柬青山翁》《過新昌》《天台賓館遣興》《國清寺隋梅》《赤城山》《方廣寺》《石梁飛瀑為天台勝處》《智者大師禪院》《訪唐梁肅撰智者大師修禪道場碑，碑在天台山華頂峰絕頂塔院，以道遠不克至悵賦》《臨海道中，懷故法國戴密微教授，用大謝廬陵王墓下韻》《黃巖》《虎頭山》《雁蕩即事（二首）》《雙珠谷》《半月天峭壁》《小龍湫》《觀音閣》《龍西鎮》《攀登顯聖門絕頂》《和鍥翁雁頂生朝》《別雁蕩山》《高梘道中》《登天一閣》《喜見山谷狂草竹枝長卷真跡，嘆觀止矣》《題嘉興吳孟暉編〈淮海長短句〉》《天童寺次東坡道場山韻》《望四明山》《超山有唐宋梅各一株》《白堤夜步（二首）》，共計 41 首。

與其他較後版本相比，《明報月刊》版收錄詩作較少，且無集序，但全集概貌已基本定型。此版校對亦較為仔細，並無明顯排印錯誤。

（二）《選堂詩詞集》版

《選堂詩詞集》為饒宗頤教授詩詞總集，前後出版有 1978 年、1993 年兩個版本，皆為繁體直排。其中 1978 年版在香港印刷；1993 年版則由臺灣新文豐出版公司出版，乃在 1978 年版的基礎上，新增了饒教授"選堂詩詞續集"一部，額外收錄了《苞俊集》等詩集合集七種，《江南春集》即為其中之一。也就是說，在 1993 年版的《選堂詩詞集》中，《江南春集》終於有了正式的定名，並在之後始終沿用。

此版較《明報月刊》版有明顯增訂，但也同時引發了一些問題：

1. 此版在《明報月刊》版基礎上增收詩作六首：《西郊賓館喜誦鍥翁催花之什（二首）》《又作示程十髮》《崑山亭林公園》《劉過墓》《石城山大佛》；即全集收錄合共 47 首。又明顯意圖按當日遊蹤編排詩作，故將《西郊賓館喜誦鍥翁催花之什（二首）》《又作示程十髮》《崑山亭林公園》《劉過墓》等（上海/崑山）增置於全集之首，《石城山大佛》（新昌）插入《過新昌》《天台賓館遣興》之間。但又不知何故誤將《放鶴亭》（杭州）、《山陰道上和鍥翁》（紹興）二首次序對調，導致"放鶴亭"這一杭州景點夾於"山陰道""青藤書屋"這兩個紹興景點之間，略嫌突兀。

2. 此版始增一前序，曰："一九八五年春，梁鍥齋有鄧尉、超山賞梅之約，程十髮復為安排浙東之游，遂遍歷會稽天台雁蕩諸勝，得詩一卷，聊紀行蹤云。"將此行年份由 1984 年，誤繫為 1985 年。此誤亦或受《明報月刊》版發表於 1985 年影響，也可能是別的原因。

3. 作者或編校者在重新統校全集時對詩題、詩序、小注乃至詩句偶有改動，如其中原《攀登顯聖門絕頂》一詩更名《攀登顯勝門絕頂》，詩首"顯聖峰頭"語亦改作"顯勝峰頭"，更符合現代之官方地名。但也有部分改動反而另生舛誤或效果不佳，如：《臨海道中，懷故法國戴密微教授，用大謝廬陵王墓下韻》一詩，《明報月刊》版前序作"戴教授治謝康樂詩，譯述至富。年七十餘時，嘗申請赴華，作上虞、永嘉之遊而不果，終生引為憾事。君歿已五年。余頃自杭州來雁蕩，所經多是謝詩山水之鄉，追念曩遊，用志腹痛之戚"。而《選堂詩詞集》版前序除將序末的"追念曩遊，用志腹痛之戚"改定為"感君此事，用志腹痛之戚"外，更將"君歿已五年"改作"君歿已近十年"。按：戴密微教授逝於1979年3月，如以寫作時間1984年而計，故《明報月刊》版"君歿已五年"是準確的。"近十年"之說，不知由何而來，反不妥當。

除此之外，此版還有一些明顯的排印問題：

1. 植字錯誤：如《鄧尉候梅用東坡和秦太虛梅花韻》一詩的詩註"香雪海三字為宋犖題"，此版誤作"香雪海二字為宋犖題"。又如《禹陵用坡老遊塗山韻》"嵩闕還郊祼"句，此版"郊祼"誤作"郊裸"。

2. 標點錯誤：如《禹廟》一詩中註解"事見《朝野僉載》"，此版誤標作"事見《朝野僉》載"。

(三)《清暉集》版

《清暉集》為饒宗頤教授韻文、駢文詩詞創作合集，由深圳海天出版社出版，有1999年初版、2011年增訂版兩個版本，皆為簡體字橫印本。《江南春集》在此二版本中皆有收錄。

《清暉集》中所收錄之《江南春集》直接沿自《選堂詩詞集》本，故《選堂詩詞集》本的大部分問題在此版中亦一併延續，未得到訂正。此外，更有新問題次第產生，如《清暉集》1999年初版中，《天童寺次東坡道場山韻》"清磬松風落急湍"的"松風"誤植作簡體"松凤"；而2011年修訂版中，除"松風"仍誤作"松凤"外，又有《山陰道上和鍥翁》"為愛明山入剡來"句中"入"字自誤植作"人"字。

另外值得一提的是，據《清暉集》2011年修訂版之出版後記，該版對文中《現代漢語詞典》沒有收錄的字詞進行了注音釋義，全書計130餘處。此版《江南春集》中，僅有二處。雖意義不大，仍可算是《江南春集》諸刊本中最早注本。

（四）《二十世紀學術文集》繁、簡體版

《饒宗頤二十世紀學術文集》為饒教授20世紀主要著作重新整理編訂，共14卷20冊，其中第14卷為《文錄、詩詞》。該文集有2003年臺北新文豐出版公司之繁體直排版，及2009年北京中國人民大學出版社簡體橫排版。

此二版文集第14卷中所收錄之《江南春集》，亦直接沿自《選堂詩詞集》版。其中僅有2009年簡體版曾嘗試修訂"香雪海二字"這一明顯錯誤，卻又誤改為"香雪二字"。按：宋犖"香雪海"石刻為蘇州鄧尉山景區著名遺跡，此應是編校者疏於查證。

（五）《選堂詩詞集通注》版

梅大聖編注之《選堂詩詞集通注》由暨南大學出版社於2017年出版，分上下兩卷，簡體字橫排，是為"潮汕文庫·文獻系列"之一。據該書前《說明》一章，此書是以1993年版《選堂詩詞集》為底本，按照原集體例順序進行編排，對其中全部詩詞中的"重點、難點詞語"以及"全部詩題、詞題、前言、跋語、後記、小引、詩序、詞序、自注"等加以注釋，故謂"通注"。①《江南春集》見於該書下卷，除"香雪海二字""《朝野金》載"這類明顯錯誤被更正之外，仍襲承了《選堂詩詞集》版的大部分問題，如"郊裸"仍形誤作"郊裸"。

二 《江南春集》手稿版

此即前文所述"《江南春集》檔案"中詩作手稿部分。經比對辨認，這類詩稿可大致劃分為如下四類：

（一）未刊稿。

（二）部分詩作的殘句、附註、題目、關鍵詞等草稿。

---

① 饒宗頤著，梅大聖注：《選堂詩詞集通注》，暨南大學出版社2017年版，第1頁。

（三）詩作內容完整、但是有大量修改痕跡的修訂稿。

（四）字跡清晰、無塗抹的抄正稿。

因為《江南春集》均為饒教授遊蹤所至之詩文，多為即興作品，手稿中有大量寫了數句另起一版、或是整首架構已成，但留白需推敲字句的詩作，即上述所稱"殘句"；亦有不少或有多處反復修訂、或另抄一版的詩作，即上述所稱"修訂稿"和"抄正稿"，故手稿版中存在不少一詩多稿的現象（詳見表2）

表2　　　　　"《江南春集》檔案"詩作手稿部分內容簡介

檔案編號	內容	備註
A. Jg00.002.01.001	1. 正面為楊勇教授致饒教授信 2. 背面為《崑山亭林公園》、《青藤書屋》、《高榪道中》詩作草稿	
A. Jg00.002.01.003	1. 正面為手寫日程表 2. 背面為手書形跡圖，另有《高榪道中》詩草稿。	
A. Jg00.002.01.004	1. 正面為《西郊賓館喜誦鍥翁催花之什》詩作草稿 2. 背面為行程路線簡圖及地名	紙張為蘇州飯店意見書
A. Jg00.002.01.005	1. 正面為《西郊賓館喜誦鍥翁催花之什》詩作草稿 2. 正面貼有《和鍥翁雁頂生朝》詩作草稿之紙條 3. 背面為《又作示程十髮》詩作草稿及幾個地名	紙張為蘇州飯店意見書
A. Jg00.002.01.006	1. 正面為《又作示程十髮》詩作修訂稿 2. 背面疑似為會稽山速寫	紙張為蘇州飯店意見書
A. Jg00.002.01.007	為《又作示程十髮》詩作抄正稿	紙張為西郊賓館賓客意見書
A. Jg00.002.01.008	1. 正面為《崑山亭林公園》、《劉過墓》詩作修訂稿，以及《過青藤書屋》、《登天一閣》詩作抄正稿 2. 背面為《過劉龍洲墓（按：即劉過墓）》詩作鉛筆稿、《題嘉興吳孟暉編〈淮海長短句〉》詩題及簡註	文稿紙
A. Jg00.002.01.009	為《鄧尉候梅用東坡和秦太虛梅花韻》詩作草稿	紙張為蘇州飯店信紙
A. Jg00.002.01.010	1. 有《鄧尉候梅用東坡和秦太虛梅花韻》詩作抄正稿、附註及幾個地名 2. 貼有《黃岩》、《虎頭山》詩作草稿之紙條	紙張為蘇州飯店信紙

续表

檔案編號	內容	備註
A. Jg00.002.01.011	1. 正面為《蟠螭山石壁》詩作修訂稿、附註 2. 正面另有《吳門和鍔翁》（不見集錄）、《山陰道上和鍔翁》詩作抄正稿；《自崑山至鄧尉見古龍柏，傳為鄧禹手植》（不見集錄）、《放鶴亭》詩作草稿及一句疑似附註 3. 背面為幾個地名	紙張為蘇州飯店信紙
A. Jg00.002.01.012	為《蟠螭山石壁》詩作之簡註或相關筆記。	紙張為西郊賓館賓客意見書
A. Jg00.002.01.013	1. 為《吳門和鍔翁》（不見集錄）、《山陰道上和鍔翁》詩作之修訂稿 2. 幾個地名及與地名相關關鍵詞	紙張為蘇州飯店信紙
A. Jg00.002.01.014	為《鄧尉候梅用東坡和秦太虛賞花韻》、《自崑山至鄧尉見古龍柏，傳為鄧禹手植》（不見集錄）、《蟠螭山石壁》《放鶴亭》詩作之草稿	紙張為蘇州飯店信紙
A. Jg00.002.01.015	為《過青藤書屋》詩作修訂稿	紙張為花家山賓館賓客留言紙
A. Jg00.002.01.016	1. 正面為《石城山大佛》詩作、詩作之詳細附註及部分詩句草稿 2. 背面僅有幾個零散單字	紙張為寧波華僑飯店信紙
A. Jg00.002.01.017	為《天台賓館遣興》《國清寺隋梅》詩作之修訂稿	紙張為天台賓館信紙
A. Jg00.002.01.018	為《天台賓館遣興》詩作之草稿	紙張為天台賓館信紙
A. Jg00.002.01.019	1. 有《智者大師禪院》詩作之草稿 2. 有《國清寺隋梅》、《黃岩》詩作之謄抄稿	紙條，從文稿紙裁切
A. Jg00.002.01.020	1. 有《國清寺隋梅》詩作之抄正稿 2. 有《虎頭山》詩作之修訂稿	紙條，從文稿紙裁切
A. Jg00.002.01.021	為《赤城山》詩作之草稿	紙條，從文稿紙裁切
A. Jg00.002.01.022	為《方廣寺》《赤城山》詩作之草稿	紙條，從蘇州飯店信紙裁切
A. Jg00.002.01.023	1. 為《石梁飛瀑為天台勝處》詩作草稿及附註 2. 為《方廣寺》詩作相關零散筆記 3. 為《喜見山谷狂草竹枝長卷真跡，嘆觀止矣》、《望四明山》詩作草稿	紙張為蘇州飯店信紙
A. Jg00.002.01.024	為《智者大師禪院》詩作抄正稿及附註	紙條，從蘇州飯店信紙裁切
A. Jg00.002.01.025	為《訪唐梁肅撰智者大師修禪道場碑，碑在天台山華頂峰絕頂塔院，以道遠不克至恨賦》詩作、附註或相關筆記。	紙張為寧波華僑飯店信紙

续表

檔案編號	內容	備註
A.Jg00.002.01.026	1. 正面有《臨海道中，懷故法國戴密微教授，用大謝廬陵王墓下韻》詩作草稿及序言 2. 正面有《攀登顯聖門頂》、《和鍈翁雁頂生朝》、《雙珠谷》、《半月天峭壁》、《小龍湫》、《觀音閣》、《雁蕩即事》詩作二首（其中一首不見集錄）草稿 3. 背面為《龍西鎮和鍈翁》詩作草稿	文稿紙
A.Jg00.002.01.027	1. 正面為《臨海道中，懷故法國戴密微教授，用大謝廬陵王墓下韻》詩作草稿及序言、附註 2. 正面有《題嘉興吳孟暉編〈淮海長短句〉》詩題 3. 背面有"李白夢天姥"五字	紙張為寧波華僑飯店信紙
A.Jg00.002.01.028	1. 有《雁蕩即事》二首、《雙珠谷》、《觀音閣》、《半月天峭壁》、《小龍湫》詩作抄正稿 2. 有《龍西鎮和鍈翁》、《攀登顯聖門絕頂》詩作修訂稿	文稿紙，有裁切
A.Jg00.002.01.029	有《登天一閣》詩作草稿及《高梘道中》詩作抄正稿	紙張為寧波華僑飯店信紙
A.Jg00.002.01.030	為《題嘉興吳孟暉編〈淮海長短句〉》詩作草稿	紙條，從寧波華僑飯店信紙裁切
A.Jg00.002.01.031	1. 正面為《登天一閣》、《別雁蕩山》詩作草稿 2. 背面為《天童寺次東坡道場山韻》詩作草稿	紙張為寧波華僑飯店信紙
A.Jg00.002.01.036	1. 有《白堤夜步》、《超山有唐宋梅各一枝》詩作草稿 2. 有詠蘇堤詩作二首，無詩題，不見集錄	紙張為浙江省中國旅行社信紙
A.Jg00.002.01.037	1. 有《山陰道上和鍈翁》詩作草稿 2. 有幾個零散地名	紙張為西郊賓館信紙
A.Jg00.002.01.038	1. 有《雁蕩即事》詩作其中一首，上註"饒作"，疑為他人所錄 2. 有梁耀明《初登雁蕩》詩作一首	紙張為花家山賓館賓客留言紙

在"《江南春集》檔案"外，又在中心藏品中尋得十數頁饒教授浙東之行旅途中的速寫畫稿（即本書下篇"《江南春集》相關史料選輯·饒宗頤教授江南旅途速寫畫稿"）。其中一頁背面，亦發現部分詩作草稿，詳情見表3：

表3　　　饒宗頤教授江南旅途速寫畫稿所含詩作內容簡介

編號	內容	備註
速寫畫稿013（背面）	1. 有部分未能辨識之手跡，似為未完之詩作棄稿。 2. 有《國清寺隋梅》《雁蕩即事·媧皇鍊得態何奇》《黃巖》《智者大師禪院》詩作草稿	原稿紙。字跡旁有草勾遠山數筆，正面有黑色秀麗筆、藍色圓珠筆速寫各一，皆雁蕩名勝。

從手稿的這些更改中，我們可窺見饒教授詩文創作的思路以及字句錘煉的取捨，惟越是早期版本，越是塗改嚴重，字跡模糊，辨識相當困難。

三　《江南春集》稿抄本

中心又撿得1993年《選堂詩詞集》供出版用之鈔定本一份，其中《江南春集》部分，為豎排原稿紙鈔本，由他人抄正，有少量饒宗頤教授批改手跡。因此稿經饒教授改定後，與正式印刷本幾無差距，故附此一併描述。此版之亮點在於饒教授之手跡，如：

1. 集題"江南春集"下方原抄有"選堂未是稿"字樣，後刪去。故知此稿應為出版前之改定本。

2. 原稿抄本並無前序，序為饒教授補記，與出版稿基本無異，只是略過年份，以省略符號代替，起作"……春梁鍈齋有鄧蔚、超山賞梅之約"，似留待查補。此應即為"1985年"之誤的由來。

3. 饒教授之批校手跡，多能與《選堂詩詞集》正式印刷版與手稿之間的差異對應。如《又作示程十髮》一詩，原抄作"又作"，饒教授補"示程十髮"四字。又如《雁蕩即事》之一第三句原抄作"急皴淡墨休加點"，饒教授刪去"休加點"，改"難傳妙"，終作"急皴淡墨難傳妙"，等等。而此句在《明報月刊》版中亦作"急皴淡墨難傳妙"，即說明《選堂詩詞集》版或直接源自早期某個的稿本，而非《明報月刊》版。

4. 《臨海道中，懷故法國戴密微教授，用大謝廬陵王墓下韻》一詩前序，原抄作"戴教授治謝康樂詩，譯述至富。年七十餘時，嘗申請赴華，作上虞、永嘉之遊而不果，終生引為憾事。君歿已近十年。余頃自杭州來雁蕩，所經多是謝詩山水之鄉，用志腹痛之感"，饒教授又於"用志腹痛之感"前增"感君此事"一句，即與正式印刷本相同。故"君歿已近十年"之誤，雖不知由何而來，而確非1993年版《選堂詩詞集》出版編輯的責任，惟惜被饒教授大意矣。

5.《選堂詩詞集》正式印刷本中的明顯錯誤確認來自排版植字。如《禹陵用坡老遊塗山韻》中"郊祼"誤作"郊裸"等，原稿鈔本並無此筆誤。而"'香雪海'二字"的問題則得以解開，乃因原稿鈔本中"'香雪海'三字"，因豎行書寫且用傳統直角引號「 」，下引號與"三"字頭相連，致使"三"字第一橫視覺上融入上方 」，而乍看形似"二"字，排版工人或因此誤認而錯植。

四　散見他處的《江南春集》中詩作

除上述完整刊行的《江南春集》諸版本，與"檔案"手稿版、鈔定版外，集中詩作亦有零散見諸他處者，分為兩大類。

（一）其他選集中所收錄《江南春集》詩作

近年陸續出版了不少饒教授詩詞作品的精選集和詩詞選註本，僅撿其要者舉例。

1.《固庵詩詞選》版

這是一本簡體字詩詞選集，2006年由北京圖書館出版社出版，又名《當代名家詩詞集・饒宗頤卷》，選錄有《又作示程十髮》《劉過墓》《鄧尉候梅用東坡和秦太虛梅花韻》《會稽山》《石城山大佛》《天台賓館遣興》《國清寺隋梅》《石梁飛瀑為天台勝處》《智者大師禪院》《臨海道中，懷故法國戴密微教授，用大謝廬陵王墓下韻》《雙珠谷》《小龍湫》《龍西鎮和鍥翁》《和鍥翁雁頂生朝》《別雁蕩山》《登天一閣》《天童寺次東坡道場山韻》《超山有唐宋梅各一株》《白堤夜步（二首）》，共二十首；詩中自注、附記等，悉有保留。該書未註明參考底本，然根據《鄧尉候梅用東坡和秦太虛梅花韻》詩註仍作"香雪海二字為宋犖題"，《臨海道中，懷故法國戴密微教授，用大謝廬陵王墓下韻》一詩前序作"君歿已近十年"以及《天童寺次東坡道場山韻》中並未將"松風"錯作"松凤"可知，此版是沿用《選堂詩詞集》版。

2.《選堂詩詞選注》版

這是一本簡體字詩詞選注，2011年徐名文註、香港公元出版有限公司出版，屬潮汕文庫系列叢書，於《江南春集》一部收錄有《蟠螭山石壁》《山陰道上和鍥翁》《禹廟》《雙珠谷》《小龍湫》共五首詩，並錄有該集《自序》；其中《蟠螭山石壁》《禹廟（二首）》原有附記，未錄《蟠螭山石壁》附記，而僅保留《禹廟》附記。據徐名文《後記》及《主要參考文獻》，該書所依據之底本乃為1993年版《選堂詩詞集》。①而《禹廟》一詩附記中"事見《朝野金》載"之誤，未得訂正。

3.《當代中華詩詞名家精品集·饒宗頤卷》版

這是一本簡體字精選集，2015年由中國青年出版社出版，收錄有《國清寺隋梅》《智者大師禪院》《登天一閣》《喜見山谷狂草竹枝長卷真跡，歎觀止矣》《望四明山》共五首；詩中自注、附記等，悉有保留。所錄內容未見明顯錯誤，或選自《選堂詩詞集》版或《清暉集》版。

4.《饒宗頤絕句選注》版

此書由陳偉編選、箋註，暨南大學出版社2016年出版，簡體字橫排，亦屬"潮汕文庫·文獻系列"。由《江南春集》中選有絕句十五首，即：《蟠螭山石壁》、《劉過墓》、《青藤書屋》、《山陰道上和鍥翁》、《放鶴亭》、《蘭亭三首柬青山杉雨》之三（"依舊崇丘集茂林"）、《黃巖》、《雙珠谷》、《半月天峭壁》、《小龍湫》、《龍西鎮和鍥翁》、《和鍥翁雁頂生朝》、《超山有唐宋梅各一株》及《白堤夜步》二首，然僅錄詩句；《蟠螭山石壁》、《劉過墓》二詩原有附記、自註，概未錄入。另在此十五首詩作前又錄有《江南春集》自序，仍作"一九八五年春"。該書未聲明所依據之底本，而所錄內容，

---

① 徐名文注：《選堂詩詞選注》，香港公元出版有限公司2011年版，第223—226、229頁。

《選堂詩詞集》版、《清暉集》版乃至《二十世紀學術文集》版皆無差異。

（二）題畫詩版

饒宗頤教授在旅途中，作有很多寫生稿，回港之後，即在當年依稿再創作。① 此後的數十年間，亦作有與此行相關的畫作多幅。這些畫作多收錄於 2006 年 12 月香港大學饒宗頤學術館出版之《饒宗頤藝術創作匯集》（十二冊）之第三冊《神州氣象・中國山水》，亦有不時散見於其他諸多圖錄中。在這些畫作之上部分題有《江南春集》中的詩句，以筆者之所見，記有《方廣寺》《石梁飛瀑為天台勝處》《白堤夜步》《雁蕩即事（二首）》《雙珠谷》《半月天峭壁》《赤城山》《望四明山》《蟠螭山石壁》《高椝道中》《小龍湫》等，詩作內容與《選堂詩詞集》版並無出入。

五 《江南春集》的版本問題探討

經過對上述各版本的梳理及比較，不難看出饒教授作詩並非一揮而就，乃多經過反復的斟酌推敲，方最後定稿。手稿版之外，這批紀遊之作初次結集發表於《明報月刊》1985 年 2 月號，至 1993 年臺北新文豐出版公司《選堂詩詞集》版重新整理詩稿，最終完整印行，卻疏之編校，生出若干舛誤。而其後《清暉集》《饒宗頤二十世紀學術文集》等諸版本，甚至包括散見他處的集中詩作，亦直接沿襲自《選堂詩詞集》版，對其中疏漏未加校訂，甚至或增添他錯。而新發現的手稿版中，亦發現有未入集的佚詩。因此，根據《明報月刊》版及新發現的手稿，對《江南春集》進行重新校訂及輯佚工作，是很有必要的。

我們因此整理出一個《江南春集》完整校注本，見於本書下篇。同時，我們也發現，手稿版至《江南春集》首次正式面世的演變過

---

① 鄧偉雄編：《古意今情——饒宗頤畫路歷程》，香港大學饒宗頤學術館 2003 年版，第 52 頁。

程中，有以下幾點值得注意和探討。

（一）詩作的成集過程與取捨

饒教授在不同的時期，對待自己的作品有不同的取捨，原因大致有二：

1. 因創作時間產生的取捨

就目前所見所存詩作來看，完整的《江南春集》總共有詩52首，但是這些實際上卻並非是在同一時期，至少並不完全是在浙東之行期間創作。通過上文手稿版部分的表格可以清晰地發現，大致可分為三個時間段：

（1）1984年浙東之行期間。如《西郊賓館喜誦鍈翁催花之什（二首）》《又作示程十髮》《崑山亭林公園》《劉過墓》等詩，手稿中存在多個版本，且多錄於旅行途中取用的飯店紙張；

（2）1984至1985之間，即浙東之行期間至1985年《明報月刊》《浙東游草》投稿前。如《禹陵用坡老遊塗山韻》《會稽山》《禹廟》《蘭亭三首柬青山翁》《過新昌》這7首詩，皆不見於手稿，而在《明報月刊》版與《選堂詩詞集》版中，卻皆有收錄；

（3）1984至1993年間，1993年的《選堂詩詞集》一書出版前。如《石城山大佛》，手稿中只存有詩題、附注及部分詩句草稿，詩作內容不全；1985年的《明報月刊》版中亦無收錄；1993年《選堂詩詞集》中始見。

2. 因對詩作的嚴謹要求產生的取捨。

最早公開發表的《明報月刊》版，只收錄了41首詩作，《西郊賓館喜誦鍈翁催花之什（二首）》《又作示程十髮》《崑山亭林公園》《劉過墓》《石城山大佛》這6首詩不見錄；《選堂詩詞集》版則補上了《明報月刊》版未收的這6首詩，共計47首。手稿版中則無《禹陵用坡老遊塗山韻》《會稽山》《禹廟》《蘭亭三首柬青山翁》《過新昌》這7首詩，但有《吳門和鍈翁》《自崑山至鄧尉見古龍柏，傳為鄧禹手植》《雁蕩即事》一首（此詩實際應有三首，《明報月刊》版與《選堂詩詞集》版僅收其中兩首）以及二首未具詩題的咏蘇堤之作，共計5首未入集。從上述情況可見，《江南春集》至少經過了二至三次的刪增，最終結集成 47 首。從手稿的塗抹修改中可見，饒教授對詩作的要求非常之嚴格，經常有為了推敲一個字反復修改的情況。而《吳門和鍥翁》一詩草稿上發現詩題旁有"戲為強打游□"這幾個字，由此推測手稿中五首未見集錄的詩作，應是饒教授對其不夠滿意而放棄收錄。

(二) 詩作的創作與修訂

從《江南春集》的手稿版，到初次結集之《浙東遊草》，再到最終成型定名之《選堂詩詞集》版這三個版本中，可以發現這些詩作從起稿、定稿到再刊的過程中，都很少有一蹴而就的情況。特別是存留多版手稿的詩作，往往經過大量、反復的修改。從這些改動的痕跡以及最終成果，我們可以發現饒教授在創作詩作時頗有杜甫"語不驚人死不休"的態度。如：

西郊賓館喜誦鍥翁催花之什二首

其一

　　峭寒穿屋懶題詩，花訊淺深更孰知。
　　缺月如鉤春意動，西郊好是未眠時。

其二

　　昨夜東風與索詩，夭桃拂檻競含姿。
　　憑誰為報春消息，嫩柳依人亦展眉。

手稿版存有這 2 首詩的 2 個不同版本。版本 1 見於手稿檔案編號 A.Jg00.002.01.004，此版本僅存此詩其一，詩題作《西郊賓館喜誦鍥翁催花》，詩文內容為："人間初見催花詩，百卉含滋乍弄姿，小院曲廊春寂寂，西郊好是未眠時。"其中"百卉含滋"原作"萬卉"，後改，"小院曲廊"句前有被塗抹"青鸞"二字；版本 2 見於手稿檔案編號 A.Jg00.002.01.005，詩題與《選堂詩詞集》版同，有二首，修改痕跡皆較重。其一據筆跡行氣，應是先謄錄有"人間初見催花詩，萬卉含姿乍弄姿。缺月如鉤春意動，西郊好是未眠時"，再於"人間初見催花詩""萬卉含姿乍弄姿"二句反復刪改，首句旁更依稀可見"寒峭""懶題詩"等廢字，最終作"峭寒穿屋懶題詩，花訊淺深更孰知"。其二則似且作且改之草稿，最終讀作"昨夜東風與索詩，桃枝嫩柳競含姿。憑誰為報春消息，花在枝頭纔展眉"，亦與刊行本有出入。

又如：

赤城山

　　萬轉千巖掩赤城，尋仙此處只初程。
　　雲霓明滅非難到，淒絕寒泉日夜聲。

手稿版亦存有此詩兩個版本。版本 1 見於手稿檔案編號 A.Jg00.002.01.021，全詩初作："百折艱辛到赤城，尋仙此處只初程。當年劉阮恐難到，指點迷津有雨聲。"又嘗試修訂，如曾考慮替換第二句"只"字，仍復舊；末句初改作"淒絕寒山日夜聲"，又改"山"作"泉"，終作"淒絕寒泉日夜聲"。版本 2 見於手稿檔案編號 A.Jg00.002.01.022，詩作初過錄版本 1 之定稿，即："百折艱辛到赤城，尋仙此處只初程。當年劉阮恐難到，淒絕寒泉日夜聲。"繼而首句"百折艱辛"旁另書"萬轉千巖"，似待定奪；第三句整句刪去，經多番嘗試，最終改作"雲霓明滅終/非難到"；末句改"寒"作"清"。至明報《浙東遊草》，方改至目前版本。

這樣的例子還有一些，甚至還有反復推敲一字，來回修改的，如《國清寺隋梅》一詩，首句"不用畫師貌喜神"，手稿存此詩四個版本，其中第一、二個版本曾作"不必"，第三個改為"不用"，第四稿則又改為"不必"，刊行本又最終定為"不用"。

從上述這些例子，我們可以清楚地看到，饒教授在詩作創作過程中非常重視字句的選擇和錘煉。然而饒教授雖然對詩作語言刻意求工，最後成詩時候，讀來卻並不覺得詞句刻意，反而毫無雕琢氣，有"天然去雕飾"之感，可見饒教授遣詞用句功力之深厚。錢仲聯先生曾讚饒教授六十以後詩詞創作之如杜甫般"不煩繩削而自合"，"文章成就，斧鑿痕盡，而大巧出焉"①。由這些手稿，可知這等"斧鑿痕盡"，乃是出自何等心血的仔細打磨。我們亦可從手稿中的這些修改，揣摩其中滲入的饒教授推敲詞句的匠心獨妙。

另一方面，這些修訂的過程，亦為我們理解詩作之具體涵義提供了線索。如《雙珠谷》一詩中，"懸空千丈明珠滴，上代何人此豢龍"句，其中"上代"一詞，既可理解為"上古"（若西晉陸雲（262—303）《答兄平原》詩"伊我世族，太極降精，昔在上代，軒虞篤生"中之含義），簡單解作"前代"亦通。此詩手稿版中存二稿，其一作"太古何人此豢龍"，其二初鈔作"太古何人此豢龍"，又改"太古"作"上代"。由此可確定，"上代"一語在此詩中，應理解作"上古"或"太古"，方貼切饒教授本來用意。

（三）手稿本中的學術信息

饒宗頤教授曾說常把詩詞當成日記來寫，以紀遊蹤。② 而由此浙東之遊的詩作，不難看出，相較一般詩客，饒教授的關注點會更多投向景點名勝的歷史人文背景。已有學者注意到，饒教授往往在暢遊之際仍心繫學問，對於所遇景物，吟詠之餘亦在記錄、探討有關的具體學術問題。③ 而此學人本色，於詩作的夾注或附記中，更為彰顯。《江南春集》手稿版中，特別是最早的蘗本，詩作有時會和其他大段注釋，乃至其他手跡混在一處。同時，在後來的刊本中，或為求簡練，這些夾注或附記也往往有所刪節。因此，未刪節前的原稿，顯然透露著更多信息。

如《臨海道中，懷故法國戴密微教授，用大謝廬陵王墓下韻》，手稿版存兩個版本，其中較早者存於於手稿檔案編號A. Jg00.002.01.026（版本1），前序起以"戴君治大謝詩，譯述甚

---

① 錢仲聯：《選堂詩詞續集序》，見饒宗頤《選堂詩詞集》，（臺北）新文豐出版公司1993年版，第235頁。
② 《訪問中文系饒宗頤教授》，見《香港中文大學校刊》，1977年夏，第8頁；饒宗頤、李文儒，《饒宗頤：學術與藝術》，《紫禁城》2008年第9期，第29頁。
③ 陳偉：《饒宗頤教授六十歲以後詩詞創作略述》，《韓山師範學院學報》2005年第1期。

富，繼起者有 Frosham 及余門人 Westblook 皆造述斐然"句。至另一較晚者（版本2，見於手稿檔案編號 A. Jg00. 002. 01. 027），"繼起者有 Frosham 及余門人 Westblook 皆造述斐然"一句即已刪除，亦不見其後諸版本。按：Frosham，應為"Frodsham"之筆誤，此處應指澳大利亞漢學家傅德山（John David Frodsham）及其《潺潺溪流：中國山水詩人謝靈運（康樂公）的生平與創作》（*The murmuring stream: the life and works of the Chinese nature poet Hsieh Ling-yün*（385 – 433），*Duke of K'ang-Lo*）等著作。Westblook，則應為"Westbrook"之筆誤，即 Francis Abeken Westbrook（1942 – 1991），耶魯大學博士，其撰成於1972年的博士學位論文題目為《謝靈運抒情詩及〈山居賦〉中的山水描寫》（*Landscape description in the lyric poetry and "Fuh on dwelling in the mountains" of Shieh Ling-yunn*），鳴謝一節中提及該文極大受益於饒教授的指點。① 此句言及西方漢學界對相關研究之學術史，對中文學術界而言較為陌生。尤其 F. A. Westbrook 博士論文並未正式出版，不易讀到。此條令人注意到其人之著述及其與饒教授之關係，對研究西方漢學界之交流情形亦是重要的線索。又該詩附記，"大謝有《從斤竹澗越嶺溪行》詩，斤竹澗舊傳在北雁蕩靈巖下"段，手稿版本2在此句後則附有更為詳盡的考據：

  謝有《從斤竹澗越嶺溪行》。斤竹澗在北雁蕩靈岩下。注謝詩有劉坦之，以為會稽東南所之竹嶺，誤。知謝氏《遊名山志》云"神子溪，南山與七里山分流，去斤竹澗數里"，即指雁蕩一帶。

  按：原稿此段無句讀，標點為筆者所加。較之原版，此版本亦為不熟悉此一節學術背景之普通讀者提供了詩作的更多背景信息。類似

---

① Francis Abeken Westbrook, *Landscape description in the lyric poetry and "Fuh on dwelling in the mountains" of Shieh Ling-yunn*, Ph. D. Dissertation, Yale University, 1972, p. ii: "During the academic year 1970 – 71, Professor Jao patiently read the '*Fuh* on Dwelling in the Mountains' with me; without his encyclopedic knowledge I could not have attempted a translation of this difficult piece for which there is no other commentary than Shieh's own."

的情況尚出現在《石城山大佛》《方廣寺》《訪唐梁肅撰智者大師修禪道場碑》等詩作手稿中。讀者可通過這些額外的學術資料，更深入地感受所涉古跡之歷史內涵，及詩作所涉之歷史典故。

在版本的差異之外，原始手跡亦有為解決詩作本身所涉及的學術問題提供線索。如《題嘉興吳孟暉編〈淮海長短句〉》。由該詩附記"閣藏此書，向所未聞""其前有茅承德正德辛巳序"語（《選堂詩詞集》本），最終查得饒教授所詠此書實為天一閣藏明正德刊本孟春暉編《淮海長短句》。而手稿版中現存三個不同版本，其中一個未提及《長短句》編者，另二個提及時皆書作"吳孟暉編"，因而確認這是饒教授在旅行之中匆忙錯誤記錄了此書編者姓名，而非在後續修訂、謄抄時出錯所致。而該詩附記中關於此書"向所未聞""茅承德序"等語，亦與實際有出入。這一查證過程中，我們意外發現此為一未為學界注意到的罕見刻本，而饒教授這一誤記又在學術界造成了一定影響，故又撰專文加以研究，即本書下篇所附之《天一閣藏明刊本〈淮海居士長短句〉考略》，是本項研究中最為驚喜的收穫。

綜上不難發現，饒教授這本《江南春集》，尤其是在手稿發現之後，不論是分析其創作思路、特點，還是探查其背後涉及的學藝、人事，更顯示出其獨特價值。

第三章 《江南春集》的創作特色

一 引言

饒宗頤教授的諸多紀遊詩中，相較《佛國集》《白山集》等域外吟詠之作，《江南春集》或因所寫景致多為傳統江南名勝，屬於較不為人所注意的一輯。然而饒教授此集詩作所描繪之山川風物，所記錄之詩人所想所感，亦獨具自家特色。

二 《江南春集》的詩作體裁分佈

正式出版的《江南春集》共收詩47首。其中以七言絕句佔絕大多數，共計37首。其次是古風，共計8首，《禹陵用坡老遊塗山韻》《會稽山》《天台賓館遣興》《臨海道中，懷故法國戴密微教授，用大謝廬陵王墓下韻》《別雁蕩山》其中等5首為五言，《又作示程十髪》《鄧尉候梅用東坡和秦太虛梅花韻》《天童寺次東坡道場山韻》等3首為七言詩。律詩最少，僅有《石城山大佛》《登天一閣》2首，皆七言。這與饒宗頤教授總體創作習慣是一致的。夏書枚早在1967年即已指出，饒教授"律詩較少作"。① 近年亦有學者統計，饒教授六十歲以後詩作，所著千餘首詩作中，絕句佔絕大多數，古體、律詩均

---

① 夏叔枚：《〈選堂詩詞集〉序》，（香港）選堂教授詩文編校委員會1978年版，第2頁。

較少;① 而他一生創作千餘首詩作中，七絕又佔過半。②《江南春集》中，以七絕為主足佔去近八成，五七言古不到兩成，在饒教授紀遊詩結集中，是很有代表性的。

饒教授的絕句，向最為人稱讚。夏書枚以為其峭拔、雅健，猶在姜夔、王安石之上，曰："選堂絕句，本甚精妙，時人多以詩格在半山白石之間。余謂白石一代詞人，至小詩雖顧盼生姿，終嫌氣弱，選堂峭拔處，白石似不能及，半山詩多議論，雅健處選堂誠得之。"③又特別點出："七絕則奇秀令人諷誦，弗忍去手。"④ 錢仲聯亦有類似觀點，認為饒教授之"小詩截句"，"神韻風力，上繼半山、白石，下取近賢閩浙之長"⑤。絕句固而以其篇幅短小、表達精煉而宜於旅途吟詠；暢遊之際，以自身最擅長之體裁記錄所見所感，也是詩人自然本色。

絕句之外，古體詩則是饒教授詩作中另一擅場。夏書枚評其五言古"風骨秀挺，出入八代諸家"，又贊其早期《和韓昌黎南山詩》、《楚繒書歌次東坡石鼓歌韻》等五七言古"空盤硬語，可摩昌黎東坡之壘"。⑥ 錢仲聯亦有類似評語，如贊饒教授早年《白山集》等和謝靈運詩作"得意於神理遣情之外"。又評其六十歲後所著之《選堂詩詞續集》："今觀續集用杜、韓、蘇諸大家古體之韻者，固足以覘先生法乳所在，而凡前集所瀾翻不窮者，續集復奇外出奇。千江之月，掉臂游行，得大自在。"⑦ 凡此種種，皆指向饒教授的古體詩作中，以追步古人而翻沉出新的特點。《江南春集》的 8 首古體詩中，即有

---

① 陳偉：《饒宗頤教授六十以後詩詞創作略述》，見趙松元等主編《選堂氣象——饒宗頤研究論集》，中國社會科學出版社 2020 年版，第 99—100 頁。
② 陳偉：《論饒宗頤的七言絕句》，見趙松元等主編《選堂氣象——饒宗頤研究論集》，中國社會科學出版社 2020 年版，第 85—86 頁。
③ 夏叔枚：《〈選堂詩詞集〉序》，(香港) 選堂教授詩文編校委員會 1978 年版，第 1—2 頁。
④ 夏叔枚：《〈選堂詩詞集〉序》，(香港) 選堂教授詩文編校委員會 1978 年版，第 2 頁。
⑤ 錢仲聯：《〈選堂詩詞集〉序》，臺北新文豐出版公司 1993 年版，第 2—3 頁。
⑥ 夏叔枚：《〈選堂詩詞集〉序》，(香港) 選堂教授詩文編校委員會 1978 年版，第 2 頁。
⑦ 錢仲聯：《選堂詩詞續集序》，見饒宗頤著：《選堂詩詞集》，(臺北) 新文豐出版公司 1993 年版，第 235 頁。

《臨海道中，懷故法國戴密微教授》步韻謝靈運，《禹陵》《鄧尉候梅》《天童寺》3首取韻蘇東坡。《天台賓館遣興》雖非嚴格的步韻之作，然細看全詩大量化用蘇東坡五言古風《自仙遊回至黑水見居民姚氏山亭高絕可愛復憩其上》一詩，所用韻腳亦有大量重合之處，也可說是一種變相的追步。（詳見本書下篇《江南春集》足本校註）由此也可見東坡對饒教授的影響。

至於律詩，雖僅七言二首，又都非步韻之作。而《石城山大佛》有杜甫之嚴謹法度和雄渾氣象。而《登天一閣》一首，因有當日饒教授在天一閣即席揮毫題寫該詩的舊照留存（見《江南春集》照片選錄・照片七、八），故確知此詩應為饒教授訪天一閣時即興而作，更足珍貴。

三　向上一路：春風得意的詠景之作

饒教授1984年這一次浙東之遊是十分盡興且愉快的，《江南春集》總體亦透著春風得意的歡快基調。

是此勝遊，起源為訪江南春梅。甫抵滬，雖春寒未消，未知花況如何，興致卻高漲，即有"缺月如鉤春意動，西郊好是未眠時"〔《西郊賓館喜誦鍥翁催花之什（二首）》〕、"明朝鄧尉騎驢去，飛箋說與春風知"（《又作示程十髮》）的催花之作，興奮期待之心，溢於紙上。至蘇州鄧尉山"香雪海"，歡呼"溫風一夜蘇萬槁"，天公作美，梅花終綻，"先放數枝堪絕倒"。又暗自慶幸催花詩之精誠感動自然："居然香雪春無數，我詩幸未被花惱"、"太湖處處皆晴好"、"造物欲人興不掃"（《鄧尉候梅用東坡和秦太虛梅花韻》），句句滿是雀躍之情。才感慨於鄧尉梅花令人懷想北宋詩人林逋詠梅千古絕唱"疏影橫斜水清淺"，因而有"偶見橫斜水清淺，只道逋仙來太早"句（《鄧尉候梅用東坡和秦太虛梅花韻》），不久又至杭州孤山放鶴亭，林逋"梅妻鶴子"之故地，雖天色陰沉"商略黃昏湖外雨"，仍可吟"題襟興味屬我曹"（《放鶴亭》）。至於在天台山，觀國清寺"一株權植二千春"的隋梅，感慨"此花閱世真如史"（《國清寺隋梅》），最後在杭州超山，所作《超山有唐宋梅各一枝》一詩中，江南賞梅之樂達到了最高潮：

> 超山青眼逾天台，的皪寒花待客來。詞筆春風誰及我，一句看遍宋唐梅。

末二句化自唐孟郊《登科後》"春風得意馬蹄疾，一日看遍長安花"句，歡欣鼓舞之心情，也自應相差無幾。饒教授此行，單就賞梅一項，即已不虛。

賞花之外，江南風景之美，亦足令人心曠神怡。單是臨海道中，乘車途中所見，即足令詩人慨歎"江山無處不爭美"（《虎頭山》）。《高梘道中》，"百里梯田將綠繞，一車看遍浙東山"之曠達輕快，相對"一句看遍宋唐梅"之歡欣自得，既是同出一轍，又相互呼應。而最為暢快淋漓、意氣風發的詠景之作，則最為密集地出現於雁蕩山的遊覽中。如《雙珠谷》：

> 絕壁天留巨壑瀅，從來積健始為雄。懸空千丈明珠滴，上代何人此豢龍。

"從來積健始為雄"句，典出唐司空圖《二十四詩品·雄渾》："大用外腓，真體內充。反虛入渾，積健為雄。"言日積月累、學養深厚，致使詩文內涵充實，方能外顯浩大，達至"雄渾"之境界。而饒教授此"積健""雄渾"句，既寫"絕壁""巨壑"之險，又以此險暗喻作詩之法門所在，更又道出人生之積極態度。

再《小龍湫》：

> 欲洗人間萬斛愁，振衣漱石小龍湫。峻流不為巖阿曲，猶挾風雷占上游。

飛流直下處，人間萬愁洗盡，脫去凡塵困擾。雖有山岩所阻，峻流不為所動，挾風雷之勢，猶佔上游。令讀者有如親身感受水氣撲面而來、水聲風雷而至的振奮之感。

又《攀登顯勝門絕頂》：

    顯勝峰頭手自捫，含羞瀑上望中原。平生壯觀君知否，曾躋雁山第一門。

登頂之危峻，俯瞰景致之遼闊，甚至可遙想中原。"曾躋雁山第一門"，較之"一旬看遍宋唐梅""一車看遍浙東山"，又是另一種壯闊豪邁氣派。《雁蕩即事（二首）》《觀音閣》等，皆屬此類，此處不一一展開。而饒教授早在1965年即在其詩集《佛國集》自序中大膽提出"但期拓於境，冀為詩界指出向上一路，以新天下耳目"。以《江南春集》所見，饒教授多年堅守初心，至老則臻化境。

四　學者本色：舉目皆史，詩為札記

浙東故地，古跡繁多。饒教授此行，歷史名勝型景點，亦不在少數。饒教授一行在旅途中，皆有不少探幽訪古之作。惟饒教授較之其他詩友，其目光往往落在"名勝"二字之外，而指向某地某名某物所涉的歷史故實和學術問題。

最為典型的當屬為寧波天一閣所藏明本《淮海長短句》而作的《題嘉興吳孟暉編〈淮海長短句〉》，詩後有小記云："閣藏此書，向所未聞。曩著《詞籍考》未能著錄，其前有茅承德正德辛巳序。故記之。"饒教授之《詞籍考》，初刊於1963年，是為學術史上第一部以目錄學和版本學的方法和角度來研究詞學的著作，為詞學研究提供了豐實的研究資料與基礎。而同期他又編校出版有《景宋乾道高郵軍學本淮海居士長短句》，書中首次刊印日本所藏南宋高郵軍學本秦觀《淮海居士長短句》，以惠學林，又附秦觀詞集版本系統表，為當時最完備之整理研究。① 而此詩作時，雖是遊興正濃，又兼賦詩題字、應酬正忙，饒教授仍敏銳回想起二十年前著作之所未及處，由此足見

---

① （宋）秦觀撰，饒宗頤編校：《景宋乾道高郵軍學本淮海居士長短句》，香港龍門書店1965年版。

饒教授對學術研究鍥而不捨、精益求精的精神。

　　天一閣為著名藏書之地，在此遇到罕人所知的孤本，知其學術價值而賦詩，同行者固只有饒教授一人能為之。而在一般名勝處，饒教授視角的關注點亦往往與眾人不同。如新昌至天台山景區一段行程中，所涉石城山大佛寺、方廣寺等佛教名勝，饒教授筆下的關注點皆非在蘭若莊嚴，而集中於曾在這些地方修行乃至參與創建的著名高僧。如《石城山大佛》開篇即以"慧地遺碑不可尋"句，呼應詩後注"梁劉勰（僧名慧地）撰《剡縣石城寺彌勒石像碑》"，點出南梁著名文學理論家劉勰，曾為大佛竣工撰碑文，以及其晚年出家為僧、法名慧地之事。又在詩註引《高僧傳》中《僧護傳》、《僧祐傳》中僧護、僧淑、僧祐三代高僧努力興建大佛的記載，註解詩中"捫霄巨像出嶔崟""何來神力山堪鋸"之典故出處。全詩亦皆寫三代人之營造佛像之不易和無量功德。

　　至《方廣寺》，則引《高僧傳・竺道猷傳》："於赤城山搏石作梯，接竹傳水，禪宗造者十有餘人。王羲之聞而欲往。……猷於太元末，卒於山室。"即方廣寺開山之祖竺道猷之創寺經歷。此段亦是此七絕首二句"接竹傳波石作梯，山陰欲往苦難躋"之所來源。而"當年界道今仍昔"一句亦出自《竺道猷傳》未被詩註徵引的部分，與方廣寺旁"石梁飛瀑"的傳說有關：竺僧曾欲跨越飛瀑尋找傳說中的仙境精舍，雖瀑上有天然石橋仍為橫石滑苔所阻，在十年誠心等待後最終見橫石洞開而如願探訪，歸而橫石仍封合如故。此段故事雖未獲正式徵引，也是《石梁飛瀑為天台勝處》"海客談瀛空囈語"句中，除去化用李白《夢遊天姥遊吟別》"海客談瀛洲，煙濤微茫信難求"句外，真正用意所指。

　　《智者大師禪院》一詩，也是這種以半徵引半暗示線索的詩註方式。詩後引《續高僧・智顗傳》"卒於天台山大石像前，為開皇十七年十一月廿二日"。智者大師禪院，即智者塔院，即"智者大師"智顗肉身塔所在。此注看似只是為智顗卒年提供資料。惟查《智顗傳》可知，詩中"何人得似吾師智，遺蛻層城縹緲峰"句，乃指智顗圓寂數年後，"忽振錫披衣，猶如平昔。凡經七現，重降山寺"，與弟子言問如常，再歸寂後"枯骸特立端坐如生"的傳說。饒教授對

《高僧傳》《續高僧傳》中名僧事跡之熟稔，對中國佛教史之淵博知識，在此看似不經意處，可以管窺。至於《訪唐梁肅撰智者大師修禪道場碑，碑在天台山華頂峰絕頂塔院，以道遠不克至恨賦》一詩，起因之一或為一場誤會：詩中所述"唐梁肅撰智者大師修禪道場碑"，其實就存放在智者塔院，而非在華頂峰絕頂之華頂寺，不知為何饒教授未能看到。然而詩後註中言及此項求訪真正目的，乃為查證日本漢學家神田喜一郎著《梁肅年譜》中提及不同文獻所收錄此碑文中"自大師沒一百八十餘載"或"一百九十餘載"之異文；饒教授雖未能親見此碑，仍由該碑"立於元和間"，推斷神田氏之取"一百八十餘載"有誤。2015年，乃有學者撰專文介紹該碑現狀和考證有關史實，終於證明饒教授的判斷是正確的。① 饒教授學術眼光之精準老辣，隨時隨地留意學術問題之細密心機，令人敬服。

除佛教文獻外，由《江南春集》所見，饒教授對道教文獻亦一樣精通。例如《過新昌》"崔嵬陵谷須奇節，自悔雲端入覲來"取典《道藏》本《天台山志》中所引《會稽志》中載司馬承禎被召而悔事。《會稽山》詩後按"宋李宗諤著《龍瑞觀禹穴陽明洞天圖經》，現存《道藏》鞠字號，頗詳會稽山事跡"，以此為線索細細對照，可知《禹陵用坡老遊塗山韻》《會稽山》二首，皆取用此書中所載典故，其中尤以《會稽山》一詩為甚。如《禹陵》"地靈不愛寶，丘壠出圭瓚"句出自《圖經》引《遁甲開山圖》"禹開宛委山，得赤珪如日，白珪如月，長一尺二寸"段。《會稽山》"發石得真文，伊誰辨蝌蚪"句得自《圖經》引《吳越春秋》所錄禹於委宛山得治水神書之事；"落落宛委山，壁立干雲岫"句化自《圖經》引《輿地志》"宛委山上有石匱，壁立干雲，升者累梯而至"句；"鄭公今何在，隨處見樵叟"句所指東漢鄭弘山中伐薪遇仙人，求得利於若耶溪上運送薪木的風向之事，亦見載於《圖經》，等等。按此二詩用典極繁密，如無附記嚮導，解讀亦非易事。此類詩作之附記，可視作饒教授在旅途中的"學術筆記"——但凡遊蹤所至，有歷史人物、事跡或文

---

① 參見胡可先《〈台州隋故智者大師修禪道場碑銘〉事實考證與價值論衡》一文，載《浙江社會科學》2015年第7期。

獻可追溯處，或與自己學術興趣或研究相關時，以"詩作＋附記"的形式作札記，以便於記憶和查用。反過來，也可以說，饒教授的詩作、特別是有詠史、懷古成分的詩作，往往因徵引文獻之豐富，而用典綿密，洋洋灑灑，令人如入萬花叢中，難免眼花繚亂，這時如有附語、自註中提及的相關文獻，則一定是解讀該詩甚至其他關聯詩作的重要鑰匙，值得特別注意，不妨索而細讀。

五　學藝雙攜：書畫入詩，懷古寫今

饒教授此行，除探梅訪古外，又可稱得上是一次書畫之旅。《江南春集》詩作之中，亦大量出現書畫的痕跡。本身，此次快遊"同行尚有老畫師"（《又作示程十髮》），即著名畫家程十髮，對於善書畫的饒教授而言，可謂多一重知音陪伴。而饒教授一路寫生江南春季美景，除留下不少寫生手稿外，同行梁耀明作也有詩為證："應是饒侯筆底來，蟠螭堤柳壓雲開。此行兩得稱心事，君畫湖山我看梅。"（《湖堤垂柳與選翁》）蟠螭，即蘇州蟠螭山，故饒教授曾在蟠螭山下太湖堤畔寫生。所寫之景，亦即饒教授《蟠螭山石壁》詩中所詠：

虛谷憨山去不還，孤根蟠結石垣間。片帆安穩波千頃，七十二峰藪上山。

饒教授當日所寫畫稿已不可考，今有一新千年後同名扇面作品存世。（見本書下篇"饒宗頤教授《江南春集》相關書畫制作·圖十六"）而饒教授得梁耀明詩後，亦報之以《山陰道上和鍈翁》：

為愛名山入剡來，沈沈迷霧曉初開。敢將紙上倪迂柳，換取江頭何遜梅。

倪雲林以寫柳著稱，而何遜《詠早梅》亦為詠梅詩之佳作。以自己效仿倪雲林筆法所繪柳樹，換取友人所賞之春梅。饒教授此回應風趣幽默又用典精到，令人莞爾。

以繪事入詩，亦不止於友人間相互戲謔之和作。《雁蕩即事》二首，有意引入繪畫術語：

  真宰偏留此奧區，移形咫尺即成圖。急皴淡墨難傳妙，鬼臉亂雲總不如。
  媧皇鍊得態何奇，虎視龍飛各合宜。霧裏諸峰皆濕筆，畫家從此悟華滋。

二首全篇皆擬畫家自述的口吻，"急皴""澹墨""濕筆"等，亦繪畫技法術語；"鬼臉""亂雲"更為特定皴法之專有名詞。此非行家不能為之。

此外，饒教授此行中不少景點又為著名書畫家故跡，如《蟠螭山石壁》首句中所提及的虛谷，為清末著名畫僧，其墓在蟠螭山頂。又如紹興徐渭故居有《青藤書屋》、王羲之蘭亭有《蘭亭三首書柬青山翁》等。此等詩作，亦屬懷古詠史之作，詩中所提及古人舊事典故，多為所附按語所解，令人懷想過往書畫風流之餘，慨歎饒教授之博學多才。又有為天一閣所藏宋黃庭堅所書《劉禹錫竹枝詞卷》而作的《喜見山谷狂草竹枝長卷真跡，嘆觀止矣》，是為《江南春集》涉書畫詩作最為特別的一首：

  百行狂草化龍蛇，淇艷湘纍自一家。黃菊華顛猶氣岸，竹枝佳句是桃花。

唐劉禹錫於夔州（今重慶市奉節縣）刺史任內，因喜愛巴蜀民歌，而依其形式作《竹枝詞》，今存二組。其中《竹枝詞九首並序引》，為黃庭堅所激賞，曾作《跋劉夢得竹枝歌》，以為其"道風俗而不俚，追古昔而不愧，比之子美《夔州歌》，所謂同工異曲也"，即饒教授在此詩後註中所言"山谷跋劉夢得竹枝歌，推為元和間獨步"者。天一閣所藏黃庭堅書《竹枝詞》長卷，不錄原詞序引，以狂草直書九詞，書勢跌宕豪放。後有行書自跋："劉夢得《竹枝》九篇，蓋詩人中工道人意中事者也，使白居易、張籍為之，未必能也。"

饒教授此詩首句直寫狂草書法如龍蛇奔騰之勢，三句則化用黃庭堅被貶黔州時所作《定風波·次高左藏使君韻》"莫笑老翁猶氣岸，君看，幾人黃菊上華顛"句，該句後接"戲馬臺南追兩謝，馳射，風流猶拍古人肩"，即饒詩此句明寫書家白髮插菊、自信吟詩騎射不輸古人之雄豪氣概，亦以此暗寫書法本身之氣格。而二、四句則指向劉禹錫《竹枝詞九首》本身。二句源自詞前之《序引》："四方之歌，異音而同樂。歲正月，余來建平，里中兒聯歌《竹枝》，吹短笛，擊鼓以赴節。歌者揚袂睢舞，以曲多為賢。聆其音，中黃鐘之羽，卒章激訐如吳聲。雖傖儜不可分，而含思宛轉，有淇濮之艷音。昔屈原居沅湘間，其民迎神，詞多鄙俚，乃寫為《九歌》，到於今荊楚歌舞之。故余亦作《竹枝》九篇，俾善歌者揚之，附于末。後之聆巴歈，知變風之自焉。""淇艷"，即《序引》中"淇濮之艷音"，淇、濮皆是衛地水名，此言《詩經·衛風》之艷風傳統；"湘纍"代指《九歌》。"淇艷湘纍自一家"，即同《序引》中"知變風之自焉"，按《詩經》有"正風""變風"之說，變風即"艷"，即《竹枝詞》與詩騷一樣來自民歌，是屬同類。四句，據饒教授詩後註即可知，指向劉詞中"山桃紅花滿上頭""山上層層桃李花"等"雋句"。全詩由描繪黃庭堅長卷書法而及劉禹錫作《竹枝詞》之用意，再轉至書家其人其詞，復回歸長卷中之佳句本身，書法與詩詞典故交織呈現，融藝於詩，以學遣句，構造精巧而讀來清新自然，是為詠書法詩作之絕品。

六　學人之詩：用典與用韻

　　饒宗頤教授既慣以學術問題入詩，又憑藉博聞強記，其詩多用典綿密外，而作為一學者詩人，其觀照山水，體驗生活，反映風俗，往往既憑借著詩人的詩心，又帶有一種學術的眼光。統觀饒宗頤教授的海內外紀遊之作，往往結合自己的學識、感受和趣味，或借景抒懷，或憑弔古跡，將山川風物與宇宙人生感悟和人文歷史情懷相融合、相生發，不僅詩中有景有情，更帶有史識和哲理，這一類的詩，在《江南春集》中，也有相當比例。如《會稽山》：

憶望剗兒坪，初識山川首。今騎天柱背，規模空九有。亙古揚州鎮，戮力唐虞後。刊旅致溝洫，導山始壺口。發石得真文，伊誰辨蝌蚪。落落宛委山，壁立干雲岫。陽明洞天廣，龍瑞出培塿。朝暮南北風，若耶溪上吼。鄭公今何在，隨處見樵叟。淒迷具區遠，莽蕩雜林藪。坐臨鷗鳥沒，落日千帆走。鑒湖近可掬，飲人如中酒。緬懷風流客，賀老骨已朽。去去將安歸，城闉空搔首。

這首五言古體，按照不同時期的會稽山的重要人文歷史，寫出了會稽山的幾個文化層面。起首"憶望剗兒坪，初識山川首"一直到"發石得真文，伊誰辨蝌蚪"，這一部分從會稽山最久遠的歷史說起，"剗兒坪"是禹的出生地，這裏為禹之指代，"山川首""揚州鎮"則均指會稽山。"山川首"之說，或取典於《呂氏春秋·有始》："何謂九山？會稽、太山、王屋、首山、太華、岐山、太行、羊腸、孟門。"篇中，會稽山被列為九山之首；"揚州鎮"的說法則來自《周禮·春官·大司樂》的"四鎮"，鄭玄注："四鎮，山之重大者，謂揚州之會稽山，青州之沂山，幽州之醫無閭，冀州之霍山。""刊旅致溝洫，導山始壺口"句，說的是禹治水的事跡，"發石得真文，伊誰辨蝌蚪"句，則言禹於委宛山得治水神書之事。《龍瑞觀禹穴陽明洞天圖經》引《吳越春秋》："九山東南曰天柱，號宛委，承以文玉，覆以盤石，中藏金簡書，以青玉為字，編以白銀。禹東巡狩至衡山，血白馬以祭之，見赤繡衣男子，自稱元夷蒼永使者，欲得簡書，知導水之方，請齋於黃帝之嶽。禹齋，登山發石，果得其文，乃知四瀆之限，百川之理，遂周天下而盡力於溝洫矣。"蝌蚪，即"蝌蚪文"，又名"蝌蚪篆"，先秦書體，因頭粗尾細形似蝌蚪而得名，此處代指金簡玉書。以上這些均是為了說明會稽山文化的源頭，即是大禹文化。其後的"宛委山""陽明洞天""若耶溪""鄭公"數句，則是圍繞鄭弘之事典展開。《後漢書·卷三十三·朱馮虞鄭周列傳第二十三》李賢注引孔靈符《會稽記》："漢太尉鄭弘嘗采薪，得一遺箭，頃有人覓，弘還之，問何所欲，弘識其神人也，曰：'常患若邪溪載薪為難，願旦南風，暮北風。'後果然。故若邪溪風至今猶然，呼為'鄭公風'也。"體現了會稽山的宗教文化。接著，"淒迷具區遠"四句，著力寫會稽山的醉人山水。"風流客""賀老"，說的則是唐代詩人賀知章，賀知章有"飲中八仙"之謂，又"每醉必作為文詞"。這些典故，均是為了體現會稽山靈秀的山水和厚重人文之聯繫。

饒宗頤教授作詩，是十分追求理趣的，他還認為，理趣是山水物色之外，令人細味回環之處，是山水詩的提升。① 因此，即使是紀遊之作，亦有理趣之表現。如《禹陵用坡老遊塗山韻》：

此穴非塗山，飛甍起天半。其魚事已往，乘槎休重歎。過家三不入，萬古歸一粲。俗傳生石紐，嵩闕還郊祼。聖者能任勞，吐哺有周旦。來朝只烏鵲，相隨兒鴨亂。地靈不愛寶，丘壠出圭瓚。茲山類覆翩，萬卉方爛漫。憶當會計初，侯伯奔駭汗。致功須忘身，一誠即彼岸。

饒教授學識廣大，對佛法道藏有著透徹的了解，宗教精神與釋道的哲學智慧，使他對人生、對歷史、對自然宇宙的觀照充滿了睿智。這首詩中之"理"，先借著首二句"此穴非塗山，飛甍起天半"的眼前之景造境起興，憶寫禹治水之故事，"其魚事已往"語，出自《左傳·昭公元年》："天王使劉定公勞趙孟於潁，館於雒汭。劉子曰：'美哉禹功！明德遠矣。微禹，吾其魚乎！'"後借指洪水所造成的災難。典故的使用，使得詩中禹的形象一下生動立體了起來。饒教授又從"過家三不入"感悟到"聖者能任勞"之"理"，詩中結句，所用之典出自《史記·夏本紀》："或言禹會諸侯江南，計功而崩。"從而引出全詩"致功須忘身，一誠即彼岸"之"理"。此詩描寫與議論相結合，哲思與史識並融，恰當的典故還增加了說理的趣味，使整首詩具備了令人細味回環之處。

用典之外，饒教授作詩亦喜步韻古人。《江南春集》的用韻之作，

---

① 饒宗頤：《談中國詩的情景與理趣》，載《饒宗頤二十世紀學術文集》卷十三，中國人民大學出版社 2009 年版，第 122 頁。

除二首和友人作外，其和作選擇，都是與饒教授遊蹤所至所見有關。《禹陵》所和蘇軾的《上巳日與二子迨過遊塗山荊山紀所見》一詩，就是農曆六月六日在塗山所見的祭祀大禹的儀式，步韻之外，題材上亦相呼應。此外，《鄧尉候梅用東坡和秦太虛梅花韻》《天童山次東坡道場山韻》，亦屬此類。至此，亦不難見饒教授對東坡詩之喜愛。

集中最為特殊的用韻作品，卻當屬《臨海道中，懷故法國戴密微教授，用大謝廬陵王墓下韻》一詩：

> 傍午發天台，密林遍十方。日昃過臨海，凍雨灑重岡。眷言懷安道，悲悒熱中腸。峨峨天姥岑，修竹晚生涼。平生耽謝詩，池草諷不忘。南山往北山，引領冀遠行。思從七里灘，遵海挹遺芳。齋志終莫遂，撫卷徒增傷。人事有代謝，時義每相妨。德音去已遙，日就且月將。我來斤竹澗，念子慟無常。緬貌江海遼，崎嶇征塵揚。虞淵淒寒冰，感舊不成章。

這是一首悼亡之作，不論是詩作的主題，還是詩中濃郁深沉的情感，似都與《江南春集》歡快的"紀遊"之旨不符。因此，饒教授特地在詩序予以說明："戴教授治謝康樂詩，譯述至富。年七十餘時，嘗申請赴華，作上虞、永嘉之遊而不果，終生引為憾事。君歿已五年。余頃自杭州來雁蕩，所經多是謝詩山水之鄉，感君此事，用志腹痛之戚。"這是觸景生情之作，戴密微教授是法國著名的漢學家，在漢學界享有盛譽。他從研究敦煌經卷始，繼之及於禪宗、禪意詩、文人詩，尤其是評介中國古典詩歌深入細緻，推動了法國中國文學研究的發展。饒宗頤教授認識戴密微時，他還只是一個剛剛在國際上嶄露頭角的年青學者，戴密微卻與他成了忘年交，給予他許多學術上的幫助和關懷，可說是對饒教授有著學術上的"知遇之恩"。手稿版中末二句有稿作"夙昔從遊之好，繾綣於懷，故作是詩，聊志腹痛之感"，未若定稿沉痛簡練，而繾綣懷緬之情更甚。而這首詩所步原作，為謝靈運元嘉三年（426）奉詔進京時，過廬陵王墓而作。廬陵王劉義真，"警悟愛文義"，與謝靈運交好，曾言"得志之日，以靈運、延之為宰相"（《資治通鑒·宋紀二》），但很早死於皇權爭鬥。廬陵

王之死,對謝靈運造成很大打擊。過故人墓,腹痛之情,亦謝詩主旨。茲錄謝詩原詩如下:

> 曉月發雲陽,落日次朱方。含凄泛廣川,灑淚眺連崗。眷言懷君子,沈痛結中腸。道消結憤懣,運開申悲涼。神期恒若在,德音初不忘。徂謝易永久,松柏森已行。延州協心許,楚老惜蘭芳。解劍竟何及,撫墳徒自傷。平生疑若人,通蔽互相妨。理感深情慟,定非識所將。脆促良可哀,夭枉特兼常。一隨往化滅,安用空名揚!舉聲泣已灑,長嘆不成章。

饒教授這首步韻之作,與謝靈運原作一樣,首兩句都是從自己的行程寫起,由景及情。但謝靈運此詩,依舊還是他慣用的"敘事——寫景——抒情(說理)"結構。其中,"平生疑若人,通蔽互相妨。理感深情慟,定非識所將"。四句為全詩感情最沉鬱蒼涼的部分,一隨二句,愈推開,愈沉痛,情景渾融一體,但這四句是在敘事寫景之後,於臨結尾處抒發;饒教授詩亦是以"平生"四句作為全詩最著感情之處,卻將這四句置於敘事寫景之中,乍讀來並不如謝詩情感濃烈,蓋謝詩為直抒胸臆,而饒教授則是用了與謝詩相對的"意主於內"的寫法。《歲寒堂詩話》引《文心雕龍》佚文曰:"情在詞外曰隱。"饒教授也曾在他的《人間詞話平議》提出過"言外別有許多意思,讀者不從體味其淒苦之詞境,尤當默會其所以構此淒苦之境之詞心"①。雖是論詞之語,移以論此詩亦十分合適。"平生耽謝詩,池草諷不忘。南山往北山,引領冀遠行"這四句,需從其背景解讀,方能體會蘊含其中之情感:1965 年,在戴密微教授的提議下,法國國立科學研究中心邀請饒宗頤教授到巴黎幫助研究敦煌寫卷,饒宗頤教授得以接觸到大量的敦煌學原始材料。1966 年開春,饒宗頤教授登阿爾卑斯山,戴密微教授因赴日未能同往。饒宗頤教授於遊覽中和謝韻 36 首寫成《白山集》,其中一首就是《自白山造 Assy 山巔用南山往

---

① 饒宗頤:《人間詞話平議》,載《饒宗頤二十世紀學術文集》卷十二,中國人民大學出版社 2009 年版,第 220 頁。

北山韻》，並將詩稿寄奉戴密微教授"乞有以教之"。同年，戴密微教授邀請饒宗頤教授去他的家鄉瑞士旅行，饒宗頤教授於旅行時寫《黑湖集》，戴密微教授又將之譯成法文，安排在瑞士漢學雜誌發表。故此四句，不僅是憶寫戴密微教授之行狀，更是將對往事之追憶、對故友之追思、對學術上知遇之感恩融入敘事，情立於詞外，讀來使人有"思之思之，遂由淺而見深"之感。

七　小結

饒宗頤教授曾在他《論顧亭林詩》一文中說顧亭林的詩是"學人的詩"，因為顧亭林詩"長於隸事，爾雅典重"，"他對於典據的注意，正是他的詩所以典雅的重要因素"①。饒教授的詩亦具備有這樣的特點。在《江南春集》的詩作中，舉凡經史子集、佛書道藏，饒教授無不信手拈來，隨意驅遣，幾乎每一首都有用典，無一字無來歷。不論是語典還是事典，都蘊藏著豐富的歷史人文內涵，使得《江南春集》的詩作意境含蓄深厚。饒教授又曾說："以真為文為詩，這樣的詩文，自然是天地間的至文，否則直是'文塚'而已。"② 這一點，亦在《江南春集》有所體現，故《江南春集》雖是紀遊，詩作卻不是言之無物的。又因饒教授的博古多聞，故這些詩中沒有一句是空虛之語。《江南春集》體現的創作特色，蓋作為學者兼詩人的饒宗頤教授，一向主張學與詩合，學藝雙攜，故他的詩作，學理與詩情並融，又於傳統舊題材上開拓出新的表現方式，可稱為學人之詩與詩人之詩的融合典範。

---

① 饒宗頤：《論顧亭林詩》，載《饒宗頤二十世紀學術文集》卷十二，中國人民大學出版社2009年版，第114—115頁。
② 饒宗頤：《論顧亭林詩》，載《饒宗頤二十世紀學術文集》卷十二，中國人民大學出版社2009年版，第115頁。

第四章 《江南春集》相關書畫考論

饒宗頤教授自幼習書畫，終身創作不輟，面貌極多。而他一生博覽群書，遊歷四海，其創作多博采古人之長，以寫山川現實之美，所至之地，有所吟詠外，亦必作寫生。饒教授此江南春遊，同行又有著名畫家程十髮，沿途除吟詠酬唱外，亦切磋畫藝。他後來出版的畫冊中，多種與此行有關的作品有在說明文字提到"途中作有很多寫生稿，回港之後再依稿創作"的情況。① 在此之後的數十年間，饒教授亦陸續創作不少與此行有關的書畫作品。然而饒教授這些旅途寫生稿不易見到，而旅途畫稿如何轉為畫作，向不為人所知。而在進行"《江南春集》檔案"的有關整理研究期間，又湊巧在館藏饒教授諸多尚待整理之紛亂手跡中發現此行中部分原始速寫畫稿，甚為難得。因此，由這批畫稿出發，可一探饒教授如何在旅途採集素材，又如何將素材轉為畫作，如何與紀遊詩詞配合，乃至如何與旅途記憶一起，衍生為日後創作之源泉的全歷程。

一　浙東旅途速寫畫稿

這批畫稿被發現時共計 14 件，皆為黑色秀麗筆或藍色圓珠筆簡單勾勒之草圖。其中 5 件用天台賓館信箋（速寫畫稿 001—005），與"《江南春集》檔案"手稿使用之天台賓館信箋同款，皆僅用單面。其餘 9 件用豎行原稿紙（速寫畫稿 006—014），亦與"《江南春集》

---

① 如《雁蕩心景小冊》說明，見鄧偉雄編《古意今情——饒宗頤畫路歷程》，香港大學饒宗頤學術館 2003 年版，第 52 頁。

檔案"手稿中所用無甚差異；其中有 5 件用雙面，4 件用單面；中一件有《國清寺隋梅》、《雁蕩即事》之二、《黃巖》、《智者大師禪院》等詩作原始草稿、及另一首未成形之殘作（見速寫畫稿 013 背面），故判斷這批畫稿為 1984 年春、饒宗頤教授行至天台之後的沿途寫生。此外，這批畫稿絕大部分為山景，又不時可見畫跡旁註有多處地名，有"金雞"、"雙乳峰"（速寫畫稿 006 正面）、"顯勝門"（速寫畫稿 009、010）、"碧霄峰"、"小龍湫"（速寫畫稿 013 正面）、"老人峰"、"玉兔峰"、"金烏"（速寫畫稿 014）等，皆是雁蕩景點名勝。因此推測，這批速寫應皆是作於雁蕩山。

這批畫稿可見，饒教授在沿途速寫時，對所用紙筆亦頗為隨意，但求方便就手。稿上或以圓珠筆簡單勾勒出所取之景的主要輪廓，再稍加幾筆陰影線條，即完成了整張構圖，採用的是近似"速寫"的方式，但更加概括簡練；或以秀麗筆對眼前之景作一詳盡的傳模移寫，以線條的粗細輕重來描述物體的明暗深淺。雖用具簡陋，然線條蒼勁有力，透顯其書法功底，寥寥數筆，風景躍然紙上。尤其速寫畫稿 005、007，以黑色秀麗筆寫就，雖無題字，仍能一眼認出此為雁蕩山著名特色景點，靈峰觀音洞（又名觀音閣）。饒教授回港後所作《雁蕩心影》畫冊中，有設色小品"觀音閣"一幅，應依此二稿創作而來（見相關書畫作品圖二）；與旅途所留該處局部舊影（見照片二）對照，可想其壯麗奇險，頗有意趣。而又有速寫畫稿 013 右側旁題"小龍湫"者，以藍色圓珠筆所寫，較為潦草，然構圖極佳，飛流直下之勢已出；《雁蕩心影》畫冊中有設色小品"小龍湫"，及繪於八十年代四屏青綠山水《終南、雁蕩、匡廬、太華四山風光》中之《雁蕩觀瀑》（見相關書畫・圖六），或都依此稿而來，風格、構圖又截然不同。這批畫稿為我們一窺饒教授寫生類畫作創作的初始階段，提供了寶貴的材料。

二 《江南春集》相關書畫作品

饒宗頤教授一生書畫作品可用海量形容，正式出版之書畫集即有約百種，此外還有不少散見各類拍賣圖錄、展覽場刊，乃至私人收藏、未為人所知者，更不計其數。而筆者目寓所得，與《江南春集》

相關的書畫作品，可分成寫生冊頁、山水大畫、山水扇面和書法五類。除寫生冊頁全部創作於1980年代（浙東遊歸港後），其餘的書畫作品創作時間跨度很大，最早的為1990年代初，最晚的已到2012年。現試錄之。

（一）寫生冊頁

饒宗頤教授浙東之行歸後，依旅途寫生草稿繪製有若干冊頁，今可查得《山陰道上》《西湖小冊》《雁蕩心影》《雁蕩搜奇》四種，皆見錄於《饒宗頤藝術創作匯集Ⅲ·神州氣象》。① 據有關作品描述，這四種冊頁原尺寸均為13釐米×10釐米。這些寫生的內容，都是饒教授沿途所歷景點，可在《江南春集》的詩作中找到對應行程，並可與詩作互為遊覽行程的佐證和補充。

1.《西湖小冊》（見《江南春集》相關書畫·圖一）

又見錄於2003年香港大學饒宗頤學術館出版之《古意今情——饒宗頤畫路歷程》（第62—63頁）等，又並以"西子湖冊"為名刊為2011年海天出版社《神州勝境——選堂中國寫生叢刊》第5冊。據作品描述，此為依西湖寫生稿所作。② 共九幅，第七幅烟雨中樹影寫意旁款"選翁甲子寫"。末幅繪一湖邊垂柳，題："波光寒色此何辰？弦月無端卻避人，天遣尋詩三兩輩，白隄占盡一湖春。選堂。"即《江南春集》中《白堤夜步》句。

此冊色調青綠為主，清新明快，但寫湖邊漫步所見，如湖堤垂柳、橋亭樓閣、畫艇風帆、遠山煙雲之屬，每每僅取一隅之景，視角別出心裁，給觀者以強烈的臨場感。

2.《雁蕩心影》（見《江南春集》相關書畫·圖二）

又見錄於《古意今情——饒宗頤畫路歷程》（第52—53頁）等。

---

① 見鄧偉雄主編《饒宗頤藝術創作匯集Ⅲ·神州氣象》，香港大學饒宗頤學術館2003年版，第11—12、19—20、21—22、37—38頁。

② 見鄧偉雄主編《神州勝境——選堂中國寫生叢刊》第5冊，海天出版社2003年版，卷首說明頁。

共八幅，其一題"觀音閣"，其五題"小龍湫"，末幅遠山近樹景旁題"甲子春抄，遊浙東歸寫此"。又有旅途寫生底稿、照片可參照，知此冊乃重寫雁蕩山中所見，故以山景為主，而山間古跡名勝、草木飛瀑，乃至畫家本人及諸友之身影，皆囊括筆下，頗有趣味。而末幅遠山淡淡一抹，高樹兩三，用筆極簡而意境悠遠。用色上，筆墨較《西湖小冊》濃重，堪宜表現名山巍峨，仍主青綠，扣一"春"字，透出一種生機勃勃的鮮活感。

3.《山陰道上》（見《江南春集》相關書畫·圖三）

又刊為 2011 年海天出版社《神州勝境——選堂中國寫生叢刊》第 6 冊等。冊首以隸書橫題"山陰道上"，落款"選堂寫生"，餘共八幅。其一山景題"會稽山"；其二題"蘭亭"；其三題"曲水流觴"；其四題"三味書屋"；其五題"水鄉"；其六、其七皆寫湖景，其六題"鑑湖近可掬，飲人如中酒"、其七題"淒迷具區遠，莽蕩雜林藪"，皆《會稽山》詩中句；其八無題，落款"甲子選堂"。即知此冊不但來自當日之寫生底稿，① 更來自《會稽山》《蘭亭》等作於紹興之詩作。

此冊小品多寫水景，蘭亭曲水流觴之風雅，江南水鄉之綠樹白牆玄瓦、鑑湖之漁舟縴夫，生動可愛。

4.《雁蕩搜奇》（見《江南春集》相關書畫·圖四）

此冊亦是饒教授的雁蕩山風景寫生，最早以"雁蕩煙霞冊"為名刊於 1989 年香港中文大學出版社《饒宗頤書畫集》（第 28—31 頁），後又被多次收錄，又刊為 2011 年海天出版社《神州勝境——選堂中國寫生叢刊》第 7 冊等。共八幅，冊首橫題"雁蕩煙霞"四字，右邊款"歲在甲子"，落款"選堂"。末幅款"雁蕩搜奇選堂"。

較之《雁蕩心影》的表現雁蕩山中不同景致的溫潤感，此冊專寫山巖之恢弘險峻，用墨的濃淡乾濕變化表現所繪山巖的質地和層次，

---

① 見鄧偉雄主編《神州勝境——選堂中國寫生叢刊》第 6 冊，海天出版社 2003 年版，卷首說明頁。

被認為是研究饒教授水墨技法"不可或缺"①的一冊。

這四種寫生冊頁，應都取材自饒教授1984年浙東之旅。其中畫作，不少應如《雁蕩心影》中"觀音閣""小龍湫"二幅外，乃依照饒教授旅途寫生底稿，重繪而成。旅途寫生稿之外，饒教授旅途所拍攝的照片，亦可能在創作中被廣泛參考。以此四種寫生冊頁為例，除《雁蕩心影》中之"觀音閣"外，《雁蕩心影》中之第三，《雁蕩搜奇》之第四、第六所繪之不知名山峰，在饒教授所留舊影中皆能找到對應的圖片，取景、構圖都極為相似（見照片二至六）。而《西湖小冊》中以《江南春集》中《白堤夜步》詩題湖畔垂柳，《山陰道上》冊頁中以《會稽山》詩中之句題鑒湖風光，則暗示詩作抑或是畫作靈感的來源之一。

從藝術上來看，這些寫生冊頁，都是在中國傳統寫意山水的基礎上，融入了西方繪畫的寫實感。取材自然，輔助以現代科技，兼采中西之技法，更能以舊詩之古典雅緻點題，是為這些寫生小品之獨特魅力。

(二) 山水創作

寫生冊頁外，饒教授亦創作有多幅與以浙東之遊所歷景點為主題的較大幅的山水畫作。茲以筆者所見並有著錄可考者，按創作年份先後，羅列如下。

1.《天台勝處》（見《江南春集》相關書畫·圖五）

見錄於《饒宗頤藝術創作匯集Ⅲ·神州氣象》（第9—10頁）。又以"金箋山水連屏"之名見錄於1993年嶺南美術出版社出版之《饒宗頤書畫》（第38—41頁），等等。

作品為設色金箋通景四屏，單幅尺寸180釐米×88釐米，上題"接竹傳波石作梯，山陰欲往苦難躋。當年界道今仍昔，不見天雞向我啼。啟奇示兆費幽尋，猶有飛流出遠林。海客談瀛空囈語，霞標終

---

① 見鄧偉雄主編《神州勝境——選堂中國寫生叢刊》第7冊，海天出版社2003年版，卷首說明頁。

古見天心。孫綽天台山賦：理無隱而不彰，啟二奇以示兆。赤城霞起而建標，瀑布飛流而界道。方廣寺建自晉時，今仍為天台勝處，李白夢遊天姥吟：天台四萬八千丈。語涉誇誕。近日陟赤城有詩，歸來圖此，藉紀遊踪。甲子春仲，選堂並記"。即所題為《江南春集》中《方廣寺》《石梁飛瀑為天台勝處》二詩。畫以水墨皴法為骨，敷以淡彩青綠，寫天台山群峰連綿之壯闊，金箋紙色襯托下，莊嚴中見清雅。

2.《赤城山色四聯屏》（見《江南春集》相關書畫·圖六）

見錄於 1999 年（香港）中國健康工程引發基金會出版發行之《澄心選萃——饒宗頤的藝術》（第 56—57 頁）。

作品為水墨設色紙本立軸，單幅尺寸為 140 釐米 × 69 釐米，題識："李白夢遊天姥句云：天姥連天向天橫，勢拔五嶽掩赤城，天台四萬八千丈，對此欲倒東南傾。余年前從鑑湖經新昌剡溪而臨赤城，不用著履，已躋雲梯，尋往日之煙霞，覺雲霓之虛幻，深林層巔，歷歷可覿，乃知履險惬真，不若夢中之魂悸魄動也。是用斷取丹青，聊代吟詠。歲在丙寅冬月，選堂畫並記。"即主題與《天台勝處》同，構圖亦有相似之處，而於山間屋宇、古樹等細節，亦更為突出精緻。又底色清淡，於青綠外引入靛藍、赭石等，色調更為明快鮮亮，另是一種大氣風格。

3.《終南、雁蕩、匡盧、太華四山風光》（見《江南春集》相關書畫·圖七）

見錄於《饒宗頤藝術創作匯集 III·神州氣象》（第 33—34 頁）。又見錄於 2011 年澳門民政總署轄下澳門藝術博物館出版之《意會中西：饒宗頤捐贈藝博館書畫作品集》（第 30—31 頁）等。

作品為設色紙本，單幅尺寸 138 釐米 × 34 釐米，創作於 1980 年代，雁蕩山圖上題："雁蕩觀瀑。選堂紀遊之作。"即此瀑應為小龍湫。此四屏皆以水墨皴法及濃重青綠色調寫就，雁蕩一圖亦是。對比饒教授小龍湫寫生稿，此畫更似取瀑布之意多於取其之行，簡單表現飛流於青山間直下，而圖左上一角繪一平台有二小人分著紅、藍衣，為點睛之色，又是扣題"觀瀑"之主旨，匠心獨運。

4.《山水四屏（華山、黃山、赤城、雁蕩）》（見《江南春集》相關書畫·圖八）

見錄於1993年10月嶺南美術出版社出版之《饒宗頤書畫》（第36—37頁）。

作品為設色紙本，單幅尺寸為139釐米×34釐米大小，未標記作畫時間。"赤城"圖上題："甲子遊赤城山追寫雲間雙闕。選堂竝記。""雁蕩"圖上題："雁蕩大龍湫。選堂以沒骨戲寫其槩，未能傳神也。"按：饒教授平生兩訪雁蕩，分別是1984年3月及1991年11月，遊覽大龍湫系在1991年。① 故此四屏應繪於1991年11月至1993年10月之間。此四屏仍主青綠，色調較清淡，畫面留白亦較多。赤城山一幅，亦用沒骨法寫成，較之《赤城山色四聯屏》，乃取群山之一隅，又多水霧氤氳之氣。

5.《雁蕩秋月》（見《江南春集》相關書畫·圖九）

見錄於《饒宗頤藝術創作匯集Ⅲ·神州氣象》（第53頁）。又見錄於2002年香港國際創價學會出版之《學藝雙攜：饒宗頤藝術天地》（第34頁）等。

作品為水墨紙本，尺寸為92釐米×63.5釐米，創作於1994年，畫中題："平生兩到樂清，山水移步換形，月下睹峰，非筆墨所能模擬。甲戌寓雪萊潑墨。"此幅寫月下山景，與《雁蕩搜奇》冊頁中諸畫對看，形雖不一，而神韻筆法相通。

6.《雁蕩煙霞》（見《江南春集》相關書畫·圖十）

見錄於《饒宗頤藝術創作匯集Ⅲ·神州氣象》（第55—56頁）等。

作品為設色紙本，31釐米×554釐米大小長卷，創作於1994年，

---

① 饒宗頤：《謝客與驢曆》，見氏著《文化之旅》，中華書局2011年版，第39—42頁。

全卷共分三部分，卷首題"天地氤氳"四字，落款"甲戌選堂"，卷中為畫作，圖末題"平生兩遊雁蕩，挹大小龍湫之勝，振衣漱石，躋顯勝門之絕頂，萬巒千巖，競奔筆底，惜未盡百一也"。卷末以詩代後記，題"真宰偏留此奧區，移形咫尺即成圖。急皴澹墨難傳妙，鬼臉亂雲總不如。媧皇鍊得態何奇，虎視龍飛各合宜。霧裏諸峰皆濕筆，畫家從此悟華滋。絕壁天留巨壑灇，從來積健始為雄。懸空千丈明珠滴，上代何人此豢龍。石罅斜窺半月天，懸泉終日但潺然。谷音誰解無哀樂，且聽仙禽奏管絃。舊作遊雁蕩絕句四首，甲戌嘉平之月，選堂書於梨俱室"。所題寫的《雁蕩即事（二首）》《雙珠谷》《半月天峭壁》，共四首詩，見《江南春集》。此長卷畫寫雁蕩，除青山外，更重寫水，數處飛瀑、急流，隨卷展現，大、小龍湫，皆應在列。題詩中"移形咫尺即成圖"等語，與此畫卷絕配。

7.《高桅道中》（見《江南春集》相關書畫·圖十一）

僅見載於《古意今情——饒宗頤畫路歷程》（第13頁），為該書插圖六。

書中未記該畫材質、尺寸，依圖觀之，應為一設色長卷，創作於2003年。題有："晨興言過楊梅關，疊嶂連天無雁還。百里梯田將綠繞，一車看遍浙東山。自雁蕩入高桅道中所見，以大癡法寫其概。癸未初秋。選堂。"所題即《高桅道中》詩。按：大癡，即黃公望。此卷以黃公望《富春山居圖》筆意寫浙東山色圖，用筆亦如黃公望之疏密有致，墨色淡雅，故不拘於形似，自得浙東山之特色。

8.《雁蕩山色》（見《江南春集》相關書畫·圖十二）

見錄於2004年香港大學饒宗頤學術館出版之《象外環中：饒宗頤甲申書畫選集》（第54頁）。

作品為設色紙本，尺寸138釐米×33釐米。上題"欲洗人間萬斛愁，振衣漱石小龍湫。峻流不為巖阿曲，猶挾風雷占上游。甲申選堂憶寫雁蕩山色"。即《小龍湫》詩。此幅遠處數峰潑墨寫成，一瀑隱約限於山間留白，近景群樹參天之上，有二人觀瀑。相較《終南、雁蕩、匡廬、太華四山風光》中之雁蕩觀瀑圖，更著重表現山景，意趣迥異之外又有共通之處。而此幅更兼用色大膽，寫山峰叢林，除青綠外，更用藍、紫、赭色，令人耳目一新。

9.《雁蕩天柱峰》（見《江南春集》相關書畫·圖十三）

見錄於2004年香港大學饒宗頤學術館出版之《象外環中：饒宗頤甲申書畫選集》（第77頁）。

作品為設色紙本，尺寸138釐米×34釐米。上題"真宰偏留此奧區，移形咫尺即成圖。急皴澹墨難傳妙，鬼臉亂雲總不如。雁蕩天柱峰舊遊賞處。甲申春月，選堂憶寫並題"。所題即《雁蕩即事》詩之一。此畫中，天柱峰陡立而起，直沖天際，其險峻之勢，在饒教授所寫雁蕩諸畫中罕見。圖錄說明曰："雁蕩天柱峰一柱擎天，為近世畫家極喜好之題材。此幅運石濤豪肆之筆，寫南田雅逸神韻，可云直奪古人精魄。"所言極是。

10.《天台石梁飛瀑》（見《江南春集》相關書畫·圖十四）

見錄於2008年紫禁城出版社出版之《陶鑄古今：饒宗頤書畫集》（第142—143頁）。

作品為設色紙本，尺寸155釐米×690釐米。上題"啟奇示兆費幽尋，猶有飛流出遠林。海客談瀛空囈語，霞標終古見天心。石梁飛瀑為天台勝景，見孫綽賦。戊子初春，選堂"。即《石梁飛瀑為天台勝處》詩。此幅青綠水墨山景之上，以金彩勒出山石線條，一瀑由高處落下，半山中一天然石橋跨於飛流之上，近景一角則呼應以高樹紅葉數叢，即"猶有飛流出遠林"。此景點原為佛教名勝，畫面中金碧山水點以紅葉，暗喻法相莊嚴。

11.《雁蕩春暖》（見《江南春集》相關書畫·圖十五）

見錄於2013年香港大學饒宗頤學術館出版之《雄偉氣象：饒宗頤書畫特集》（第34—35頁）。

作品為設色紙本長卷，尺寸34釐米×276釐米+34釐米×414釐米，創作於2012年，全卷共分三部分，卷首題"雁蕩春暖"四字，落款"癸巳九十八叟選堂自題"，畫作用金箋紙，圖末題"壬辰深秋,選堂,合潑墨法與斧劈皴寫雁蕩山一角,未知有合於古法否?"畫末接一書法長卷,亦用金箋紙,題曰:"真宰偏留此奧區,移形咫尺即成圖。急皴澹墨難傳妙,鬼臉亂雲總不如。媧皇鍊得態何奇,虎視龍飛各合宜。霧裏諸峰皆濕筆,畫家從此悟華滋。壬辰,潑墨寫雁蕩山,并書舊作兩絕句於末。九十七叟選堂。"此"舊作兩絕句"即《雁蕩即事》二首。此長卷較之《雁蕩煙霞》,潑墨肆意,暢快淋漓,主寫山色氤氳,即"霧裏諸峰皆濕筆";偶有一屋半瓦點綴其中,豪邁中更見趣致。

天台山與雁蕩山是江南的兩座名山,饒教授亦時常提及。① 上述十一種山水畫中所繪,基本屬此二山之景色,其中又以雁蕩為最多。而同一主題下,選紙、用色、筆法、構圖等,仍各有特色,未見重複,足見饒教授胸中丘壑之大、畫技之精。在此之上,饒宗頤教授又擅以題畫文字與畫作相互成就,更將傳統"文人畫"提升至另一境界。

如《天台勝處》一畫。天台山有"佛宗道源"之稱,佛教的"天台宗"與道教的"南宗"都創於天台山,饒教授畫《天台勝處》"藉紀遊蹤",又題詩其上,所題之詩,句中所涉之典,均不出天台山,既有佛教故事,亦有道家傳說,這些詩句所蘊藏的種種神思意境,被饒教授以筆墨在這幅大景山水中一一具象化:通過"高遠""深遠"和"平遠"三遠構圖巧妙布局,佈置出遠近淺深的空間感,以"卷雲皴"表現大塊山石的形狀脈絡,再用干濕濃淡不同的墨色,皴擦出山石紋理,體現出峰巒秀起,雲煙變幻的景致,整幅畫給人以境界雄闊又靈動縹緲之感,讓觀者心馳神往。

又如《雁蕩煙霞》長卷,其上題自作詩四首,前兩首詩均有以繪畫筆法來形容眼前景色給人的觀感,"急皴""淡墨""鬼臉""亂雲""濕筆",皆為中國山水畫傳統技巧之名,在饒教授詩作既是景的觀感,亦包含了景的特點,而這三幅雁蕩山山水,均用詩中提及筆法入畫,表現出雁蕩山萬山重疊、懸嶂蔽日、飛瀑凌空的磅礴奇秀之

---

① 語見饒宗頤作,鄧偉雄編《神州勝境——選堂中國寫生叢刊·雁蕩搜奇冊》,海天出版社2011年版。

美。詩句本身的韻意與畫作之相得益彰，即已臻至化境。

(三) 特色小品

除上述較大幅的山水畫作外，饒教授晚年亦時有小幅山水作品，與《江南春集》中主題相關。這些作品頗具玩味、詩意和創造力，藝術性並不局限於尺幅之微。

1.《中國風光》扇面（見《江南春集》相關書畫·圖十六）

見錄於《饒宗頤藝術創作匯集 III·神州氣象》（第 77—78 頁）。又以"九州蘘繪"之名刊為 2011 年海天出版社《神州勝境——選堂中國寫生叢刊》第 1 冊等。

作品為設色紙本，用日本金扇面咭紙，合共十二幅，單幅尺寸 40 釐米×20 釐米。據《九州蘘繪》說明，這批作品是饒宗頤教授在 2001 年收拾書冊時，撿的一批他在中國各地所作的寫生稿，興起而作。① 而所有畫頁上，皆題有自作詩句，所涉景致，見有巫山、天山、香港清水灣、洞庭湖、錢塘江潮、熱河煙雨樓、廣西瑤山、黃山等。其中第三、四、七、十一幅，題《江南春集》中詩句：

其三，題《赤城山》："萬轉千巖掩赤城，尋仙此處只初程。雲霓明滅非難到，淒絕寒泉日夜聲。天臺赤城山，選堂憶寫並題。"

其四，題《蟠螭山石壁》："虛谷憨山去不還，孤根蟠結石垣間。片帆安穩波千頃，七十二峰藪上山。蟠螭山所見。辛巳選堂。"

其七，題《四明山》："日月星辰衆洞通，人間何處覓韓終。行藏豈為茆鱸膾，回首剡溪一夢中。遊四明山，選堂並題。"

其十一，題《高梘道中》："晨興言過楊梅關，疊嶂連天無雁還。百里梯田將綠繞，一車看遍浙東山。浙東高梘道中詩。選堂寫於梨俱室。"

扇面畫有特定的範圍限制，如要在有限的空間裏傳達無限的意境，繪者必須運以精心，出以妙筆，而金箋由於表面光滑吸水性差，

---

① 見鄧偉雄主編《神州勝境——選堂中國寫生叢刊》第 1 冊，海天出版社 2003 年版，卷首說明頁。

對落墨、設色的要求更高。這四張山水小品體現了饒教授裁剪山水的高超手法和筆墨技法的深厚功力，雖說是根據舊畫稿所繪，亦更似出自來自昔日紀遊詩作喚起的記憶本身。如《赤城山》一幅之綴以山澗飛瀑，與《赤城山色四聯屏》等大畫中所見不同，更似為扣題"淒絕寒泉日夜聲"之句。又如《蟠螭山》一幅，遠山連綿之下，綴以漁帆二三，即是"片帆安穩波千頃，七十二峰藪上山"句之生動具象。《四明山》一幅山巒並平行於入山曲徑，似試寫"回首剡溪一夢中"之幽深。《高梘道中》一幅寫公路兩旁之高樹遠山，暗合"一車看遍浙東山"之遊蹤。而所涉詩作之中，又多以當地有關典故傳說入詩，題材廣涉儒、佛、道，在具體景致之外，又賦予畫面深厚的文化氛圍感。這四張扇面上的赤城山、四明山、高梘鄉和蟠螭山，呈現的是詩中的山水記憶，充滿了詩意和情思。

2.《選堂遊屐四幅》（見《江南春集》相關書畫·圖十七）

見錄於 2002 年香港國際創價學會出版之《學藝雙攜：饒宗頤藝術天地》（第 52—53 頁）。

作品為設色金咭，單幅尺寸為 36 釐米 × 7 釐米大小，作於 2001 年。分別題有"雨中牛肝馬肺峽。選堂""岱宗朝霞。選堂""桂林蘆荻洞暮色。選堂寫於辛巳"等。末幅題"雁蕩小龍湫。選堂"。此微型條幅之上，高山飛瀑、近樹屋宇皆俱，筆致簡練精細，亦有足夠留白空間，觀之小巧可愛，然氣勢不輸前述大畫如《終南、雁蕩、匡廬、太華四山風光》中之小龍湫瀑布。由此可見，同一景致，在饒宗頤教授筆下，由圓珠筆草草幾筆勒出之原始記錄，又可進而化為逼真的寫生畫頁，乃至再創作為恢弘巨作，復能回歸為詩意小品，此間變化萬千，又皆能表現原景色之神韻，因而是為饒教授諸《江南春集》相關畫作中極為特別的一件。

（四）其他相關畫作

山水畫之外，與所歷人文名勝有關的歷史人物掌故，亦成為饒宗頤教授創作的題材。如作於 1985 年的《四睡圖》。（見《江南春集》相關書畫·圖十八）

該畫見錄於 1989 年香港中文大學出版社出版之《饒宗頤書畫集》（第 44 頁）、《古意今情——饒宗頤畫路歷程》（第 128 頁）、《饒宗頤藝術創作匯集》之第八冊《清涼境界·禪意書畫》（第 15 頁）等。作品為水墨紙本，尺寸約 116 釐米 × 45 釐米，以簡練筆墨勾繪三人一虎親密依偎酣睡，表情皆安詳可愛，配以峭壁崖樹之遠景，妙趣橫生。上題：「平生何所憂，此世隨緣過。日月如逝波，光陰石中火。任他天地移，我暢巖中坐。甲子春遊天臺國清寺，訪豐干禪院，覓虎跡。歸來寫此，並題拾得句。豐師得毋笑其饒舌也。乙丑，選堂記。」

豐干，唐代高僧，傳說貞觀年間隱居於天台山國清寺，常騎虎出入，拾得為其收養在寺中的孤兒。後另一高僧寒山亦來國清寺，三人相交甚歡，又皆有禪詩傳世，被稱為「國清三隱」。宋元間，此三僧一虎共眠圖，即「四睡」成為著名道釋畫題，後又傳至日本，時見於浮世繪。「豐師得毋笑其饒舌」，則典出豐干曾告台州太守閭丘胤「寒山文殊，拾得普賢」，閭丘氏因訪國清寺，寒山、拾得回應以「豐干饒舌，彌陀不識，禮我何為」而避走之傳說。饒教授此題識，以拾得詩偈，點題畫作「心安自在」之禪思；又在對舊遊的追憶中，以「豐干饒舌」之典故，將三位詩僧的傳奇故事，無形中引入圖像的底層，為此傳統題材之禪畫，又添上幾分歷史文化的厚重感。

值得一提的是，饒教授《江南春集》中《和鍥翁雁頂生朝》詩中「覓句豐干興自饒」句，修訂過程中曾作「得句豐干舌屢饒」，亦是化自此典。再對看畫作題識中對舊遊的追憶，別有一番意趣；又可知饒教授當日遊覽國清寺時，所關心者絕非寺中著名的隋梅而已。

（五）書法作品

繪畫之外，饒宗頤教授還有不少題寫《江南春集》中詩作的書法作品。例如：

1.《自書雁蕩山詩雙幅》（見《江南春集》相關書畫·圖十九）：見錄於 2014 年香港大學饒宗頤學術館、潮州市饒宗頤學術館等聯合出版之《潮州市饒宗頤學術館藏饒宗頤教授藝術作品圖錄》（第 163 頁）等。作品為水墨紙本，單幅尺寸 234 釐米 × 52.5 釐米，作於 1990 年代。其一書《攀登顯勝門絕頂》詩，款：「雁蕩顯勝門絕頂。

選堂茅龍書。"其二書《龍西鎮和鍥翁》詩，款："雁山龍西鎮。選堂茅龍書。"

2.《草書自書詩》（見《江南春集》相關書畫・圖二十）：見錄於 2012 年香港大學饒宗頤學術館出版之《饒宗頤書道創作匯集 IV・宋明逸意》（第 122 頁）等。作品為水墨紙本，尺寸 97 釐米 × 68 釐米，作於 2000 年。書《蘭亭・過江顛沛》詩四句，款："庚辰。選堂書舊句。"

3.《望四明山》（見《江南春集》相關書畫・圖二一）：見錄於 2019 年嶺南美術出版社出版之《遍遊六藝——百年巨匠饒宗頤書畫藝術》（第 46 頁）等。作品為水墨紙本，尺寸 136 釐米 × 34 釐米，作於 2006 年。書《望四明山》詩，款："舊作望四明山絕句。丙戌。選堂。"

4.《天台山方廣寺》（見《江南春集》相關書畫・圖二二）：見錄於 2019 年嶺南美術出版社出版之《遍遊六藝——百年巨匠饒宗頤書畫藝術》（第 47 頁）等。作品為水墨紙本，尺寸 138 釐米 × 35 釐米，作於 2006 年。書《方廣寺》詩，款："天台山方廣寺。丙戌。選堂。"

5.《見山谷竹枝長卷歎賞題》（見《江南春集》相關書畫・圖二三）：見錄於 2019 年嶺南美術出版社印行之《遍遊六藝——百年巨匠饒宗頤書畫藝術》（第 50—51 頁）等。作品為水墨紙本，尺寸 136 釐米 × 34 釐米，作於 2006 年。書《喜見山谷狂草竹枝長卷真跡，嘆觀止矣》四句，款："天一閣見山谷竹枝長句，嘆賞題句。丙戌。選堂。"

6.《自題雁蕩山句》（見《江南春集》相關書畫・圖二四）：見錄於 2012 年香港大學饒宗頤學術館出版之《饒宗頤書道創作匯集 III・晉唐風致》（第 192 頁）等。作品為水墨紙本，尺寸 68 釐米 × 138 釐米，作於 2010 年。書《攀登顯勝門絕頂》詩，款："庚寅。選堂。"

這批書法作品除《自題雁蕩山句》用行書外，皆用草書寫成。饒宗頤教授晚年尤喜行草，其筆法根植晉唐，而趣旨在北宋蘇東坡、黃庭堅、米芾三家，又參考以明末清初張瑞圖、倪元璐、王覺斯等諸家，自成一體。① 以這批自書《江南春集》詩句觀之，草法縱橫開合之餘，既能法度森嚴，又顯游刃有餘。而1990年代所書雁蕩山詩兩幅，用茅龍筆寫之，竟能墨色淋漓、毫無滯澀之感，僅偶見牽絲飛白，足見饒教授筆力之蒼勁老辣，值得特別注意。

上述自書詩句外，另有兩幅書法作品，值得特別一提：

1. 《登天一閣》詩（見《江南春集》照片選錄・照片七、八）

該書法作為饒教授1984年春遊覽天一閣之時，即興賦詩，現場揮毫之作。以饒教授舊藏照片觀之，此為約一人高之大幅行書作品，題《登天一閣》全詩，款"登天一閣作。甲子。饒宗頤"。或因即興題作，未及仔細度其篇幅及佈局，該書起初字頗大，漸書漸小；惟筆勢仍從容流暢，最終佈局亦和諧有度，不顯偪促。饒教授之文思與藝術修養，足讓觀者折服。據悉，此幅作品現仍藏於寧波天一閣博物院。

2. 《臨黃山谷書劉禹錫句》（見《江南春集》相關書畫・圖二五）

該書法曾作為藝術顧問題詞見錄於《香港書法家協會會員作品集2009》（第11頁），或因此以為作於2009年；又以"書劉夢得竹枝詞句"見錄於2017年上海朵雲軒印行之展覽圖錄《江南藝聚——饒宗頤教授百歲精選作品集》（第83頁），記為作於1990年代，待考。為水墨紙本，尺寸139釐米×32釐米。題曰："山上層層桃李花，雲間煙火是人家。銀釧金釵來負水，長刀短笠去燒畬。"款識："黃山谷書劉夢得竹枝詞，曩年與程十髪同在天一閣見其原作，選堂並記。"即《江南春集》中《喜見山谷狂草竹枝長卷真跡，嘆觀止矣》一詩所記其事。該詩後注推該長卷為"元和間獨步"，並以"山桃紅花滿上頭，山上層層桃李花"等為"雋句"。時隔多年，饒教授追憶曩遊，取此首仿黃山谷筆意題寫，並未步趨其形，而變原作之長卷為直幅，肆意寫去，但顯原作"跌宕變幻"（沙孟海跋該卷語）之神，揮灑自如，仍是別樣"饒家風味"。正如饒教授曾言：

---

① 鄧偉雄：《說明》，見《饒宗頤五體書法》，商務印書館（香港）有限公司2000年版，第123頁。

於古人書，不僅手摹，又當心追。故宜細讀、深思。須看整幅氣韻，筆陣呼應。①

即研究古人的書法，最重要的是研究其筆勢而非形貌。② 饒教授手摹心追，並以學養深入體會古人書中之氣，筆墨之意，理解轉化，再呈現紙上，體現出高超的藝術境界。

三　饒宗頤教授的藝術思想在《江南春集》相關書畫中的體現

中國古典藝術審美，歷來講究"向畫外求"，注重創作者個人的思想、學養、性格與情感於筆墨形態之外的表達。自宋代以後，對中國傳統書畫的審美和評判，都推崇從畫以外去欣賞，認為畫更重要的是要表達出創作者個人的思想、學養、性格與情感。饒宗頤教授的書畫理念與中國基本書畫藝術的觀念是很一致的。③ 而他又一向主張中國書畫藝術應在沿著傳統方向的方向下，有所突破與創新。這批《江南春集》相關書畫，則是他這一思路下，很好的實踐實例。

1. "博采眾家，外師造化，中得心源"

山水畫作為中國傳統繪畫中之重要主題，在對現實風光的描繪之外，更多是寄託胸中丘壑，乃至對深層生命體驗的具象再現。而在表現技法和風格方面，亦重視對古人作品優秀成就的學習和承傳，即以"師古"為起點，通過對前人名蹟的細心揣摩並加以臨仿，以求參悟其中訣竅，打好深厚基礎；再轉向天地萬物，以追摹山川之靈秀，體

---

① 饒宗頤：《論書十要》，見饒宗頤《饒宗頤二十世紀學術文集》卷十三，中國人民大學出版社2009年版，第98頁。
② 鄧偉雄：《通會意境：饒宗頤教授書法研究》，中華書局（香港）有限公司2016年版，第23頁。
③ 鄧偉雄：《筆底造化：饒宗頤教授繪畫研究》，中華書局（香港）有限公司2015年版，第15頁。

悟自然之奧義，最終建立自己的筆墨，在紙上再現獨為畫家自身所有的心中天地，亦即唐代畫家張璪所說"外師造化，中得心源"①。

饒教授在實踐這一傳統時，較前人更進一步。他曾悉心研究元代的黃公望（1269—1354）、倪雲林（1301—1374），又遠溯南宋的馬遠（1160—1225）和夏珪（？1180—？1230），故能融會貫通南北宗山水技巧。②同時於作品之外，通過對畫家繪畫思想、學術思想的深刻研究，追溯、領會古人作品的神意，從根本上掌握精髓，又能不斷採納諸家，推陳出新。③以這批《江南春集》相關書畫為例，所繪為"江南山水"之濫觴題材，故諸寫生冊頁多見傳統青綠山水技巧；凡寫西湖岸邊、會稽水鄉等，又不時可見到倪雲林之身影。又有以黃公望筆意寫浙東山色之《高梘道中》，寧靜恬淡，頗得黃氏道家風骨，④亦與浙東山中有道家洞天暗合。而如《天台勝處》《雁蕩秋月》和《雁蕩煙霞》等大畫，則多用郭熙筆法勾勒。特別1994年所作《雁蕩煙霞》一幅，題詩《雁蕩即事》中有"鬼臉""亂雲"等語，均是郭熙所創的山水畫筆法，亦均在畫中有所體現，用以展現雁蕩山之雄闊境界。而《雁蕩春暖》一幅，雖同寫雁蕩山景，亦題《雁蕩即事》一詩，風格、用筆卻另走一路，即卷末之夫子自道"合潑墨法與斧劈皴寫雁蕩山一角"，暢快淋漓，著重"濕筆"一項，而"未知有合古法否"的自謙之語，則顯示了其超越傳統之自信。

至於"外師造化"，郭熙曾云"欲奪其造化，則莫神於好，莫精於勤，莫大於飽遊飫看，歷歷羅列於胸中"⑤，仍較虛泛。這批《江

---

① （唐）張彥遠：《歷代名畫記》卷十，臺北廣文書局1971年版，第311—312頁。
② 黃兆漢：《學藝相輝：饒宗頤教授書畫藝術我見》，香港大學饒宗頤學術館2015年版，第91—94頁。
③ 鄧偉雄：《筆底造化：饒宗頤教授繪畫研究》，中華書局（香港）有限公司2015年版，第25頁；黃兆漢：《學藝相輝：饒宗頤教授書畫藝術我見》，香港大學饒宗頤學術館2015年版，第91—95頁。
④ 饒教授曾深入研究黃公望其人其事其畫，並多次臨摹黃公望《富春山居圖》，曾著《黃公望與富春山居圖臨本》（香港中文大學文物館1975年版）等，論及黃氏與道教之關係。詳參鄧偉雄《饒宗頤畫論及畫作與文學學術之關係》，博士學位論文，香港大學，2010年，第75—100頁。
⑤ （宋）郭思：《林泉高致·山水訓》，參見梁燕註譯本，中州古籍出版社2013年版，第94—96頁。

南春集》書畫則具象體現出饒教授是如何在"飽遊飫看"中,逐步將山水"歷歷羅列於胸中"的實例:旅途速寫畫稿是為"飽遊飫看"中的對山水精華的提煉和記錄。歸來後以這批速寫為記憶提示,又在現代攝影技術的輔助下,在尺方間施以丹青,才形成真正的"寫生畫冊"。其後數十年內,在涉及有關題材創作之時,則"每每先拿出自己的詩集,翻看寫下來的詩篇,回憶遊歷時所見所思,再參照能夠找到的寫生稿,然後才開始下筆"①;曾經的寫生經驗和旅途記憶一起被喚起,加之饒教授博采眾家之深厚功力,得以恰如其分地再現風景之神韻。如《山陰道上》冊頁再現紹興初春的輕快明麗和水氣氤氳,《雁蕩煙霞》長卷同見大小龍湫飛騰於萬巒千巖之間,《中國風光》扇面中對赤城山、蟠螭山、四明山等的禪意懷想,雖寫實之程度有別,但都可讓人感受到畫家心中之山水。這與饒教授在遊歷浙東多年之後,評論自己所創"西北宗"山水時所說相似:"親歷其所,深自體會,然後形諸筆墨,方能兼得其神其貌。寫來不單山色風光,活躍紙上,即塞北風聲雪意,亦畢現其中。"② 而同時畫家的胸襟氣魄,自我精神與天地的往來躍然紙上,意的表達全不受外在景物形象所困,反能以意馭筆,因心造境,在作品上呈現出"自我生命"自然流露的天趣之美。正如饒教授自言:

> 外界宇宙的客觀形象,只是畫材而已。如何支配畫材,表現得活潑生動、出奇制勝,以至驚心動魄,全靠主觀醞釀出來的不同手法。這是個人的宇宙,包括畫家的個性、學養、心靈活動等等的總和。作為畫家自身構成,即其與人差異的成因,可說是畫中的"我"。"我"的追求和"我"的表現,在筆墨交融之下,進行創作。個人宇宙的醞釀、形成,在藝術心靈的濬發上,應該隨時注意,下疏鑿的工夫,好比掘井,才有可能"中得心源"。③

---

① 鄧偉雄:《饒宗頤畫論及畫作與文學學術之關係》,博士學位論文,香港大學,2010年,第162—163頁。
② 饒宗頤:《中國西北宗山水畫說》,《敦煌研究》2006年第6期,第10—12頁。
③ 施議對編纂:《文學與神明——饒宗頤訪談錄》,三聯書店(香港)有限公司2010年版,第206頁。

2. "三位一體,學藝互益"

詩書畫作為傳統士人修養功夫,三者之間的互動關係歷來為文人、學者們所樂道。如宋蘇軾即曾贊王維"詩中有畫""畫中有詩",① 又認為文同之墨竹乃"詩不能盡,溢而為書,變而為畫,皆詩之餘"②。又如近人錢鍾書《中國詩與中國畫》一文中,亦曾梳理中國歷史對詩畫關係的比較之言。③ 等等。對於繪事,饒宗頤教授亦讚同詩書畫不可或缺,他曾說:"西畫未入華以前,畫人無不兼擅詩文書法,未容割裂。愚見宜以三者具為至美,是謂三位一體。"④ "書道與畫通,貴以線條輝寫,淋漓痛快。"⑤ 又提倡以學問滋養藝術:"書與畫是同源,我認為畫是形貌,書是畫的質,而學問又是書畫的質。"⑥

饒教授畫作、特別是山水畫的一重要特點,乃在於他在畫中的題跋。⑦ 以《江南春集》相關書畫不難發現,這些題跋書法本身淋漓灑脫、賞心悅目之外,於構圖亦配合得當,比例協調。這是藝術技術層面的配合。而再看這些題跋之內容,無論是古人吟詠、自作詩句,又或憶舊寫景、述古懷今之語,讀之皆如畫家在觀者耳邊娓娓道來,又與畫面相互呼應,即詩之意境乃至節奏、音律,移入畫中;固定的畫面亦為所題詩作,提供多元的欣賞元素和遐想空間。如《赤城山色四

---

① (宋)蘇軾:《書摩詰藍田煙雨圖》,見屠友祥校註本《東坡題跋》卷五,上海遠東出版社 1996 年版,第 261—262 頁。

② (宋)蘇軾:《文與可畫墨竹屏風贊》,文淵閣《四庫全書》本《東坡全集》卷九十四,葉七。

③ 此文初刊於 1940 年,後屢經修訂,定稿收錄於錢鍾書《七綴集》,上海古籍出版社 1985 年版,第 1—28 頁。另參葦航《錢鍾書修訂半世紀的〈中國詩與中國畫〉》,《中華讀書報》2021 年 11 月 10 日第 14 版。

④ 見饒宗頤教授 2005 年所作《三位一體》金咭設色十二頁畫冊末。收錄於鄧偉雄主編《饒宗頤藝術創作匯集 IV·腕底山川》,香港大學饒宗頤學術館 2003 年版,第 161—164 頁。

⑤ 饒宗頤:《論書十要》,見饒宗頤《饒宗頤二十世紀學術文集》卷十三,中國人民大學出版社 2009 年版,第 98—99 頁。

⑥ 《訪問中文系饒宗頤教授》,見《香港中文大學校刊》,1977 年夏,第 8 頁。

⑦ 鄧偉雄編:《古意今情——饒宗頤畫路歷程》,香港大學饒宗頤學術館 2003 年版,第 38 頁。

聯屏》題李白《夢遊天姥吟留別》句，而畫中山石高聳連橫，亦確實有"天姥連天向天橫，勢拔五嶽掩赤城"之感，又用"乃知履險愜真，不若夢中之魂悸魄動也。是用斷取丹青，聊代吟詠"語，暗中指向舊遊中所作之"萬轉千巖掩赤城"等句。再如前述《雁蕩煙霞》，題詩《雁蕩即事》二首中"急皴澹墨難傳妙，鬼臉亂雲總不如"、"霧裏諸峰皆濕筆，畫家從此悟華滋"等句，皆擬畫家自述語，"急皴"、"澹墨"、"鬼臉"、"亂雲"、"濕筆"等，亦繪畫技法術語，又似有意用於畫中；《雙珠谷》"絕壁天留巨壑灦，從來積健始為雄"句，與分佈全長卷的若干湍流飛瀑相互照應，又扣題卷首的"天地氤氳"四字，滂沱大氣。畫與詩與書法實現完美融合，方能稱為"至美"。正如他在《與彭襲明論畫書》中說：

　　……以詩養畫，此不能畫者之遁詞，亦猶畫者之不能詩，而目題句為蛇足，同一可笑。……媚俗之念，切宜捐棄，一藝之成，求之在我。……畫道變化無方，良由才大足以振奇而不顧流俗，永不求悅於人，而敢以己折人，此其所以獨絕也。①

山水畫之外，不得不提《四睡圖》，其中可見饒教授以詩生畫、以畫補詩之另一路數。據題跋，此圖起因自饒教授當日遊覽天台山國清寺，因而聯想其寺中寒山等三僧之傳說，故用白描簡筆寫人物，畫風亦富禪意，人物神情亦頗有畫中所題拾得"任他天地移"詩句之態度。饒教授"豐師得毋笑其饒舌"自嘲語，猶為畫作多添幾分幽默豁達之意。此一佳作，非學養、畫技、才情、胸襟兼備，不能為之。這正是饒教授"學藝互益"觀點的一個極好例證：

　　學與藝是互相為用的。學是知識的累積，藝是某種知識的自我體會；學，達到某個程度後，對於藝，自然有所推進。學養好像泥土，創作的成果，要靠它來培養的。②

---

① 《訪問中文系饒宗頤教授》，見《香港中文大學校刊》，1977年夏，第8頁。
② 《訪問中文系饒宗頤教授》，見《香港中文大學校刊》，1977年夏，第8頁。

第四章 《江南春集》相關書畫考論 / 73

饒教授這批《江南春集》相關書畫，雖未必算是他繪畫創作中的最具代表性的作品，然而，這些書畫作為《江南春集》檔案中的重要組成部分，讓我們對饒教授"學藝互益"的思想有了更進一步的理解和認識。其人詩、書、畫修養無一不臻極致，他的書畫作品，在扎實的藝術技巧的基礎上，貫注以高博的才學，使得作品的呈現含蘊深厚，耐人尋味。而他學藝融通的藝術人生，是欣賞和解讀其學術藝術思想不可或缺的部分，值得我們重視並深入探討。

餘　　論

　　《江南春集》在饒宗頤教授的結集詩中，不算是最為突出的一集。然而由於2012年"《江南春集》檔案"、特別是詩作手稿的發現，引起了我們的興趣，繼而在之後的十餘年時間內，斷斷續續搜集、發現不少與此詩集相關的詩稿、相片、雜誌等材料；其間更因偶爾之心血來潮，翻檢饒教授出版的諸多圖錄，又從中找到不少與《江南春集》相關的書畫作品，這才有了本次大膽而笨拙的嘗試，希圖將這些相關材料整合成一綜合總體。其中無論手稿釋讀、文獻校註，還是解讀書畫，對我們而言都是首次嘗試，難度較大。因而此書雖然輕薄，仍花了這麼長時間，期望能在力所能及的範圍盡量做好。行文至此，相信書中漏誤之處或仍有不少；日後機緣許可之下，其他新材料，或仍有待發現。

　　從上文的幾個章節可見，"《江南春集》檔案"不僅從側面反映出了當時香港詩人、學者的一種交往狀態，也對研究當時香港和內地學術文化界的交流有着非常重要的作用。饒教授等人這一次浙東旅行，作為改革開放初期香港文人、學者與內地的一次文化交流案例，頗具研究價值和意義。

　　而詩作手稿的發現，為我們分析饒宗頤教授古體詩詞的創作思路、特點，提供了相當可觀的材料，與正式結集的詩句相對照，我們可以清晰地看到，即使是饒宗頤教授口中"藉記遊蹤"之詩，都題材豐富，風格多樣，甚至帶著學術的眼光，幾乎每一首都有用典，無一字無來歷。此外，手稿中存在、卻不見於正式結集的詩句、筆記等，則為我們探查詩作背後涉及的學藝、人事，提供了線索，讓我們能盡量完整全面地還原當時寫作現場，了解詩作的創作背景，從而對詩作做出透徹深入的理解。

中國傳統的文人一直重視講究全面的文化修養，詩、書、畫相得益彰，人品、才情、學問、思想缺一不可。饒宗頤教授一向也這麼認為：

> 今天似乎是一個學、藝隔閡的時代，自專門之學興，學術與藝術分家了，如果忽略"藝術換位"的道理，則彼此將永遠不相攜手，我們看以往的學人、詞人、甚至畫人往往是三位一體的。……所以我們要了解過去文學史上錯綜的問題，一接觸到那些文人的生活情形，可以恍然知道他們如何把詩詞和書畫在實際生活上加以享用，和彼此間相互換位，採取另一方的優點，加以融會吸收。①

> 我一向以為中國文化是一個有機的整體，所以研究問題時往往都從縱橫兩方面入手，縱是貫通歷史的發展，橫是旁及相關的範疇，我認為把歷史機械地切斷來孤立研究是不行的，而將文、史、哲、藝術等硬性分家亦是不通的，我的研究興趣較為廣泛與這一看法有很大關係。②

學養與藝術始終都是互補的，甚至是互益的，兩者相攜並行，方能有所成就。饒宗頤教授學、詩、書、畫修養無一不臻極致，而在實踐中國傳統文化的"貫通"、進行"有機整體研究"上，又一直力行不輟。我們也正是被這樣的精神啟發和鼓勵，斗膽進行了艱難的嘗試。通過這本小書，我們希望能提供一管窺饒宗頤教授學藝人生的渠道，不論是饒教授的學術藝術思想，還是如何在新時代傳承傳統中國文化的"貫通"特色，都值得我們深入探討研究。

---

① 《詞與畫——論藝術的換位問題》，載《饒宗頤二十世紀學術文集》卷十三，中國人民大學出版社 2009 年版，第 284 頁。
② 《訪問中文系饒宗頤教授》，見《香港中文大學校刊》，1977 年夏，第 7 頁。

下篇

一　饒宗頤教授《江南春集》足本校註

（一）整理說明

1.《江南春集》存在的版本並不複雜，1985年2月在《明報月刊》發表的《浙東遊草》41首本為其最早的正式出版版本，及至1993年臺灣新文豐出版公司出版的《選堂詩詞集》中首次出現以《江南春集》為題的47首版，惜失之編校粗疏；《選堂詩詞集》又有經饒教授親手改定的稿鈔本，與正式出版本幾無差別，惟有饒教授修訂手跡，可堪對照。其後出現的諸如《清暉集》版、《饒宗頤二十世紀學術文集》版乃至其他詩詞選本，皆沿自《選堂詩詞集》版，未得勘訂。又有2012年香港大學饒宗頤學術館饒學研究中心發現之"《江南春集》檔案"，其中有大量《江南春集》的詩作手稿，部分更為未刊之作。

2. 本書因此以正式出版之《選堂詩詞集》版《江南春集》（下稱"《詩詞集》版"）為底本，參校以《選堂詩詞集》稿鈔定本（下稱鈔定本），《明報月刊》之《浙東遊草》（下稱"明報版"）以及"《江南春集》檔案"手稿（下稱"手稿版"）。又據手稿版補入未刊詩作5首，置於篇末，全輯共計收詩52首，故稱足本。

3. 由於手稿版存在一詩多稿情況，凡參校引述手稿版時，則以手稿檔案編號數字簡稱（即用手稿檔案編號最後的3位數，如檔案編號A. Jg00.002.01.004，即稱手稿004）版本1、版本2等，寫作"手稿004版本1"。又有手稿版見於其他材料，如旅途速寫畫稿時，亦以同類手法，作"速寫畫稿013版本1"。

4. 手稿版文字內容悉按原貌盡量過錄，若有無法辨識的文字，則以"□"代替；若有暫未及填字之處，則以"☒"標誌。對於其中草稿反復改刪、修訂的情況，則盡量追蹤其刪改先後次序及增刪內容，方便讀者一窺饒宗頤教授的創作思路和技法。

5. 本書旨在盡量保留饒宗頤教授詩作原貌的基礎上，訂正由於編校排印時衍生的植字、標點等錯誤。故對於原詩創作中內容，如有與歷實不符處，僅加之說明，不加擅改。

6. 諸版之間，除《詩詞集》版與明報版二者間由於現代排印產生的"溫/温""絕/絶""回/囘""峰/峯""亘/亙""淒/凄""煙/烟""慍/愠""羣/群""略/畧"等等擇字差異，不另出校外；其餘別字、異體字出入，悉列出說明。

7. 饒宗頤教授之手稿皆從舊時習慣，豎行而無現代標點。鈔定本亦大抵如此。《詩詞集》版與明報版二者，標點符號之應用、甚至自序及附註文字之斷句時有不同，似為在編校排印時不同編輯之不同處理方法所致。本版因此在《詩詞集》版之基礎上，參考明報版，並遵現代標準，加以標點，除非《詩詞集》版或明報版中出現有明顯錯誤或偏差，不另詳細說明。

8. 除校勘輯佚外，本書另對部分詩題、詩句、小引、詩序、自註、跋語等做一注釋，以便更好地理解詩作內容與創作背景。

9. 徐名文《選堂詩詞選注》（香港公元出版有限公司2011年版）、陳偉《饒宗頤絕句選注》（暨南大學出版社2016年版）、梅大聖《選堂詩詞集通注》（暨南大學出版社2017年版）等書對部分或全部《江南春集》中已刊詩作之注釋，本書並有參考。惟各家關注點不同，見解亦時有差異，為求簡練，文中不另行一一說明，感興趣的讀者可自行索驥查閱。

10. 因《江南春集》詩作中多與同行友人相互唱和，故另匯集同行者梁耀明、韓穗軒、陳秉昌三人之相關詩詞，附於篇末，即附一《同遊友人相關詩詞匯輯》，供讀者參考閱讀。

11. 《題嘉興吳孟暉編〈淮海長短句〉》一詩因牽涉複雜學術問題，故另撰文，亦附其後，即附二《天一閣藏明刊本〈淮海居士長短句〉考略》。

(二)《江南春集》足本校註

一九八四年春,梁鍥齋①有鄧尉②、超山③賞梅之約,程十髮④復為安排浙東之游,遂遍歷會稽天台雁蕩諸勝,得詩一卷,聊紀行蹤云。

【校】

1. 明報版、手稿版皆無此序。鈔定本原並無前序,序為饒教授補記。

(1) 一九八四年春:鈔定本未著明年份,僅以省略符號代替,作"……春",似留待查補;《詩詞集》版誤作"一九八五年春",本版據實際旅行發生年份改。

(2) 鄧尉:《詩詞集》版及鈔定本皆作"鄧蔚",本版據實際地名及本集《鄧尉候梅》一詩中用字改。

【注】

①梁鍥齋:即梁耀明(1912—2000),號鍥齋,廣東順德人,香港著名儒商。雅好舊體詩詞,活躍於香港文壇,參加愉社、昌社,又為鴻社及錦山文社發起人。喜旅遊,遊蹤所至,必有詩文,並常於其長洲別墅"聽曉山房"招待詩侶雅集。為人慷慨,樂善好施,嘗於故鄉順德容奇倡導重建容山中學。著有《聽曉山房集》《聽曉山房續集》《聽曉山房三集》。

②鄧尉:位於蘇州光福鎮西南,因東漢太尉鄧禹曾隱居於此而得名;又偶記作"鄧蔚"。鄧尉山一帶為江南著名探梅勝地,含鄧尉、玄墓、銅坑、夏駕等諸山,又以"香雪海"之勝景著稱。

③超山:位於杭州市臨平區塘栖鎮,與蘇州鄧尉、無錫梅園齊名,為江南三大探梅勝地之一,以"古、奇、廣"三絕而著稱。有唐、宋古梅各一,又有大明堂、海雲洞、吳昌碩墓等諸景點。

④程十髮:原名程潼(1921—2007),字十髮,室名步鯨樓、不教壹日閑過之齋、三釜書屋、修竹遠山樓等,上海松江人,為中國海派書畫巨匠,在人物、花鳥方面獨樹一幟,又尤以連環畫、插畫而著

稱。曾任中國美術家協會理事，全國文聯委員，中國畫研究院院務委員等。時為西泠印社副社長，上海中國畫院院長。

西郊賓館①喜誦鍥翁催花之什②

峭寒穿屋③懶題詩，花訊淺深更孰知。
缺月如鉤春意動，西郊好是未眠時。
昨夜東風與索詩，夭桃④拂檻競含姿⑤。
憑誰為報春消息⑥，嫩柳依人亦展眉⑦。

【校】

1. 明報版無此詩。手稿版存此詩2個版本：其一見於手稿004（版本1）；其二見於手稿005正面（版本2），存詩題。

2. 手稿004版本1：

（1）此稿存詩題並詩一首，詩題作"西郊賓館喜誦鍥翁催花"

（2）詩稿有輕微修改痕跡，最終稿為："人間初見催花詩，百卉含滋乍弄姿，小院曲廊春寂寂，西郊好是未眠時。"其中"百卉含滋"之"百"字原作"萬"，刪後改；"小院曲廊"句前有被塗抹"青鸞"二字。全詩僅第四句與《詩詞集》版相同。

3. 手稿005版本2：

（1）此稿存詩題並詩二首，詩題作"西郊賓館喜誦鍥翁催花之什"，與《詩詞集》版同。

（2）詩之一：修改痕跡較重，據筆跡行氣，應是先謄錄有"人間初見催花詩，萬卉含姿乍弄姿。缺月如鉤春意動，西郊好是未眠時"，再於"人間初見催花詩"、"萬卉含姿乍弄姿"二句反覆刪改，首句旁更依稀可見"寒峭"、"懶題詩"等廢字。最終讀稿與詩詞集版相同。

（3）詩之二：修改痕跡較重，筆跡行氣零散不暢，似是且作且改。首句先作"□□東風與補詩"，後改作"昨夜東風與索詩"，與《詩詞集版》同。次句曾用"鵝黃""柳□""眉"等字詞，後未用，最終讀作"桃枝嫩柳競含姿"。第三句廢首二字"說與"後，直作"憑誰為報春消息"，與《詩詞集》版同。第四句作"花在枝頭纔展眉"。

【注】

①西郊賓館：指上海西郊賓館，位於上海市長寧區。

②鍈翁催花之什：即梁耀明《寄梅》，中有"寄語寒梅應省識，莫辜此日看花人"句。（全詩見附一《同遊友人相關詩詞匯輯》）

③峭寒穿屋：宋楊萬里（1127—1206）《春寒初晴》詩有"峭寒穿屋透衣裘"句。峭寒，料峭的寒意，形容微寒。

④夭桃：《詩經·周南·桃夭》："桃之夭夭，灼灼其華。"宋曾鞏《南湖行》之二："蒲芽荇蔓自相依，躑躅夭桃開滿枝。"

⑤含姿：言姿態美好。宋蘇軾（1037—1101）《答李邦直》詩："別來今幾何，春物已含姿。"

⑥憑誰為報春消息：宋汪應辰《雪中梅花》詩："新詩亟報春消息。"

⑦展眉：眉頭舒展。指寬慰。

又作示程十髮①

先生晨賦催花詩，花不能言自生姿②。
今年江南春苦晚，北來只惜花開遲。
一江水暖多鳧鴨③，兩行新柳初垂絲。
雖有繁枝插晴昊④，不見檀心⑤映玉池。
五十年間⑥真電抹⑦，裁剪冰綃⑧費吟髭⑨。
好買胭脂試勻注⑩，同行況有老畫師⑪。
明朝鄧尉騎驢⑫去，飛箋說與春風知⑬。

【校】

1. 明報版無此詩。手稿版存此詩3個版本：其一見手稿005背面（版本1）；其二見手稿006正面（版本2）；其三見手稿007（版本3）。

2. 手稿005（背面）版本1：

(1) 此稿大致無修改痕跡，有數處空字未填，為大致完成之草稿。無詩題。

（2）此稿較之《詩詞集》版，缺"五十年間真電抹，裁剪冰綃費吟毭"二句；"雖有繁枝插晴昊"二句，則置於"一江水暖多鳧鴨"前。其餘諸句亦有多處不同。

（3）先生晨賦催花詩：此稿作"先生☒作催花詩"，空一字未填。

（4）花不能言自生姿：此稿作"花不能言自多姿"。

（5）北來只惜花開遲：此稿作"北來共惜花開遲"。

（6）不見檀心映玉池：此稿作"不見檀心照玉池"。

（7）兩行新柳初垂絲：此稿作"竹外☒☒兩三枝"，空二字未填。

（8）好買胭脂試勻注：此稿作"預買胭脂☒勻注"。

（9）同行況有老畫師：此稿作"同行喜有老畫師"。

（10）此稿全文：先生☒作催花詩，花不能言自多姿。今年江南春苦晚，北來共惜花開遲。雖有繁枝插晴昊，不見檀心照玉池。一江水暖多鳧鴨，竹外☒☒兩三枝。預買胭脂☒勻注，同行喜有老畫師。明朝鄧尉騎驢去，飛箋說與春風知。

3. 手稿006（正面）版本1：

（1）此為謄抄稿，有數處修改痕跡，最終讀稿與《詩詞集》版同。無詩題。

（2）不見檀心映玉池：初作"不見檀心照玉池"，後刪"照"改"映"。

（3）好買胭脂試勻注：初作"預買胭脂試勻注"，後刪"預"改"好"。

4. 手稿007 版本3：

（1）此為抄正稿。有詩題，作"又作"。

（2）全詩與《詩詞集》版同。

5. 鈔定本：詩題原鈔作"又作"，饒教授於之後補"示程十髮"四字。

【注】

①本詩作於上海西郊賓館，同行的梁耀明、陳秉昌、韓穗軒均有詩以和，即《鄧尉探梅和選翁元玉》（梁耀明）、《鄧尉探梅前夕步饒

老韻》（陳秉昌）、《催花詩和選堂韻》（韓穗軒）。（以上三首全詩見附一《同遊友人相關詩詞匯輯》）

②花不能言自生姿：化自宋蘇軾《玉盤盂詩》詩二首之二"花不能言意可知"句。

③一江水暖多鳧鴨：化自宋蘇軾《惠崇春江晚景》詩二首之一"竹外桃花三兩枝，春江水暖鴨先知"句。

④晴昊：晴空。唐杜甫（712—770）《蘇端薛復筵簡薛華醉歌》詩："安得健步移遠梅，亂插繁花向晴昊。"宋秦觀《和黃法曹憶建溪梅花》詩亦有"要須健步遠移歸，亂插繁華向晴昊"句。

⑤檀心：言淺紅色的花蕊。宋蘇軾《黃葵》詩："檀心自成暈，翠葉森有芒。"

⑥五十年間：同行韓穗軒作有《甲子春重履上海一別五十年矣夜宿西郊賓館》。（全詩見附一《同遊友人相關詩詞匯輯》）

⑦電抹：極言其消逝之快。蘇軾《木蘭花令》詞："佳人猶唱醉翁詞，四十三年如電抹。"

⑧裁剪冰綃：宋徽宗趙佶（1082—1135）《宴山亭·北行見杏花》詞："裁剪冰綃，輕疊數重。"

⑨吟髭：詩人的鬍鬚。唐杜荀鶴（846—904）《亂後再逢汪處士》詩："笑我於身苦，吟髭白數莖。"

⑩好買胭脂試勻注：宋徽宗《宴山亭·北行見杏花》詞："裁剪冰綃，輕疊數重，淡著燕脂勻注。"

⑪老畫師：指程十髮。

⑫騎驢：文人以騎驢尋梅為雅事。明張岱（1597—?）《夜航船》卷一《天文部·雪霜》"踏雪尋梅"條："孟浩然情懷曠達，常冒雷雪騎驢尋梅，曰：'吾詩思在灞橋風雪中驢背上。'"

⑬飛箋說與春風知：化自宋蘇軾《留別釋迦院牡丹呈趙倅》詩"憑花說與春風知"句。

崑山亭林公園①

九州原巘久留連②，屢謁欑宮不計年③。
七十老翁何所冀④，空紓利病託陳編⑤。

【校】

1. 明報版無此詩。手稿版存此詩2個版本：其一見於手稿001背面（版本1）；其二見於手稿008正面（版本2）。

2. 手稿001（背面）版本1：

（1）此為草稿，刪改修訂痕跡較重，似且作且改。有詩題，作"崑山謁亭林公園"，旁註"顧文康　趙貞吉撰，內提及蕭端蒙⑥"等字樣。

（2）九州原隰久留連：此稿原作"□□原隰久流連"，後刪"□□"改"九州"，終為"九州原隰久流連"。

（3）屢謁欑宮不計年：此稿原作"跋涉關河不計年"，後刪"跋涉關河"改"屢謁欑宮"，最終讀稿與《選堂詩詞集》同。

（4）七十老翁何所冀：此稿原作"七十老翁餘□□"，後刪"□□"，改"一死"。

（5）空紓利病託陳編：此稿原作"☒書利病託陳編"，後於"☒"處補"空"字，又刪"書"字，改"陳"、又改"將"，最終改"紓"字。全句最終讀稿與《選堂詩詞集》同。

3. 手稿008（正面）版本2：

（1）此為謄抄稿，有數處修訂痕跡。有詩題，原作"崑山謁顧亭林公園"，後刪去"謁"字及"公園"二字，改作"崑山顧亭林遺跡"，最終改作"崑山顧亭林公園"。

（2）九州原隰久留連：此稿作"九州原隰久流連"。

（3）七十老翁何所冀：此稿原作"七十老翁餘一死"，後刪"餘一死"，改"何所冀"，最終讀稿與《選堂詩詞集》同。

【注】

①亭林公園：位於蘇州崑山西北，公園名是為了紀念顧亭林所改，內有顧亭林紀念館、明代名臣顧鼎臣祠堂、南宋劉過墓等。顧亭林（1613—1682），明直隸崑山縣（今江蘇崑山市）人，原名絳，字忠清。明亡後，改名炎武，字寧人，亦或自署蔣山傭，學者稱為亭林先生。明清之際著名遺民、學者、思想家，為清代樸學開山之祖，著述

宏富，代表作有《日知錄》《天下郡國利病書》《亭林詩文集》等。

②九州原巘久留連：原巘，平原與山丘。此句指順治十六年（1659）之後二十多年間，顧炎武北上考察山川形勢、聯結反清人士，遍歷山東、山西、河南、河北、陝西等地，"所至阨塞，即呼老兵退卒，詢其曲折，或與平日所聞不合，則即坊肆中發書而對勘之"，"往來曲折二三萬里，所覽書又得萬餘卷"（全祖望《亭林先生神道表》語）之事。

③屢謁欑宮不計年：欑，停放棺木暫時不葬。欑宮，停放天子棺木的殯宮。宋南渡後，因陵寢皆在河南，此處不過暫厝，故有此稱。《宋史·高宗紀七》："以孟忠厚為樞密使，充欑宮總護使。"此處借指明帝陵。此句即指顧炎武曾自順治八年（1651）起，於七年間六謁孝陵（明太祖朱元璋陵寢）、其間又謁長陵（明成祖朱棣陵寢）；後又六謁思陵（明思宗朱由檢陵寢）。

④七十老翁何所冀：與原稿"七十老翁餘一死"同，言顧炎武堅拒仕清事跡。清康熙十七年（1678），康熙帝開博學鴻儒科，招致明朝遺民，顧炎武致書葉方藹（字子吉，號訒菴，1629—1682），表示"耿耿此心，始終不變"，以死堅辭推薦，又言："七十老翁何所求？正欠一死。若必相逼，則以身殉之矣。"（見《亭林詩文集·亭林文集》卷之三《與葉訒菴書》）

⑤空紆利病託陳編：指顧炎武所撰《天下郡國利病書》，共一百二十卷，為明朝地方志書輯錄，概分兵防、賦稅、水利三部分，以講究郡國利病貫穿全書。饒宗頤教授自述，少年時受顧炎武影響極大，曾試撰《顧炎武學案》（今佚），而他少時開始從事地理、地名學研究，即乃受《天下郡國利病書》影響。（參見胡曉明、李瑞明整理之《饒宗頤學述》，浙江人民出版社2000年版，第3頁）

⑥顧文康趙貞吉撰，內提及蕭端蒙：顧文康，即顧鼎臣（1473—1540），初名仝，字九和，號未齋，直隸崑山（今屬江蘇省）人。明弘治年間狀元，官歷翰林院修撰、左諭德、禮部右侍郎、禮部尚書兼文淵閣大學士，入參機務，追贈少保、太子太傅，諡號"文康"。有《未齋集》。曾大力促成崑山修築磚石城牆，使其免於寇患，而獲家鄉百姓感銘。因在崑山馬鞍山陽立祠，即今崑山亭林公園內者。祠中

立有"太子太保文康顧公崇功祠碑"。碑記為趙貞吉撰。趙貞吉（1508—1576），字孟靜，號大洲，四川內江人。明嘉靖時進士，曾任光祿寺卿、太子太保、禮部尚書、文淵閣大學士、掌都察院事等。工詩文，與楊慎（1488—1559）、任翰（1502—1592）、熊過（1506—?）並稱"蜀中四大家"，遺著有《趙文素公文集》《趙太史詩抄》等。碑文中提及嘉靖帝為顧鼎臣祠賜額"崇功"時，曾引援"御史蕭端蒙請給大學士楊士奇祠額祭文故事，令得春秋致祭，以稱朝廷慰答民心之義"之例。蕭端蒙（1521—1554），字曰啟，號同野，廣東潮陽人。明嘉靖時進士，歷任山東道御史、貴州巡按、江西巡按等。與其父蕭與成（1494—1579）皆曾任翰林，有"父子兩翰林"之譽。著有《同野集》五卷。饒宗頤教授少年續成其父饒鍔（1891—1932）遺著《潮州藝文志》中曾錄蕭氏父子生平及著述。

劉過墓①

風雨渡江意無前②，寒花③為子尚嫣然。
我來三繞龍洲墓，斗酒④何人共拍肩⑤。（龍洲《沁園春》⑥語）

【校】

1. 明報版無此詩。手稿版存此詩2個版本：其一見於手稿008背面（版本1）；其二見於手稿008正面（版本2）。

2. 手稿008（背面）版本1：為鉛筆起草。有詩題，作"過劉龍洲墓"。全詩與《詩詞集》版同。無小註。

3. 手稿008（正面）版本2：為謄抄稿。有詩題，原作"劉龍洲墓"，後刪去"龍洲"，旁改"過"字，又刪"過"字，似未最後定奪。全詩與《詩詞集》版同。無小註。

【注】

①劉過（1154—1206）：字改之，號龍洲道人，南宋文學家。吉州太和（今江西泰和縣）人，長於廬陵（今江西吉安）。力主抗金而不獲用，布衣終身，曾客韓侂胄（1152—1207）、辛棄疾（1140—1207），與辛棄疾尤為莫逆，又與陸游（1125—1210）、陈亮

（1143—1194）等交遊。詞風與辛棄疾相近，狂逸俊致，與劉克莊（1187—1269）、劉辰翁（1232—1297）共稱"辛派三劉"。著有《龍洲集》《龍洲詞》《龍洲道人詩集》。去世於江蘇崑山，其墓在今蘇州崑山亭林公園內。

②無前：無在前者。謂向前無所阻。《后漢書·杜林傳》："赤眉兵眾百萬，所向無前。"

③寒花：指梅花。

④斗酒：取鴻門宴樊噲衝撞項羽，獲賜斗卮酒、生彘肩後而豪放飲食之典故（事見《史記·項羽本紀》）。

⑤拍肩：輕拍別人肩膀，表示友好或愛護。宋黃鍾（1140—1217）《何嶺懷古》："廬江去後尋消息，肯與淮南共拍肩。"

⑥龍洲《沁園春》：即劉過《沁園春·寄稼軒承旨》："斗酒彘肩，風雨渡江，豈不快哉！被香山居士，約林和靖，與坡仙老，駕勒吾回。坡謂西湖，正如西子，濃抹淡妝臨鏡臺。二公者，皆掉頭不顧，只管銜杯。　白雲天笠飛來。圖畫裏、崢嶸樓觀開。愛東西雙澗，縱橫東西水；兩峰南北，高下雲堆。逋曰不然，暗香浮動，爭似孤山先探梅。須晴去、訪稼軒未晚，且此徘徊。"本詩"風雨渡江""寒花為子尚嫣然""斗酒何人共拍肩"等語均從此詞化用。

鄧尉候梅用東坡和秦太虛梅花韻①

溫風一夜蘇萬槁，先放數枝堪絕倒。
居然香雪春無數，我詩幸未被花惱②。
偶見橫斜水清淺，只道逋仙來太早。③
正須立馬待黃昏，太湖處處皆晴好。
不惜遲春去復來，造物欲人興不掃。
窅上④對花未忍回，移根⑤何如此終老。
詩人結習⑥苦難捐⑦，花外行吟空草草。
君看好事宋商丘⑧，還留片石懸蒼昊⑨。（"香雪海"⑩三字為宋犖題。）

【校】

1. 明報版有此詩。手稿版存此詩 4 個版本：其一、二見手稿 014

(版本1、版本2)；其三見手稿009（版本3）；其四見手稿010（版本4）。

2. 手稿014版本1：

(1) 此為草稿，筆跡凌亂，塗改甚多，以最後六句為甚，然韻腳齊全，疑為未完廢稿。無詩題。無註。

(2) 先放數枝堪絕倒：此稿似初大致作"先著數枝已傾倒"，後改"先著"為"初見"，復刪去。

(3) 偶見橫斜水清淺：此稿似初作"半立疏影水清淺"，後改"半立"為"偶見"，又在"疏影"旁另寫"橫斜"二字，似待定奪。

(4) 只道逋仙來太早：此稿似初作"只道☒☒來太早"，空二字；後反復填字又刪去，不可辨識，似最終留一"仙"字。

(5) 正須立馬待黃昏：此稿似初作"正須待☒月黃昏"，空一字；後改"待"為"立馬"，又在"月"字旁另寫一"別"字，似待定奪。

(6) 不惜遲春去復來：此稿初作"千里迎人施□深"，後刪"施□深"，改"去復來"。

(7) 造物欲人興不掃：此稿初作"造物娛人興不掃"，似後對此句不滿，曾刪"造物"改他字，又於句尾小字雙行寫"□心未吐禪妙香"，皆復刪去，重勾"造物"二字，終仍舊如初稿。

(8) 窗上對花未忍回，移根何如此終老：此稿似初起以"春常任□□冰肌濯人☒人老"等起筆，後多刪改，又旁注甚多，最終可勉強辨識成句者有"窗上對花何年□"、"冰肌聊可伴人老"。

(9) 詩人結習苦難捐，花外行吟空草草：此稿似未成句，隱約可見被劃去之"東坡"等字，留"氣習""空草草"等字，並其間較大段空白。

(10) 君看好事宋商丘，還留片石懸蒼昊：此稿大致作"江南春水☒于天何必移根有昊"，後改"有昊"為"□少昊"。

3. 手稿014版本2：

(1) 此為草稿，筆記凌亂，僅存後八句。無詩題。無小註。

(2) 不惜遲春去復來：此稿作"千里尋春去復來"。

（3）造物欲人興不掃：此稿作"造物娛人興不掃"，又劃去"造物娛人興不"，旁批"花徑何曾緣客"，即改全句為"花徑何曾緣客掃"。

（4）窻上對花未忍回：此稿先作"春來春去花仍☒"（缺最後一字未填），後在旁另起"窻上對花興未闌"，後接"移根如何苦終老句"。

（5）詩人結習苦難捐：此稿作"詩人結習苦未捐"。

（6）花外行吟空草草：此稿先作"驢背行吟空草草"，後刪"驢背"；又旁有"窻上對花外"字樣，刪"窻上對"，留"花外"，全句終讀作"花外行吟空草草"。

（7）君看好事宋商丘：此稿先作"□□事宋商丘"，後加括號於"□□"二字上，旁加"君看"二字。

（8）還留片石懸蒼昊：此稿先作"究留片石懸蒼昊"，後刪"究"，改"還"字。

4. 手稿009 版本3：

（1）此為謄抄稿，未完，缺後六句。有詩題，作"題鄧尉香雪梅用坡公韻"。無小註。

（2）先放數枝堪絕倒：此稿作"先放幾枝已傾倒"。

（3）只道逋仙來太早：此稿作"只道看花來太早"。

（4）正須立馬待黃昏：此稿作"正須立馬別黃昏"。

（5）不惜遲春去復來：此稿作"千里尋春去復來"。

（6）造物欲人興不掃：此稿作"造物娛人興不掃"。

5. 手稿010 版本4：

（1）此為抄正稿，有詩題，作"鄧尉候梅用東坡和秦太虛梅花韻"。

（2）先放數枝堪絕倒：此稿作"先放數枝足傾倒"。

（3）正須立馬待黃昏：此稿作"政須立馬待黃昏"。按，"政"應為"正"之筆誤。

（4）詩末註有小字"香雪海三字為宋犖題"。

6. 明報版：

（1）明報版詩題作"鄧尉候梅（用東坡和秦太虛梅花韻）"。

（2）詩註：明報版作"'香雪海'三字為宋犖題"，《詩詞集》

版作"'香雪海'二字為宋犖題",為植字錯誤,據手稿010版本3與明報版改。

7. 鈔定本:

(1) 詩註作"'香雪海'三字為宋犖題",並無誤。惟因豎行書寫且用傳統直角引號「」,下引號與"三"字頭相連,致使"三"字第一橫視覺上融入上方之」,而乍看形似"二"字。《詩詞集》版中,排版工人或因此誤認而錯植。

【注】

①東坡和秦太虛梅花韻:宋蘇軾《和秦太虛梅花》詩:"西湖處士骨應槁,只有此詩君壓倒。東坡先生心已灰,為愛君詩被花惱。多情立馬待黃昏,殘雪消遲月出早。江頭千樹春欲闇,竹外一枝斜更好。孤山山下醉眠處,點綴裙腰紛不掃。萬里春隨逐客來,十年花送佳人老。去年花開我已病,今年對花還草草。不知風雨卷春歸,收拾餘香還昊昊。"蘇軾此詩所和為秦觀《和黃法曹憶建溪梅花》:"海陵參軍不枯槁,醉憶梅花愁絕倒。爲憐一樹傍寒溪,花水多情自相惱。清淚班班知有恨,恨春相逢苦不早。甘心結子待君來,洗雨梳風爲誰好。誰云廣平心似鐵,不惜珠璣與揮掃。月沒參橫畫角哀,暗香銷盡令人老。天分四時不相貸,孤芳轉盼同衰草。要須健步遠移歸,亂插繁華向晴昊。"

②我詩幸未被花惱:化自唐杜甫《江畔獨步尋花七絕句》之一:"江上被花惱不徹,無處告訴只顛狂。"

③偶作橫斜水清淺,只道逋仙來太早:宋林逋《山園小梅》有"疏影橫斜水清淺,暗香浮動月黃昏"句。逋仙,即林逋(967—1028),字君復,諡和靖先生,世稱林和靖,又稱林靖。北宋隱逸詩人。林逋隱居西湖孤山,終生不仕不娶,惟喜植梅養鶴,自謂"以梅為妻,以鶴為子",故後世常譽之以"仙"。

④窰上:附近有窰上村。

⑤移根:猶移植。北周庾信(513—581)《枯樹賦》:"昔之三河徙植,九畹移根。"

⑥結習:續習。又為佛教用語,指煩惱。《維摩詰所說經‧眾生

品第七》："結習未盡，華著身耳。結習盡者，華不著也。"

⑦捐：捨棄、拋棄。《說文解字·手部》："捐，棄也。"

⑧宋商丘：即宋犖（1634—1714），字牧仲，號漫堂，又號西陂、綿津山人等，河南商丘人。康熙年間官至吏部尚書，曾任江蘇布政使、江蘇巡撫。又為著名詩人、學者，編著有《西陂類稿》五十卷、《漫堂說詩》、《江左十五子詩選》、《國朝三家文鈔》等。

⑨蒼昊：即蒼天。《梁書·武帝紀》："上達蒼昊，下及川泉。"

⑩"香雪海"三字：同治《蘇州府志》卷六《山一》"銅井山即銅坑山"條，稱此地"山不甚高，四面皆樹梅。本朝康熙中，巡撫宋犖題'香雪海'三字於崖壁，其名遂著"。此石刻至今仍存。

⑪花徑何曾緣客掃：出自唐杜甫《客至》："花徑不曾緣客掃，蓬門今始為君開。"

蟠螭山石壁①

虛谷②憨山③去不還，孤根蟠結石垣間。
片帆安穩④波千頃，七十二峰⑤藪⑥上山。⑦

附記：蟠螭山上吳榮光⑧摩崖云："道光庚子初秋，南海吳榮光解組歸里⑨，道出吳門，游靈岩、光福香雪海、元墓，登蟠螭山，西望太湖，諸勝同遊者，錢塘陳鑒，烏程王黻⑩，長洲顧沅⑪，嘉定瞿樹辰⑫。榮光題記，子尚忠侍。"

【校】

1. 明報版有此詩。手稿版存此詩 2 個版本：其一見手稿 014（版本1）；其二見手稿 011（版本2）。另有手稿 012，錄有附記中所涉摩崖石刻內容，並旁標註"蟠螭山"，又有"憨山大師""虛古墓""印泉"等手跡，或為相關筆記。

2. 手稿 014 版本1：

(1) 此為草稿。有詩題，作"石壁□螭山"。無詩後附記。

(2) 孤根蟠結石垣間：此稿初作"孤根盤屈石垣間"，後改"盤"作"蟠"。

(3) 片帆安穩波千頃：此稿初起書"孤舟"又刪去，終作"片帆安穩波千頃"。

（4）七十二峰藪上山：此稿作"七十二峯湖外山"。

3. 手稿011版本2：

（1）此為謄抄稿，有詩題，作"石壁"，又在其後有小字"蟠螭山"，曾刪去，再勾回。

（2）七十二峰藪上山：此稿作"七十二峰湖上山"。

（3）詩末另有小字："附記蟠螭山上吳榮光摩崖云：'道光庚子初秋南海吳榮光解組歸里道出吳門尋靈岩光福香雪海□墓登蟠螭山西望太湖諸勝同遊者□□陳鑒長洲顧況嘉定瞿樹辰□光□配子尚忠侍。'其中"道光"起以下與手稿012之筆記相同。

4. 明報版：詩題並全詩與《詩詞集》版無異，皆無後註。

5. 按：據手稿011版本2中之小字附記，似原意詩附此註，然後因無法查全補缺而捨棄。本版因據手稿011版本2補此附記，原手稿中缺字、誤錄處據原碑補正，並加現代標點。

【注】

①蟠螭山石壁：蟠螭山，又名南山，位於蘇州城外太湖畔。山有著名摩崖石刻群，即詩中"石壁"。

②虛谷（1823—1896）：清末著名畫家，與任伯年（1840—1895）、吳昌碩（1844—1927）、蒲華（1832—1911）並稱"海派四大家"，又有"晚清畫苑第一家"之譽。俗姓朱，名懷仁，僧名虛白，字虛穀，別號紫陽山民、倦鶴，室名覺非庵、古柏草堂、三十七峰草堂等。籍新安（今安徽歙縣），居廣陵（今江蘇揚州）。初任清軍參將與太平軍作戰，後出家為僧。工山水、花卉、動物、禽鳥，尤長於松鼠及金魚。亦擅寫真，工隸書。亦能詩，有《虛谷和尚詩錄》。其墓在蟠螭山頂。

③憨山（1546—1623）：俗姓蔡，字澄印，號憨山，法號德清，諡號弘覺禪師，南直全椒（今屬安徽）人。少年剃度，初入臨濟宗門下，後復興禪宗，宣講釋、道、儒三教一理，主張禪淨雙修，被認為是明末四大高僧之一。相傳其人曾在蟠螭山結茅築廬，即今永慧禪寺，又名石壁精舍。

④片帆安穩：清端木埰（1816—1892）《齊天樂五十首》第三十三："人海抽身，歸航安穩片帆渡。"

⑤七十二峰：太湖畔多山，有"太湖七十二峰"之說，蟠螭山即為其一。

⑥藪：《說文解字·艸部》："藪，大澤也。从艸，數聲。九州之藪，楊州具區，荊州雲夢，豫州甫田，青州孟諸，沇州大野，雝州弦圃，幽州奚養，冀州楊紆，并州昭餘祁是也。"

⑦七十二峰藪上峰：化自北宋劉允（1609—1125）《韓山》詩："惆悵昌黎去不還，小亭牢落古松間。月明夜靜神游處，三十二峰江上山。"按：劉允，字厚中，海陽（今屬廣東省潮州市）人，北宋紹聖年間進士，曾任化州知州等，有官聲，為"唐宋潮州八賢"之首。有《劉厚中文集》，惜佚。饒鍔、饒宗頤《潮州藝文志》考劉氏著述遺存，輯錄部分詩作，即含此首。潮州為饒宗頤教授故里，劉詩所詠韓山，即潮州城東筆架山，韓愈被貶為潮州刺史時，常登此山，築亭遊覽，故又稱韓山。此全詩結構上亦脫胎自劉詩。

⑧吳榮光（1773—1843）：廣東南海人，原名燎光，字殿垣，一字伯榮，號荷屋、可庵，別署拜經老人、石雲山人。清嘉慶年間進士，官至湖南巡撫。善於金石、書畫鑒藏，且工書善畫，精於詩詞，著有《辛丑銷夏記》《筠清館金石文字》《帖鏡》等等。下文所錄石刻，乃述其道光庚子年（1840）退隱回鄉後與友人遊歷江南之事。

⑨解組歸里：組，舊時官印上繫結的絲繩。解組指解下官印，辭官卸任。宋蘇軾《次韻樂著作野步》詩："解組歸來成二老，風流他日與君同。"歸里，返回故里。

⑩王敾：號二樵，烏程（今屬浙江湖州）人。所居近竹，因題其齋為小竹裡館，又名掃籜庵、寶鼎精舍。工詩，善畫墨梅，能刻印。

⑪顧沅（1799—1851）：字澧蘭，號湘舟，又自號滄浪漁父，江蘇長洲（今蘇州）人。清道光間官教諭，收藏金石、書籍甚富，頗多秘本、善本，為當時江南首屈一指的收藏家。建"懷古書屋""藝海樓"度藏載籍，輯有《賜硯堂叢書》《古聖賢像傳略》等。

⑫瞿樹辰：字心漚，上海嘉定人。為著名篆刻家、書畫家、金石收藏家瞿中溶（1769—1842）次子。清嘉慶進士，曾任郴州府通判、

安福縣知縣、湖南布政司等。善畫花鳥蟲魚，兼長篆刻。

放鶴亭①

瘦枝②千喚始含苞，獨鶴還思下九皋③。
商略黃昏湖外雨④，題襟⑤興味屬吾曹⑥。

【校】

1. 明報版存此詩。手稿版存此詩2個版本：其一見手稿014（版本1）；其二見手稿011（版本2）。

2. 明報版、《詩詞集》版中，此首與相鄰之《山陰道上和鍥翁》次序相反，今據遊蹤次序，從明報版，此首置於《山陰道上和鍥翁》之前。

3. 手稿014版本1：

（1）此為草稿，似且草且改，字跡甚零亂。似有詩題，不可識。

（2）瘦枝千喚始含苞：此稿初作"千回呵笑始含苞"，後似意圖改動，不可辨。

（3）獨鶴還思下九皋：此稿似初作"獨鶴未□下九皋"。"未"字又曾改"還""獨"，又改回"未"；"□"改"思"。

（4）商略黃昏湖外雨：此稿初作"▨□當年香雪海"，後刪去"□當年"，旁有"鄰""曙""桑枝"等零字，似未能定奪。

（5）題襟興味屬吾曹：此稿似初起以"題襟□□"，後刪去"□□"，接"興味屬吾曹"。又曾試以"尋花□□"，復刪去。最終讀句仍為"題襟興味屬吾曹"，與《詩詞集》版同。

4. 手稿011版本2：

（1）此為謄抄稿。詩題作"放鶴亭"，有修改痕跡。

（2）獨鶴還思下九皋：此稿作"獨鶴未思下九皋"。"下"字曾經改動。

（3）商略黃昏湖外雨：此稿初作"□湖邊雨峯清苦"，後將"邊"字改作"外"，並刪去"峯清苦"三字，改作"商曙黃昏湖外雨"。

5. 明報版：詩題並全詩與《詩詞集》版同。

【注】

①放鶴亭：位於杭州西湖孤山北麓。因北宋詩人林逋曾在孤山結廬隱居，並以種梅養鶴為樂，後世建亭以紀念，亭後即林逋墓。該亭始建於元代至元年間，時儒學提舉余謙修葺林逋墓並植梅數百株，建梅亭於其下，郡人陳子安以林逋梅妻子鶴，有梅不可無鶴，遂放鶴於孤山，並建鶴亭與梅亭相配，後兩亭均廢，明嘉靖時重建鶴亭並改為今名，後多次重修。亭上有巨樟覆蓋，亭旁廣植梅花，為西湖賞梅勝地。

②瘦枝：指梅花。

③九皋：意為水澤深處。典出《詩經・小雅・鶴鳴》："鶴鳴于九皋，聲聞于天。"

④商略黃昏湖外語：出自宋姜夔《點絳唇・丁未冬過吳松作》："燕雁無心，太湖西畔隨雲去。數峰清苦，商略黃昏雨。"商略，商量、醞釀、準備。

⑤題襟：抒寫胸懷。《新唐書》卷六十《藝文志》第五十錄，唐溫庭筠（801—866）、段成式（803—863）、余知古題詩唱和，有《漢上題襟集》十卷。

⑥興味屬吾曹：元范梈（1272—1330）《細雨》詩："趨朝未覺懶，興味屬吾曹。"興味，趣味、興趣、興致。吾曹，猶我輩，我們。

山陰道上①和鍔翁②

為愛名山入剡來，③沈沈迷霧曉初開。
敢將紙上倪迂④柳，換取江頭何遜⑤梅。⑥

【校】

1. 明報版存此詩。手稿版存此詩3個版本：其一見手稿037（版本1）；其二見手稿013（版本2）；其三見手稿011（版本3）。

2. 明報版、《詩詞集》版中，此首與上一首（《放鶴亭》）次序相反，今據遊蹤次序，從明報版。

3. 手稿037版本1：

（1）此為原始草稿，字跡扭曲模糊，似在車上顛簸時所寫。無詩題。

（2）沈沈迷霧曉初開：此稿初作"沈沈迷霧曉□開"，又刪"□"，試改"初""盡"字，似未最終定奪。

（3）敢將紙上倪迂柳：此稿三、四字經多次塗改，改作"平生敢□倪迂柳"。

4. 手稿013版本2：

（1）此為謄抄稿。有詩題，初作"山陰道上和鍥翁"，後用鉛筆在後附書"湖律"二字。

（2）敢將紙上倪迂柳：此稿初作"平生✕□倪迂柳"，後改"敢將紙上倪迂柳"。

5. 手稿011版本3：此為抄正稿。有詩題。詩題並全詩與《詩詞集》版同。此稿

（1）此為抄正稿。有詩題，與《詩詞集》版同。

（2）敢將紙上倪迂柳：此稿作"敢將紙上倪迂筆"。

（3）同葉虛筆注有"剡與嵊　元和志⑦　剡縣漢舊縣武德⑧中以縣為嵊州有天姥山剡溪"，或相關。

6. 明報版：詩題並全詩與《詩詞集》版同。

【注】

①山陰道上：南朝宋劉義慶（403—444）《世說新語·言語》："從山陰道上行，山川自相映發，使人應接不暇。"山陰道，在會稽城（今紹興）山陰縣郊外，是通向諸暨楓橋的一條官道，沿途多著名景點，如蘭亭、大禹陵等。

②此首乃和梁耀明《湖堤垂柳與選翁》："應是饒侯筆底來，蟠螭堤柳壓雲開。此行兩得稱心事，君畫湖山我看梅。"按：梁氏此詩應為吟詠饒宗頤教授寫生於蘇州蟠螭山下太湖堤畔之事。或是梁氏在山陰道上呈此詩予饒教授，故饒教授有此即興之和作。

③為愛名山入剡來：唐李白《秋下荊門》詩有"此行不為鱸魚膾，為愛名山入剡中"句。剡，古縣名，西漢時置，屬會稽郡，今浙江紹興市嵊州、新昌一帶。

④倪迂：即倪瓚（1301—1374），字元鎮，一字玄瑛，號雲林、

荊蠻民等。元末明初時江浙行省無錫州（今江蘇省無錫市）人。工詩，擅書畫，與黃公望（1269—1354）、吳鎮（1280—1354）、王蒙（1308—1385）並稱"元四家"。其作品多繪太湖一帶山水，畫法疏簡，格調淡泊清遠。按，饒宗頤教授於學於藝，都一向主張追溯其源。故他於繪畫方面，尤其是山水畫，力主必從元四家入手，其中又尤追雲林天真平淡潛雅之旨。後出版有《得其崢倪：饒宗頤雲林筆意書畫集》（香港大學饒宗頤學術館 2009 年版）。

⑤何遜：何遜（480—520），字仲言，南梁時東海郯（今山東省蒼山縣長城鎮）人。工於詩，與劉孝綽（？—539）並稱"何劉"。何遜有《詠早梅》詩："兔園標物序，驚時最是梅。銜霜當路發，映雪擬寒開。枝橫卻月觀，花繞凌風台。朝灑長門泣，夕駐臨邛杯。應知早飄落，故逐上春來。"

⑥敢將紙上倪迂柳，換取江頭何遜梅：梁耀明於旅途期末有詩《贈饒老》："勝遊十日意如醺，一券相盟願莫焚。我占梅花君占柳，湖山春色兩家分。"可知饒宗頤教授此行途中好寫柳。又饒教授《山陰道上》寫生冊頁，中有落款"甲子選堂"，應為返港後不久所作，寫會稽山、蘭亭、鑑湖、三味書屋等紹興風景，亦見倪雲林之法所寫柳樹。參見本書上篇第四章《〈江南春集〉相關書畫考論》，以及下篇"《江南春集》相關史料選輯·饒宗頤教授《江南春集》相關書畫創作"之圖三。

⑦元和志：即《元和郡縣圖志》，唐李吉甫（758—814）撰，完成於元和八年（813），是中國現存最早、較完整的地理總志。下引內容見該書卷二十六《江南道二：浙東觀察使》"越州"條。

⑧武德：唐高祖李淵（566—635）年號，從公元 618 年至公元 626 年，共九年。

青藤書屋①

被酒②隨車過小溪③，榴花老屋④足幽棲⑤。
葡萄堪作明珠賣⑥，窮巷⑦幾人駐馬蹄⑧。

【校】

1. 明報版有此詩。手稿版存此詩4個版本：其一、二見手稿001背面（版本1、版本2）；其三見手稿手稿015（版本3）；其四見008正面（版本4）。

2. 手稿001（背面）版本1：
（1）此為草稿。無詩題。
（2）榴花老屋足幽棲：此稿作"青藤有屋足幽棲"。

3. 手稿001（背面）版本2：
（1）此為謄抄稿。有詩題，作"題青藤書屋"。
（2）榴花老屋足幽棲：此稿作"榴花老屋足幽棲"，"花"字曾刪去，又勾回。
（3）葡萄堪作明珠賣，窮巷幾人駐馬蹄：此稿初起自"聞拋"，又改"聞拋"為"聞擲"，似又棄。緊接另起為"葡萄堪作明珠賣，擲向□□☒馬蹄"。又刪去"擲向□□"，改"窮巷幾人"；"☒"處填"駐"字。即最終讀稿與《詩詞集》版同。

4. 手稿015版本3：
（1）此為謄抄稿。有詩題，作"過青藤書屋"。
（2）榴花老屋足幽棲：此稿初作"青藤老屋足幽棲"，後改"青藤"為"榴花"。

5. 手稿008（正面）版本4：
（1）此為抄正稿。有詩題，作"過青藤書屋"。
（2）全詩與《詩詞集》版同。

6. 明報版：詩題並全詩與《詩詞集》版同。

【注】

①青藤書屋：位於浙江紹興市區，為明徐渭故居。徐渭（1521—1593），紹興府山陰（今浙江紹興）人。初字文清，後改字文長，號青藤老人、天池生、山陰布衣等。徐渭多才多藝，在詩文、戲劇、書畫等各方面都獨樹一幟。其書法筆墨狂放，氣勢滂沱，尤以狂草為著稱；又以書入畫，畫作不拘形似，離奇超脫，開潑墨大寫意畫派之新

路向，與陳淳（1483—1544，字道復，號白陽山人）並稱為"青藤""白陽"，對後世影響深遠。

②被酒：猶中酒，醉酒或帶有幾分酒意。《史記·高祖本紀》："高祖被酒，夜徑澤中。"

③過小溪：紹興為水鄉，古城內河道交錯。

④榴花老屋：青藤書屋舊名榴花書屋。

⑤幽栖：幽僻的栖止之所，又指隱居。謝靈運《鄰里相送至方山》詩："資此永幽棲，豈伊年歲別。"

⑥葡萄堪作明珠賣：指徐渭傳世的畫作之一《墨葡萄圖》，現藏於北京故宮博物院。圖左上角有行次攲斜的草書題詩："半生落魄已成翁，獨立書齋嘯晚風，筆底明珠無處賣，閑拋閑擲野藤中。"

⑦窮巷：冷僻簡陋的小巷。出自《墨子·號令》："吏行其部，至里門，正與開門內吏，與行父老之守，及窮巷閒無人之處。"

⑧駐馬蹄：北宋趙湘（959—993）《春宵憶洛陽》詩："少年結客洛陽時，閒傍東風駐馬蹄。"

禹陵①**用坡老遊塗山韻**②

此穴非塗山③，飛甍④起天半。
其魚事⑤已往，乘檋⑥休重歎。
過家三不入⑦，萬古歸一粲⑧。
俗傳生石紐⑨，嵩闕⑩還郊裸⑪。
聖者能任勞⑫，吐哺有周旦⑬。
來朝只烏鵲⑭，相隨鳧鴨亂⑮。
地靈不愛寶，丘壠出圭瓚⑯。
茲山類覆釜⑰，萬卉方爛漫。
憶當會計初，侯伯奔駭汗⑱。
致功⑲須忘身，一誠即彼岸。

【校】

1. 明報版有此詩。無手稿。
2. 明報版：

（1）詩題作"禹陵（用坡老遊塗山韻）"。
（2）嵩闕還郊祼：明報版及鈔定本皆作"嵩闕還郊祼",《詩詞集》版"郊祼"誤植作"郊裸"。據明報版及鈔定本改。
（3）丘壠出圭瓚：明報版作"丘壠出圭瓚",《詩詞集》版"丘壠"誤作"丘壟"。本句據明報版改。
（4）茲山類覆韛：明報版作"茲山類覆韛",《詩詞集》版"覆韛"誤作"覆韝"。本句據明報版改。

【注】

①禹陵：即大禹陵，古稱禹穴，是大禹的葬地。位於浙江紹興東南稽山門外會稽山麓。現為著名景區，由禹陵、禹祠、禹廟三大部分組成。其中大禹陵以山為陵，背負會稽山，前臨禹池。舊有享殿，於清末倒毀，至2007年方重建。

②坡老遊塗山韻：即蘇軾《上巳日與二子迨過遊塗山荊山紀所見》："此生終安歸，還軫天下半。朅來乘樏廟，復作微禹歎。從祀及彼呱，像設偶此粲。秦祖當侑坐，夏郊亦薦祼。可憐淮海人，尚記弧矢旦。荊山碧相照，楚水清可亂。刖人有餘坑，美石肖溫瓚。龜泉木杪出，牛乳石池漫。小兒強好古，侍史笑流汗。歸時蝙蝠飛，炬火記遠岸。"

③塗山：大禹召集諸侯之地。《左傳·哀公七年》："禹合諸侯於塗山，執玉帛者萬國。"

④飛甍：甍，屋脊。飛甍比喻高大的屋宇。南朝宋鮑照（415—466）《詠史詩》："京城十二衢，飛甍各鱗次。"

⑤其魚：語出《左傳·昭公元年》："天王使劉定公勞趙孟於潁，館於雒汭。劉子曰：'美哉禹功！明德遠矣。微禹，吾其魚乎！'"後借指洪水所造成的災難，亦指大禹治水之功績。

⑥樏：代指乘車。《說文解字》："樏，山行所乘者。从木纍聲。《虞書》曰：'予乘四載。水行乘舟，陸行乘車，山行乘樏，澤行乘輴。'"

⑦過家三不入：傳言大禹治水時，三過家門而不入。

⑧一粲：猶一笑。

⑨俗傳生石紐：即"禹生石紐"之傳說。《竹書紀年·帝禹夏后氏》："母曰修己，出行，見流星貫昴，夢接意感，既而吞神珠。修己背剖，而生禹於石紐。"

⑩嵩闕：指河南嵩山太室山南麓萬歲峰下之啟母闕。闕，古代宮室、祠廟、陵墓門外，神道兩邊供瞭望的樓臺，中間闕然。嵩山腳下有一開裂巨石，曰"啟母石"。漢武帝遊嵩山時，曾為此石建啟母廟，為避景帝劉啟之諱，又名為開母廟。《漢書·武帝紀》載其事，又有顏師古（581—645）注，引《淮南子》言此石來由："禹治鴻水，通轘轅闢……塗山氏往，見禹作熊態，慙而去。至嵩高山下化為石，方生啟。禹曰：'歸我子！'石破北方而啟生。"東漢延光三年（124年）潁川太守朱寵又為廟建闕，並有《開母廟石闕銘》，為篆書書法精品。今廟不存，闕仍在。

⑪郊祼：即郊祭與祼祭，泛指祭祀。《禮記·郊特性》："郊之祭也，迎長日之至。"《說文解字注》："祼，灌祭也。

⑫任勞：不辭勞苦。漢桓寬《鹽鐵論》卷二《刺權第九》："禹、稷自布衣，思天下有不得其所者，若己推而納之溝中，故起而佐堯，平治水土，教民稼穡，其自任天下如此其重也，豈云食祿以養妻子而已乎？夫食萬人之力者，蒙其憂，任其勞，一人失職，一官不治，皆公卿之累也。"

⑬吐哺有周旦：典出《史記·魯周公世家》："周公戒伯禽曰：'我文王之子，武王之弟，成王之叔父，我於天亦不賤矣。然我一沐三捉發，一飯三吐哺，起以待士，猶恐失天下之賢人。子之魯，慎無以國驕人。'"

⑭來朝只烏鵲：典出曹操（155—220）《短歌行》："月明星稀，烏鵲南飛。繞樹三匝，何枝可依。"

⑮相隨鳧鴨亂：化自杜甫《通泉驛南去通泉縣十五里山水作》"人遠鳧鴨亂"句。

⑯圭瓚：祭祀時用以挹取鬯酒的玉勺。《說文解字》："瓚，三玉二石也。从玉，贊聲。《禮》：天子用全，純玉也；上公用駹，四玉一石；侯用瓚；伯用埒，玉石半相埒也。"《尚書·文侯之命》："平王錫晉文侯秬鬯圭瓚。《傳》：'以圭為杓柄，謂之圭瓚。'"此二句詩

典出北宋李宗諤《龍瑞觀禹穴陽明洞天圖經》:"《遁甲開山圖》曰:'禹開宛委山,得赤珪如日,白珪如月,長一尺二寸。'"

⑰覆鬴:"鬴"同"釜",容器,形似鍋。此句形容山勢如倒扣的鍋。又《水經注》引《吳越春秋》云"覆釜山之中有金簡玉字之書,黃帝之遺讖也。山下有禹廟。"又為會稽山別名。

⑱憶當會計初,侯伯奔駭汗:指大禹會諸侯於會稽事。《史記·夏本紀》載:"或言禹會諸侯江南,計功而崩,因葬焉,命曰會稽。會稽者,會計也。"駭汗,因驚駭而出汗。

⑲致功:指建立功業。《韓非子·外儲說左上》:"夫良藥苦於口,而智者勸而飲之,知其入而已己疾也;忠言拂於耳,而明主聽之,知其可以致功也。"

會稽山

憶望刳兒坪①,初識山川首②。
今騎天柱③背,規模空九有④。
亙古揚州鎮⑤,戮力唐虞⑥後。
刊旅⑦致溝洫⑧,導山始壺口⑨。
發石得真文,伊誰辨蝌蚪。⑩
落落宛委山,壁立干雲岫。⑪
陽明洞天⑫廣,龍瑞⑬出培塿⑭。
朝暮南北風⑮,若耶⑯溪上吼。
鄭公⑰今何在,隨處見樵叟。
淒迷具區⑱遠,莽蕩雜林藪。
坐臨鷗鳥沒,落日千帆走。
鑒湖⑲近可掬,飲人如中酒⑳。
緬懷風流客,賀老㉑骨已朽。
去去將安歸,城闉㉒空搔首。

宋李宗諤㉓著《龍瑞觀禹穴陽明洞天圖經》,現存《道藏》鞠字號,頗詳會稽山事跡。

【校】

1. 明報版有此詩。無手稿。

（1）城闉空搔首：明報版作"城頭空搔首"。

【注】

①剗兒坪：同石紐，指禹出生地。南朝宋裴松之（372—451）注《三國志·蜀書八》有"禹本汶山廣柔縣人也，生於石紐，其地名剗兒坪"之說。今四川省汶川縣石紐山剗兒坪有大禹故里遺跡景區。

②山川首：《呂氏春秋·有始》："何謂九山？會稽、太山、王屋、首山、太華、岐山、太行、羊腸、孟門。"會稽山被列為篇中九山之首。

③天柱：會稽山之委宛山別名。北宋李宗諤《龍瑞觀禹穴陽明洞天圖經》引《吳越春秋》："九山東南曰天柱，號宛委。"

④九有：佛教術語。三界中有情樂住之地處有九所。名曰九有情居，又云九眾生居。略云九有，又云九居：一欲界之人與六天，二初禪天，三二禪天，四三禪天，五四禪天中之無想天，六空處，七識處，八無所有處，九非想非非想處（此中除無想非想名七識住）。《華嚴經》："四生九有，同登華藏玄門，八難三途，共入毗盧性海。"

⑤揚州鎮：此處代指會稽山。《周禮·春官·大司樂》："凡日月食，四鎮五嶽崩。"東漢鄭玄（127—200）注："四鎮，山之重大者，謂揚州之會稽山，青州之沂山，幽州之醫無閭，冀州之霍山。"《龍瑞觀禹穴陽明洞天圖經》："會稽山在縣東一十二里，揚州之鎮山曰會稽。"

⑥唐虞：即唐堯與虞舜。

⑦刊旅：典出《尚書·禹貢》："九山刊旅，九川滌源，九澤既陂，四海會同。"刊，又作"栞""㮮"，《說文》："㮮，槎識也。"謂砍削樹木以作認路之記號。旅，道、通。

⑧溝洫：田間水道。出自《周禮·考工記·匠人》："匠人為溝洫……九夫爲井，井間廣四尺，深四尺，謂之溝；方十里爲成，成間廣八尺，深八尺，謂之洫。"此處泛指河渠。

⑨壺口：山名，在今山西省吉縣西南。為禹治水之始。見《尚書·禹貢》："禹敷土，隨山刊木，奠高山大川。冀州：既載壺口，治梁及岐。既修太原，至於岳陽。"此二句言大禹開山治水事。

⑩發石得真文，伊誰辨蝌蚪：此二句言禹於委宛山得治水神書之事。《龍瑞觀禹穴陽明洞天圖經》引《吳越春秋》："九山東南曰天柱，號宛委，承以文玉，覆以盤石，中藏金簡書，以青玉為字，編以白銀。禹東巡狩至衡山，血白馬以祭之，見赤繡衣男子，自稱元夷蒼永使者，欲得簡書，知導水之方，請齋於黃帝之嶽。禹齋，登山發石，果得其文，乃知四瀆之限，百川之理，遂周天下而盡力於溝洫矣。"蝌蚪，即"蝌蚪文"，又名"蝌蚪篆"，先秦書體，因頭粗尾細形似蝌蚪而得名，此處代指金簡玉書。

⑪落落宛委山，壁立干雲岫：《龍瑞觀禹穴陽明洞天圖經》引《輿地志》："宛委山上有石匱，壁立干雲。升者累梯而至。"落落，清楚、分明貌。干，衝犯。雲岫，語本晉陶潛（365—427）《歸去來辭》"雲無心以出岫"句，指雲霧繚繞的峰巒。

⑫陽明洞天：陽明洞，大禹治水藏書之地，唐代起將其繫為道教三十六小洞天之第十，故曰"陽明洞天"，又指建於該地之龍瑞宮。賀知章《龍瑞宮記》："洞天第十，本名天地陽明紫府真仙會處。黃帝藏書，磐石蓋門，封宛委穴。禹王開，得書治水，封禹穴。"

⑬龍瑞：龍瑞宮，又名龍瑞觀。《龍瑞觀禹穴陽明洞天圖經》："會稽龍瑞觀，在縣東南一十五里，即大禹探靈寶五符治水之所。唐神龍元年置懷仙館，開元二年劫葉天師設醮而龍見，因改賜今額。"今存有其遺址。

⑭培塿：小土丘。

⑮朝暮南北風：清齊召南（1703—1768）《山陰》詩有"朝暮分南北，風猶感昔賢"句。

⑯若耶：山名。在紹興市南。又溪名，北流入運河，今名平水江。溪旁舊有西子浣紗石古跡。若耶溪又為道教七十二福地之第十七。

⑰鄭公：指鄭弘（？—86年），字巨君，會稽山陰（今浙江紹興）人，西域都護鄭吉從孫，官至太尉。《後漢書·卷三十三·朱馮虞鄭周列傳第二十三》李賢注引孔靈符《會稽記》："射的山南有白鶴山，此鶴為仙人取箭。漢太尉鄭弘嘗采薪，得一遺箭，頃有人覓，弘還之，問何所欲，弘識其神人也，曰：'常患若邪溪載薪為難，願

旦南風，暮北風。'後果然。故若邪溪風至今猶然，呼為'鄭公風'也。"《龍瑞觀禹穴陽明洞天圖經》亦引有該段，惟鄭弘作"鄭洪"。

⑱具區：太湖的古稱。《周禮·夏官·職方氏》："東南曰揚州，其山鎮曰會稽，其澤藪曰具區。"又，《爾雅·釋地》："吳越之間有具區。"

⑲鑒湖：原名鏡湖，位於紹興城西南，會稽山之北。唐杜光庭（850—933）《洞天福地記》記"三十六小洞天"之"第十會稽山洞，周回三百五十里，名曰極玄大元天，在越州山陰縣，鏡湖中仙人郭華治之"。

⑳中酒：醉酒或帶有幾分酒意。左思（250—305）《吳都賦》："鄱陽暴謔，中酒而作。"《昭明文選》呂向（？—742）注曰："中酒，为半酣也。"

㉑賀老：與前句"風流客"一語皆指賀知章（659—744），唐代詩人、書法家。字季真，晚年自號四明狂客、秘書外監，越州永興（今浙江杭州蕭山區）人，早年遷居山陰（今浙江紹興）。少時即以詩文知名，及長舉進士及第，官終太子賓客、銀青光祿大夫兼正授秘書監。為人曠達不羈，好酒，有"清談風流"之譽，晚年尤縱。又好道，天寶三載（742）乃請還鄉爲道士，獲准，詔賜鏡湖剡川一曲，御制詩餞送。會稽山龍瑞宮舊址有巨石"飛來石"，上銘有賀知章《龍瑞宮記》等唐宋題記。

㉒城闉："闉"，《說文解字》注為"城內重門也"。"城闉"即泛指城郭。

㉓李宗諤（964—1012）：字昌武，深州饒陽（今屬河北）人。北宋名相、文學大家李昉（925—996）之子。宋真宗時累拜右諫議大夫。其人通音律，擅書法，嗜藏書，亦有文名，曾預修《太宗實錄》《續通典》，又有《越州圖經》九卷、《陽明圖經》十五卷等。《道藏》鞠字號中所收錄之《龍瑞觀禹穴陽明洞天圖經》，據該經卷末後記，應是"政和四年（1114）二月，越州特奏名進士。授灘助教葉樞"節錄《越州圖經》等有關部分，稍加增補而成。

禹廟①

蕙櫋②銷爐帳隨煙，羽廟休令費紙錢。
惟后③刊山④通九牧⑤，萬邦膜拜尚依然。
<small>唐狄仁傑⑥禁淫祀，除項羽廟，惟會稽禹廟存焉。事見《朝野僉載》⑦。</small>

【校】

1. 明報版有此詩。無手稿。

（1）蕙櫋：明報版及鈔定本中皆作"蕙櫋"，《詩詞集》版"櫋"誤植作"櫔"，從明報版及鈔定本改。

（2）事見《朝野僉載》：明報版及鈔定本皆作"事見《朝野僉載》"，《詩詞集》版作"事見《朝野僉》載"，明顯為排印失誤。據明報版及鈔定本改。

【注】

①禹廟：位於禹陵北側，為一組宮殿式建築群，氣勢恢宏。始建於南朝梁武帝大同十一年（545年），歷代屢建屢毀。現存建築系清代—民國重建。

②蕙櫋："櫋"，《集韻·去聲·霰韻》解作"屋簀，或作檽"，與《楚辭·九歌·湘夫人》"罔薜荔兮為帷，擗蕙櫋兮既張"之"櫋"意似。"蕙櫋"亦同"蕙櫋"，此處代指帷帳。涵芬樓百卷本《說郛》卷二所錄《朝野僉載》述狄仁傑除項羽廟事條亦有"蕙櫋銷爐，羽帳隨烟"語。

③后：夏商兩朝君王的稱號。此處指大禹。

④刊山：見《尚書·禹貢》："禹敷土，隨山刊木，奠高山大川。"意為砍削樹木以標記道路。參饒宗頤教授《會稽山》一詩注⑥。

⑤九牧：即九州。如《荀子·解蔽》云："文王監於殷紂，故主其心而慎治之，是以能長用呂望而身不失道，此其所以代殷王而受九牧也。"楊倞注："九牧，九州也。"又，《史記·孝武本紀》："禹收九牧之金，鑄九鼎，皆嘗鬺烹上帝鬼神。"

⑥狄仁傑（630—704）：字懷英，號德英，并州陽曲（今山西省太原市）人。為唐朝、武周時的著名宰相，以足智多謀、不畏權貴、盡忠職守而著稱。民間亦多其傳聞逸事。

⑦《朝野僉載》：唐張鷟（658—730）著，早佚，今存者皆為後人所輯，有六卷本與一卷本兩種版本系統。此條不見於六卷本而僅見於一卷本，又或見錄於張鷟《耳目記》。惟除涵芬樓百卷本《說郛》本外，他處"蕙櫟"皆作"蕙櫼"。故知饒宗頤教授所引述之《朝野僉載》為涵芬樓百卷本《說郛》本。（按：《說郛》，明陶宗儀著，今通行者除涵芬樓百卷本外，又有清順治陶珽重編一百二十卷本，收有張鷟《耳目記》《朝野僉載》，此條入《耳目記》。）

蘭亭①三首柬青山翁②

俱老人書③興未闌，流觴曲水④尚潺潺。
舊傳鶴觀剡川地⑤，筆冢高於天柱山⑥。

<small>杜光庭⑦《道教靈驗記》：右軍⑧在剡川有金庭觀、白鶴觀⑨二莊，有禿筆塚、墨池⑩並在。</small>

過江顛狽⑪未休兵，十紙淪胥⑫想伯英⑬。
老姥何須多慍色，如今五字抵長城。

<small>《晉書·羲之傳》，庾翼⑭與彼書云："伯英章草十紙，過江顛狽，亡失。"又記為蕺山老姥⑮書扇各五字，姥初有慍色。</small>

依舊崇丘⑯集茂林⑰，江干⑱還欲盍朋簪⑲。
登樓四面誰堪語，惟有青山共此心。

<small>羲之友契許邁⑳，以桓山近人，四面藩㉑之。登樓與語，以此為樂。</small>

【校】
1. 明報版有此三首詩。無手稿。
（1）詩之一注"杜光庭《道教靈驗記》"：明報版中"驗"作"騐"。

【注】
①蘭亭：位於紹興市西南部。據歷史記載，公元353年（東晉永

和九年）三月三日，時任會稽內史的王羲之邀友人謝安、孫綽等名流及親朋共四十餘人在此舉辦修禊集會，王羲之"微醉之中，振筆直遂"，寫下了著名的"天下第一行書"《蘭亭集序》。

②青山翁：指饒宗頤教授友人、日本著名書法家青山杉雨（1912—1993），名文雄，字杉雨，號寄鶴山民、三車亭主、杉雨逸人等，別署轟、寄鶴刊、囂齋等。師從日本書法家、漢學家西川寧（1902—1989），曾獲日本文化勳章。致力中日文化交流，曾多次訪問中國，尤為熱愛江南人文風情。

③俱老人書：唐孫過庭（646—691）《書譜》："初謂未及，中則過之，後乃通會。通會之際，人書俱老。"

④流觴曲水：《蘭亭集序》："又有清流激湍，映帶左右，引以為流觴曲水，列坐其次。"即聚眾坐於水邊飲宴，斟酒置於流水之中，隨波傳送。今蘭亭景區有流觴亭。

⑤鶴觀剡川地：指王羲之剡川白鶴觀，參下注⑧。剡川，古地名，位於剡縣（今嵊州）。

⑥天柱山：此處應指會稽宛委山。參饒宗頤教授《會稽山》一詩注②。

⑦杜光庭（850—933）：字賓聖，號東瀛子、廣成先生等，處州縉雲（今屬浙江）人，唐末五代著名道士。少習儒學，博通經子。因屢試不第而入天台山學道。僖宗時召入宮廷，黃巢之亂時隨僖宗入蜀而不歸，後追隨前蜀王建、王衍父子。晚年隱居於青城山修道。其人對道教的教義、齋醮科範、修道方術等，有廣泛的研究和整理，今存著述二十餘種，對後世影響很大。

⑧右軍：即王羲之。王羲之（303—3619），字逸少，為東晉著名書法家，有"書聖"之稱。出身琅琊王氏，西晉亡後南渡，後遷山陰（即今紹興）。因官至右軍將軍，又稱王右軍。王氏世代信奉五斗米道，王羲之亦好此，晚年隱居剡縣金庭，採藥服食。

⑨金庭觀、白鶴觀：《道教靈驗記》卷三"剡縣白鶴觀蝗蟲不侵驗"條："晉右軍將軍王羲之剡川有二莊，其東為金庭觀，其西為白鶴觀，相去七十餘里。金庭則王氏子孫百餘戶居焉，有禿筆塚、墨池、劍匣並在，白鶴即太宗飛帛書額，為州縣所寶。"唐裴通（？—

599)《金庭觀晉右軍書樓墨池記》記金庭觀"書樓闕壞，墨池荒毀"。今嵊州市東金庭鄉有金庭觀，為後人重建，附近有王羲之墓，又有王氏後裔之華堂村。

⑩禿筆塚、墨池：用壞的筆可成堆掩埋如同墳塚，在池中洗筆硯而池水日久如墨，皆形容於書法用功之勤。除王羲之外，多名知名書法家亦有此傳說，如陳隋僧智永（生卒不詳，王羲之七世孫）、唐懷素（737—799）之筆塚，東漢張芝之墨池等。

⑪過江顛狽：即指"永嘉之亂，衣冠南渡"之事。西晉永嘉五年（311），匈奴劉淵破京師洛陽，擄晉懷帝，西晉亦於316年滅亡。領有江東之琅邪王司馬睿於317年在建康即位，史稱東晉。其間大批中原士族大戶隨之南逃，遷至長江流域。顛狽，猶顛沛。

⑫淪胥：指喪失。《晉書·涼武昭王李玄盛傳》："淳風秒莽以永喪，搢紳淪胥而覆溺。"

⑬伯英：即張芝（？—192），字伯英，敦煌郡淵泉縣（今甘肅省瓜州縣）人。東漢著名書法家，善章草而又推陳出新，開後世"今草"之風。王羲之對其極為推崇，稱"我書比鍾繇，當抗行；比張芝草，猶當鴈行也"；又云："張芝臨池學書，池水盡黑，使人耽之若是，未必後之也。"（《晉書·王羲之傳》）

⑭庾翼（305—345）：字稚恭，潁川鄢陵（今河南鄢陵）人。東晉征西將軍庾亮（289—340）、晉明帝皇后庾文君之弟，從其兄庾亮參與平定蘇峻之亂、籌備北伐等，庾亮逝後亦官至征西將軍。工書法，善草隸，可與王羲之相爭。《晉書·王羲之傳》："羲之書初不勝庾翼、郄愔，及其暮年方妙。嘗以草章答庾亮，而翼深歎伏，因與羲之書云：'吾昔有伯英章草十紙，過江顛狽，遂乃忘失。常歎妙迹永絕。忽見足下答家兄書，煥若神明，頓還舊觀。'"

⑮蕺山老姥：《晉書·王羲之傳》："又嘗在蕺山見一老姥，持六角竹扇賣之。羲之書其扇，各為五字。姥初有慍色。因謂姥曰：'但言是王右軍書，以求百錢邪。'姥如其言，人競買之。"按：蕺山，紹興古城內三座主要小山之一，位於今紹興市越州區。今存王羲之故宅（戒珠寺），又有題扇古橋，相傳即為蕺山老姥故事發生之處。

⑯崧丘：高山。《詩經·小雅》有詩名"崧丘"，有目無詩。《毛

詩序》："《崇丘》，萬物得極其高大也。"《昭明文選》卷十九錄魏晉束晳（261—300）《補亡詩・崇丘》有"瞻彼崇丘，其林藹藹"句。

⑰集茂林：魏晉曹攄（？—308）《感舊詩》有"晨風集茂林，棲鳥去枯枝"句。

⑱江干：干，即岸邊。《詩經・伐檀》："坎坎伐檀兮，置之河之干兮。"江干即江岸。

⑲盍朋簪：朋友相聚。語出《易經・豫卦・九四》："由豫大而有得，勿疑，朋盍簪。"唐戴叔倫（732—789）《臥病》詩有"滄洲詩社散，無夢盍朋簪"句。

⑳許邁：一名映，又名玄，字叔玄、遠遊，丹陽句容（今江蘇省句容縣）人。出身世家而好道，從郭璞（276—324）習筮卦，又從鮑靚問道。遊遍名山，曾隱於餘杭懸雷山、桐廬桓山、臨安西山等，最後不知所終。與王羲之友善。王羲之辭官後，曾與其"共修服食，採藥石不遠千里，徧游東中諸郡，窮諸名山，泛滄海"（《晉書・王羲之傳》），又為其作傳。《晉書・許邁傳》又載："（許邁）初採藥於桐廬縣之桓山，餌朮涉三年，時欲斷穀。以此山近人，不得專一，四面藩之。好道之徒欲相見者，登樓與語，以此為樂。常服氣，一氣千餘息。永和二年，移入臨安西山，登巖茹芝，眇爾自得，有終焉之志。"

㉑藩：《說文解字・艸部》："藩，屏也。"如《詩・大雅・板》："价人維藩，大師維垣。"此處引申意為加設障礙。

過新昌

福地①何年委草萊②，三辰頂對即天台③。
崔嵬④陵谷須奇節⑤，自悔雲端入覬⑥來。

《會稽志》載：司馬悔橋⑦，在新昌縣東南四十里。舊傳司馬承禎⑧隱天台山，被召而悔，因以為名。（詳《道藏》本《天台山志》）

【校】

1. 明報版有此詩。無手稿。
2. 明報版：
(1) 詩題並全詩與《詩詞集》版同。

（2）詳《道藏》本《天台山志》：明報版作"詳《道藏·天台山志》"。

【注】

①福地：指新昌縣，位於浙江省東部，是紹興市轄縣。建縣於五代後梁開平二年（908），唐後從剡縣劃出新昌縣（五代十國之前屬剡縣），距今已有1100多年歷史。東與寧波市奉化區、寧波市寧海縣交界，南邊與台州市天台縣交界，西南與金華市東陽市、金華市磐安縣交界，西、北兩面與嵊州市交界。新昌縣有桃源福地之稱，為天姥山之門戶。新昌大佛寺亦建於此，劉阮遇仙、司馬悔橋等均為新昌當地著名傳說與景點。

②草萊：荒地的雜草，又指荒蕪之地。《孟子·離婁上》："辟草萊，任土地者次之。"

③三辰頂對即天台：南宋嘉定《赤城志》引《道志》："頂對三辰，或曰當牛女之分，上應台宿，故曰天台。"三辰，指日、月、星。

④崔嵬：有石頭的土山；形容山高峻、高大雄偉。

⑤奇節：不凡之節操。此言山亦喻人。

⑥入覲：覲見皇帝。

⑦司馬悔橋：《道藏》鞠字號所收《天台山志》引《會稽志》，言此橋"舊傳司馬承禎隱天台山，被召至此而悔，因以為名"。今新昌縣東南班竹古村邊有落馬橋，又名司馬悔橋，據傳始建於晉，橋邊建有司馬廟，是通天台古道上主要橋樑之一。

⑧司馬承禎（647—735）：字子微，法號道隱，自號白雲子，河內溫人（今河南溫縣）。唐代道士、上清派第十二代宗師。師事嵩山道士潘師正，後隱居天台山玉霄峰。有文名，與陳子昂（661—702）、盧藏用（664—713）、宋之問（656—712）、王適、畢構（650—716）、李白（701—762）、孟浩然（689—740）、王維（701—761）、賀知章並稱"仙宗十友"。武則天、唐睿宗、唐玄宗都曾召入宮廷，頗多讚譽封賜。有《天隱子》《坐忘論》《修真秘旨》《道體論》《上清含象劍鑒圖》《洞玄靈寶五嶽名山朝儀經》等傳世。

石城山大佛①

慧地遺碑②不可尋，捫霄巨像出嶔崟③。
何來神力山堪鋸④，自有精誠杵作鍼⑤。
負地撐天千嶂木，呼風噫氣⑥六朝音。
低徊天監宏規⑦在，那管行雲變古今⑧。

《高僧傳·僧護傳》："本會稽剡人，居石城山隱嶽寺。寺北有青壁直上數十餘丈……於是擎爐發誓，願捲山鐫造十丈石佛，敬擬彌勒千尺之容。北齊建武⑨中，初就彫剪，頃之遘疾而亡。後有沙門僧淑纂襲遺志，未獲成；遂至梁天監六年，敕遣僧祐⑩律師專任像事，以天監十二年春就功，至十五年春竟。坐軀高五丈，立形十丈，龕前架三層臺。"（卷十三）俗傳僧淑用稻繩鋸開石岩，遺址尚存。

又《僧祐傳》："祐為性巧思，能自准心計，及匠人依標尺寸無爽，故光宅、攝山大像、剡縣石佛寺，並請祐經始，准盡儀則。"（卷十一）

梁劉勰（僧名慧地）撰《剡縣石城寺彌勒石像碑》，文見《藝文類聚》卷七十六。

【校】

1. 明報版無此詩。手稿版存此詩1個版本，見於手稿016（版本1）。

2. 手稿016版本1：

（1）此稿有詩題，與《詩詞集》版同。詩題後有"石城山大佛"，"天監　年由僧祐落成祐傳云……"，"祐之前有僧☒僧☒

事見高僧傳僧護傳"，"劉勰為石城山　撰碑文見藝文類聚……文云……"等字跡，後似刪去或廢棄不用。後有三大段長文，即《詩詞集》版詩後註。詩稿擠在頁邊，為草稿，塗改痕跡大，似且草且改。

（2）慧地遺碑不可尋：此稿初作"慧地舊碑不可尋"，後刪"舊"字，改作"遺"。

（3）捫霄巨像出嶔崟：此稿初起以"捫虛石像"，後刪"石"字，改作"巨"；"像"字亦反復塗改，用廢數稿後，仍取"像"字；再接"出嶔崟"。最終讀句與《詩詞集》版同。

（4）何來神力山堪鋸：此稿初作"□神力□石□鋸"，後刪去"石□"，改作"山堪"，又補"何來"二字。最終讀句與《詩詞集》版同。

（5）自有精誠杵作鍼：此稿原書"自有精誠磨杵作鍼"，刪"磨"字。

（6）負地撐天千嶂木：此稿初作"⊠⊠撐天千嶂木"，後將"撐天"二字刪去，改為"地"，後又加一"負"字於"地"字之前，又標記保留"撐天"二字。最終讀句與《詩詞集》版同。

（7）呼風噫氣六朝音：此稿初作"□倚⊠⊠六朝音"，後將"□倚"二字刪去，改作"飄風"，又空白處補"噫氣"二字，終改作"飄風噫氣六朝音"。

（8）低徊天監宏規在：此稿反復塗改，難以追蹤其變化。勉強可識有一稿大致作"猶昔留得弘規在"，後刪改作"低徊天監弘規在"。

（9）那管行雲變古今：此稿初作"不管風雲變古今"，後刪改作"那管春雲變古今"。

（10）《高僧傳·僧護傳》："本會稽剡人，……"：手稿版作"僧護傳本會稽剡人：居石城山隱獄寺寺北有青壁直上數十餘丈……於是攀鑪發誓願摶山鐫造十丈石佛敬擬彌勒千尺之容……北齊建武中初就彫剪頃之遘疾而亡。後有沙門僧淑纂襲遺未獲成遂至梁天監六年……敕遣僧祐律師專任像事像以天監十二年春就功至十五年春竟坐軀高五丈立形十丈龕前架三層臺（高僧傳十三·大正·頁412）"。此按《詩詞集》版錄，惟《詩詞集》版下引號誤置於段末，今改。

（11）又《僧祐傳》："祐為性巧思，……"：手稿版作"僧祐傳'祐為性巧思，能目准心計及匠人依標尺寸無爽故光宅攝山大像、剡縣石佛寺並請祐經始准盡儀則。'（高僧傳十一·大正·頁402）（智顗）卒於天台山大石像前（續高僧傳十七·頁564）"。

（12）梁劉勰（僧名慧地）撰《剡縣石城寺彌勒石像碑》，文見《藝文類聚》卷七十六：手稿版作"梁劉勰僧名慧地撰　剡縣石城寺彌勒石像碑銘……律師應法似流室化如渴揚舲游水馳錫禹山，於是捫虛梯漢構立棧道狀奇肱之飛車，類似叟之懸閣禮高圖范，冠采虹蜺，拊琴響於霞上剖石灑於雲表信命世之壯觀曠代之鴻作也（藝文類聚七六)"。

【注】

①石城山大佛：即新昌大佛。位於新昌縣城西南，在南明山與石城山之間的山谷之中。東晉永和元年（345），高僧曇光（286—396）始在石城山草建"隱岳寺"。南齊建武年間，僧護因見山壁"當中央有如佛焰光之形"，"每經行至壁所，輒見光明煥炳聞絃管歌讚之聲"（《高僧傳·僧護傳》），發願造佛。又歷經僧淑、僧祐二高僧努力，大佛於天監十五年（516）告成。由於鑿刻大佛歷經僧護、僧淑、僧祐三位高僧，大佛也被稱爲"三生聖迹"。該寺今名大佛寺。參見原詩後註。

②慧地遺碑：慧地，指南梁文學理論批評家、以《文心雕龍》著稱的劉勰（465—532），其人年幼失怙而家貧，居建業（今南京）定林寺，依僧祐十餘年而博通經論。除文論外，晚年出家，僧名慧地。《梁書·劉勰傳》稱其"爲文長於佛理，京師寺塔及名僧碑志，必請勰制文"。石城山大佛完工後，劉勰爲作記，勒於石，原碑已毀。今大佛寺内有1985年新造碑，乃據存文重刻，饒教授彼時未得見之。參見原詩後註。

③嶔崟：山勢高險的樣子。張衡（78—139）《思玄賦》："嘉曾氏之歸耕兮，慕歷陵之嶔崟。"唐張銑注："嶔崟，高貌。"《水經注·江水注》："南岸有青石，夏沒冬出其右，嶔崟數十步中，悉作人面形。"

④何來神力山堪鋸：言僧淑用稻繩鋸開石岩之傳說。參見原詩附註。

⑤自有精誠杵作鍼：鍼，同針。此句用李白"鐵杵磨針"之典。見《方輿勝覽》卷五三《眉州》"磨鍼溪"條。

⑥噫氣：氣壅塞而得通。吐氣。《莊子·齊物論》："夫大塊噫氣，其名為風。"

⑦天監宏規：天監（502年四月—519年十二月）是南梁武帝蕭衍（464—549）的第一個年號，共十七年。宏規，宏偉的規模。漢班固（32—92）《西都賦》有"圖皇基於億載，度宏規而大起"句。天監宏

規，言僧祐於天監年間，善用巧思完成佛像事。參見原詩附註。

⑧那管行雲變古今：化自杜甫《登樓》詩"玉壘浮雲變古今"句。

⑨北齊建武：按，《高僧傳》原文如此。此建武應指南齊明帝蕭鸞（452—498）的第一個年號，由公元494年十月至公元498年四月，共三年餘。

⑩僧祐（445—518）：俗姓俞，原籍彭城下邳（今江西徐州境），生於建業。年幼出家，後成為律宗巨匠，史稱"僧祐律師"。歷主建業定林寺、揚州建初寺等，弘傳律法，門人廣眾。又著述宏富，有《出三藏記集》《弘明集》等傳世。饒宗頤教授多年後著有《論僧祐》論文，刊於《中國文化研究所學報》新第6期（1997年）。

天台賓館①遣興

鐘聲不可聞，旅人總早起。②
叢林疑布陣，橫亙可十里。
此中結危構③，有路平如砥④。
不惜千里來，豈期遇仙子⑤。
劉阮骨亦朽，逝者同去水⑥。
虛室今生白，共誰說止止。⑦
未敢師康樂⑧，貞觀丘壑美⑨。
更不效興公⑩，作賦誇紈綺⑪。
新詩渾漫與，脫手不移晷。⑫
平生獨往願⑬，利名同一屣⑭。
群公且登臨，山中不論齒⑮。
何以遺細君⑯，寄詩煩黃耳⑰。

【校】

1. 明報版存此詩。手稿版存此詩2個版本：其一見手稿018（版本1）；其二見手稿017（版本2）。

2. 手稿018 版本1：
（1）此為草稿或謄抄稿。無詩題。

（2）旅人總早起：此稿初作"旅人也早起"，後改"也"為"總"。

（3）橫亙可十里：此稿初作"橫亙幾十里"，後改"也"為"可"。

（4）此中結危構：此稿初作"山中結危構"，後改"山"為"此"。

（5）有路平如砥：此稿先起有"有□□□"，於後三字有改動，後全廢，終作"有路平如砥"。

（6）逝者同去水：此稿初作"逝者同去水"，後改"同"作"看"。

（7）共誰說止止：此稿初作"同誰說止止"。

（8）未敢師康樂：此稿初作"未敢效謝公"，後改"效謝公"作"師康樂"。

（9）更不效興公：此稿初起有"更不□孫"，又刪後二字，全句作"更不效興公"。

（10）脫手不移晷：此稿初落筆時初試以"鶴"、"老去"等字，皆廢不用，另起作"脫手不移晷"。

（11）群公且登臨：此稿初作"暇□且登臨"，後刪"暇□"改"袖手"，再刪"袖手"改"羣公"。

（12）山中不論齒：此稿初作"非為蒼生題"，又改"非"作"休"。後廢全句，另起作"山中不論齒"。

3. 手稿017版本2：

（1）此為謄抄稿。有詩題，初作"天台賓館示群公遣興"，後刪去"示群公"，作"天台賓館遣興"。

（2）逝者同去水：此稿初作"逝者看去水"，後改"看"作"同"。

（3）共誰說止止：此稿初作"同誰說止止"，後改"同"作"共"。

（4）更不效興公：此稿在此句後附雙行小字注："孫綽有天台山賦。"

（5）新詩渾漫與：此稿作"新辭渾漫與"。

（6）群公且登臨：此稿初作"袖手且登臨"，後刪"袖手且"，補"羣公共"，再刪"共"改"且"，即全句作"羣公且登臨"。

4. 明報版：詩題並全詩與《詩詞集》版同。

【注】

①天台賓館：位於天台山麓，國清寺旁，為大型園林式建築，佔地頗廣。

②鐘聲不可聞，旅人總早起：化自北宋蘇軾《自仙遊回至黑水見居民姚氏山亭高絕可愛復憩其上》詩首二句。饒宗頤教授此詩多處脫胎蘇軾該作，茲錄蘇詩全文如下："山鴉曉辭谷，似報遊人起。出門猶屢顧，慘若去吾里。道途險且迂，繼此復能幾。溪邊有危構，歸駕聊復柅。愛此山中人，縹紗如仙子。平生慕獨往，官爵同一屣。胡為此溪邊，眷眷若有俟。國恩久未報，念此慚且泚。臨風浩悲咤，萬世同一軌。何年謝簪紱，丹砂留迅晷。"

③危構：高聳的建築物。

④平如砥：平直、平坦。左思《魏都賦》有"長庭砥平，鐘簴夾陳"句。

⑤豈期遇仙子：指天台山劉阮遇仙之傳說。南朝劉義慶（403—444）《幽名錄》載：漢明帝永平五年，剡縣劉晨、阮肇共入天台山取谷皮，迷不得返。經十三日，糧食乏盡，饑餒殆死。遙望山上，有一桃樹，大有子實；而絕岩邃澗，永無登路。攀援藤葛，乃得至上。各啖數枚，而饑止體充。復下山，持杯取水，欲盥漱。見蕪菁葉從山腹流出，甚鮮新，復一杯流出，有胡麻飯糝，相謂曰："此知去人徑不遠。"便共沒水，逆流二三里，得度山，出一大溪，溪邊有二女子，姿質妙絕，見二人持杯出，便笑曰："劉阮二郎，捉向所失流杯來。"晨、肇既不識之，緣二女便呼其姓，如似有舊，乃相見忻喜。問："來何晚邪？"因邀還家。其家銅瓦屋。南壁及東壁下各有一大床，皆施絳羅帳，帳角懸鈴，金銀交錯，床頭各有十侍婢，敕云："劉阮二郎，經涉山岨，向雖得瓊實，猶尚虛弊，可速作食。"食胡麻飯、山羊脯、牛肉，甚甘美。食畢行酒，有一群女來，各持五三桃子，笑而言："賀汝婿來。"酒酣作樂，劉阮欣怖交並。至暮，令各就一帳宿，女往就之，言聲清婉，令人忘憂。至十日後欲求還去，女云："君已來是，宿福所牽，何復欲還邪？"遂停半年。氣候草木是春時，百鳥啼鳴，更懷悲思，求歸甚苦。女曰："罪牽君，當可如何？"遂呼前來女子，有三四十人，集

會奏樂，共送劉阮，指示還路。既出，親舊零落，邑屋改異，無復相識。問訊得七世孫，傳聞上世入山，迷不得歸。至晉太元八年，忽復去，不知何所。

⑥逝者同去水：蘇軾《次韻王定國謝韓子華過飲》有"豈無故交親，逝去如覆水"句。

⑦虛室今生白，共誰說止止：言心境空明寧靜祥和。出自《莊子·人世間》："虛室生白，吉祥止止。"又蘇軾《次韻王定國謝韓子華過飲》有"誰要卿料理，欲說且止止"句。

⑧康樂：指謝靈運（385—433），原名公義，字靈運，以字行於世，小名客兒，世稱謝客。南北朝時期詩人、文學家、旅行家。晉安帝元興二年（403年），謝靈運繼承了祖父的爵位，被封為康樂公。故有謝康樂之稱。謝靈運少即好學，博覽群書，工詩善文。其詩與顏延之齊名，並稱"顏謝"，開創了中國文學史上的山水詩派，他還兼通史學，擅書法，曾翻譯外來佛經，並奉詔撰《晉書》。明人輯有《謝康樂集》。

⑨貞觀丘壑美：出自謝靈運《述祖德詩二首之二》："遺情捨塵物，貞觀丘壑美。"李善（630—689）《文選注》曰："貞，正也；觀，視也。言正充丘壑之美。"

⑩興公：指孫綽（314—371），字興公。東晉文學家、書法家，玄言詩派代表人物。生於會稽，博學善文，放曠山水，與高陽許詢齊名，襲封長樂侯。頗以文才著稱。溫、王、郗、庾諸君之薨，必作碑文，然後刊石。尤工書法，張懷瓘《書斷》列入第四等。曾撰《遂初賦》《遊天台山賦》，輯有《孫廷尉集》。

⑪作賦誇絑綺：蘇軾《次韻王定國謝韓子華過飲》有"我亦老賓客，苦語落絑綺"句。

⑫新詩渾漫與，脫手不移晷：化自杜甫《江上值水如海勢聊短述》："老去詩篇渾漫與，春來花鳥莫深愁。"又蘇軾《次韻王定國謝韓子華過飲》："新詩如彈丸，脫手不移晷。"

⑬平生獨往願：出自杜甫《立秋後題》詩："平生獨往願，惆悵年半百。"

⑭利名同一屣：化自蘇軾《自仙遊回至黑水見居民姚氏山亭高絕可愛復憩其上》詩："平生慕獨往，官爵同一屣。"屣，草鞋。

⑮論齒：論年齡。《明史·太祖紀二》："鄉黨論齒，相見揖拜，毋違禮。"

⑯細君：古稱諸侯之妻為細君，後為妻的通稱。如《漢書》卷六十五《東方朔傳》：久之，伏日，詔賜從官肉。大官丞日晏不來，朔獨拔劍割肉，謂其同官曰："伏日當蚤歸，請受賜。"即懷肉去。大官奏之。朔入，上曰："昨賜肉，不待詔，以劍割肉而去之，何也？"朔免冠謝。上曰："先生起自責也。"朔再拜曰："朔來！朔來！受賜不待詔，何無禮也！拔劍割肉，壹何壯也！割之不多，又何廉也！歸遺細君，又何仁也！"上笑曰："使先生自責，乃反自譽！"復賜酒一石，肉百斤，歸遺細君。顏師古注："細君，朔妻之名。一說：細，小也。朔輒自比于諸侯，謂其妻曰小君。"

⑰黃耳：犬名。此處用黃耳傳書典。《晉書·陸機傳》：晉之陸機，畜一犬，曰黃耳。機官京師，久無家信，疑有不測。一日，戲語犬曰：汝能攜書馳取消息否？犬喜，搖尾。機遂作書，盛以竹筒，系犬頸。犬經驛路，晝夜不息。家人見書，又反書陸機。犬即上路，越嶺翻山，馳往京師。其間千里之遙，人行往返五旬，而犬才二旬餘。後犬死，機葬之，名之曰黃耳塚。

國清寺①隋梅②

不用畫師貌喜神③，一株權植二千春。
此花閱世真如史，那許尋常折贈人④。

【校】

1. 明報版存此詩。手稿版存此詩 4 個版本：其一見速寫畫稿 013 背面（版本 1）；其二見手稿 019（版本 2）；其三見手稿 020（版本 3）；其四見手稿 017（版本 4）。

2. 速寫畫稿 013（背面）版本 1：
 (1) 此為草稿。有詩題，作 "國清寺隋梅"。
 (2) 不用畫師貌喜神：此稿作 "不必畫師貌喜神"。
 (3) 一株權植二千春：此稿初作 "一株已植二千春"，後改 "已" 作 "權"。

（4）此花閱世真如史：此稿作"此花觀世真如史"。
（5）那許尋常折贈人：此稿作"現出艷粧自在身"。

3. 手稿019 版本2：
（1）此為謄抄稿。有詩題，作"國清寺隋梅"。
（2）不用畫師貌喜神：此稿作"不必畫師貌喜神"。
（3）一株權植二千春：此稿作"一株已種二千春"。
（4）此花閱世真如史：此稿作"此花觀世真如史"。
（5）那許尋常折贈人：此稿作"現出艷粧自在身"。

4. 手稿020 版本3：
（1）此為謄抄稿。有詩題，作"隋梅"。
（2）一株權植二千春：此稿作"一株已種二千春"。

5. 手稿017 版本4：
（1）此為謄抄稿。有詩題，作"國清寺隋梅"。
（2）不用畫師貌喜神：此稿作"不必畫師貌喜神"。
（3）那許尋常折贈人：此稿作"那許尋常折贈人"。在全詩旁又另附"現出艷粧自在身"，此句被劃去，亦旁有勾回，似尚在取捨中。

6. 明報版：
（1）一株權植二千春：明報版作"一株攉植二千春"。

【注】

①國清寺：位於浙江省天台山麓。天台宗實際創始人高僧智顗（538—597）長期隱居於天台山，籌建寺未成而圓寂。時為晉王的隋煬帝楊廣（569—618）從其遺願，於開皇十八年（598）始建此寺，以智顗弟子智越（542—616）為首任住持。初名天台寺，後取"寺若成，國即清"，改名為國清寺。此寺因而成為中國佛教宗派天台宗的發源地，影響遠及國內外。唐鑒真（688—763）東渡時曾朝拜國清寺。日本留學僧最澄（767—822）至天台山取經，從道邃學法，回國後在日本比睿山興建沿曆寺，創立日本天台宗，後尊浙江天台山國清寺為祖庭。唐代著名詩僧豐干、拾得、寒山曾隱修於此，即"國清三隱"。

②隋梅：國清寺內有古梅一株，相傳為該寺開山祖師、隋代高僧章安（561—632）所植。

③不用畫師貌喜神：喜神，指畫像。南宋宋伯仁，字器之，號雪巖，愛梅成癡而善畫，於"考其（按：梅花）自甲而芳、由榮而悴，圖寫花之狀貌"，"止留一百品，各各其所肖，併題以古律作"（宋伯仁《梅花喜神譜序》），即《梅花喜神譜》，識景定二年（1261）。饒宗頤教授曾摹此譜，現存其六十年代摹本。（見鄧偉雄《饒宗頤畫論及畫作與文學學術之關係》，博士學位論文，香港大學，2010年，第25頁。）

④那許尋常折贈人：典出南北朝陸凱（？—約504）《贈范曄》："折花逢驛使，寄與隴頭人。江南無所有，聊贈一枝春。"

赤城山①

萬轉千巖②掩赤城，尋仙此處只初程③。
雲霓明滅非難到④，淒絕寒泉日夜聲⑤。

【校】

1. 明報版存此詩。手稿版存此詩2個版本：其一見手稿021（版本1）；其二見手稿022（版本2）。

2. 手稿021（版本1）：
(1) 此為草稿。無詩題。
(2) 萬轉千巖掩赤城：此稿作"百折艱辛到赤城"。
(3) 尋仙此處只初程：此稿作"尋仙此處只初程"；後曾試改"只"字，仍從舊。
(4) 雲霓明滅非難到：此稿作"當年劉阮恐難到"。
(5) 淒絕寒泉日夜聲：此稿初作"指點迷津有水聲"，後改"淒絕寒山日夜聲"，又改"山"作"泉"。

3. 手稿022（版本2）：
(1) 此為謄抄修訂稿。有詩題，作"赤城山"。
(2) 萬轉千巖掩赤城：此稿初作"百折艱辛到赤城"，後在"百折艱辛"旁寫"萬轉千巖"四字，似待定奪。
(3) 雲霓明滅非難到：此稿初作"當年劉阮恐難到"，後整句刪除，試"青崖白鹿"⑥、"談瀛海客"⑦、"知空"、"囈語"、"何來四萬八千丈"⑧、"微茫煙"⑨等語，皆廢。另起"雲霓明滅終難到"，"終"字似有猶疑，又在其旁加"非"字，似待取捨。

（4）淒絕寒泉日夜聲：此稿初作"淒絕寒泉日夜聲"，後改"寒"作"清"。

4. 明報版：詩題並全詩與《詩詞集》版同。

【注】

①赤城山：在天台山西北，號稱天台山南門，又與四明山相連。因山上赤石屏列如城，望之如霞，故名，又名燒山。

②萬轉千巖掩赤城：化自李白《夢遊天姥吟留別》"千巖萬轉路不定""勢拔五嶽掩赤城"句。

③尋仙此處只初程：《昭明文選》李善注《遊天台山賦》引支遁《天台山銘序》："往天台，當由赤城山為道徑。"

④雲霓明滅非難到：化自李白《夢遊天姥吟留別》"雲霞明滅或可覩"句。

⑤淒絕寒泉日夜聲：李白《夢遊天姥吟留別》有"熊咆龍吟殷巖泉"句。又，根據手稿修改痕跡，推測此處亦或指向劉阮遇仙之事。《幽明錄》記載："絕岩邃澗，永無登路。攀援藤葛，乃得至上。各啖數枚，而饑止體充。復下山，持杯取水，欲盥漱。見蕪菁葉從山腹流出，甚鮮新，復一杯流出，有胡麻飯糝，相謂曰：此知去人徑不遠。便共沒水，逆流二三里，得度山，出一大溪，溪邊有二女子，姿質妙絕，見二人持杯出，便笑曰：劉阮二郎，捉向所失流杯來。"

⑥青崖白鹿：出自李白《夢遊天姥吟留別》："別君去兮何時還？且放白鹿青崖間。"

⑦談瀛海客：出自李白《夢遊天姥吟留別》："海客談瀛洲，煙濤微茫信難求。"

⑧何來四萬八千丈：李白《夢遊天姥吟留別》："天台四萬八千丈，對此欲倒東南傾。"

⑨微茫煙：疑出自李白《夢遊天姥吟留別》："海客談瀛洲，煙濤微茫信難求。"

方廣寺①

接竹傳波石作梯，山陰②欲往苦難躋。
當年界道③今仍昔，不見天雞向我啼④。

《高僧傳·竺道猷⑤傳》："於赤城山搏石作梯，接竹傳水，禪宗造者十有餘人。王羲之聞而欲往。……猷於太元末，卒於山室。"

【校】

1. 明報版存此詩。手稿版存此詩1個版本，見手稿022（版本1）；另手稿023有"方廣寺"並"赤城山……""竺道猷傳……"等數行手跡，為相關筆記。

2. 手稿022版本1：

（1）此為詩作草稿，筆跡散亂，無詩題。

（2）山陰欲往苦難躋：此稿作"山陰欲往苦難躋（平）"。

（3）當年界道今仍昔：此稿初作"當年界道仍☒昔"，後改"當年界道今仍昔"。

（4）不見天雞向我啼：此稿初作"☒☒☒☒向我啼"，後填"天雞"二字，即得"☒☒天雞向我啼"，仍缺二字。

（5）旁有註"查明傳燈法師⑤天台山方外志卅卷""沈曾植天台山志"等，或有關。

3. 手稿023筆記：有四段，全文如下：

赤城山在晉始豐縣（唐改為唐興縣）

竺道猷傳「於赤城山搏石作梯　接竹傳水　禪宗造者十有餘人王羲之聞而欲往……猷於太元末卒於山室」

李白　詩⑥

石濤繪天台石橋圖⑦

4. 明報版：

（1）山陰欲往苦難躋：明報版作"山陰欲往苦難躋（平）"。

【注】

①方廣寺：位於天台山北部。傳說東晉曇猷始來此築石橋庵，即為

該寺前身。北宋建中靖國元年（1101），始建石橋寺。南宋紹熙四年（1193）重建，分上、中、下三寺。又有屢經毀建。今僅存中、下寺，有曇華亭、五百銅羅漢殿、摩崖石刻、石梁飛瀑等名勝之跡。

②山陰：此處借指王羲之，因其曾居山陰故。

③界道：一道疆界。語出孫綽《遊天台山賦》："赤城霞起而建標，瀑布飛流以界道。"又，今方廣寺旁有石梁飛瀑，乃在飛瀑之上，有一天然二丈石梁橫於其上，或與《高僧傳》卷十一載竺曇猷欲往天台山精舍而為瀑布橫石所阻事有關。另參本詩註⑤。

④不見天雞向我啼：天雞，典出《述異記》："東南有桃都山，上有大樹，名曰桃都。枝相去三千里。上有天雞，日初出，照此木，天雞則鳴，天下雞皆隨之鳴。"李白《夢遊天姥吟留別》有"半壁見海日，空中聞天雞"之語。

⑤竺道猷：《高僧傳》原作"竺曇猷"。又或名"竺道猷""帛道猷""白道猷"等，亦即傳說中方廣寺開山之祖。據《高僧傳》，"竺曇猷，或云法猷"，燉煌人，少苦行禪定。先至剡之石城山乞食，又往赤城山修行，後轉慕天台："山（按：赤城山）有孤巖獨立，秀出千雲。猷搏石作梯，升巖宴坐。接竹傳水，以供常用。禪學造者，十有餘人。王羲之聞而故往，仰峯高挹致敬而反。赤城巖與天台瀑布靈溪四明，並相連屬。而天台懸崖峻峙，峯嶺切天。古老相傳云，上有佳精舍，得道者居之。雖有石橋跨澗而橫石斷人，且莓苔青滑，自終古以來無得至者。猷行至橋所，聞空中聲曰：'知君誠篤今未得度。却後十年自當來也。'猷心悵然。夕留中宿，聞行道唱薩之聲。旦復欲前，見一人鬚眉皓白，問猷所之。猷具答意。公曰：'君生死身何可得去？吾是山神故相告耳。'猷乃退還。道經一石室，過中憩息。俄而雲霧晦合室中盡鳴，猷神色無擾。明旦見人著單衣袷來曰：'此乃僕之所居。昨行不在家中，遂致搖動大深，愧怍。'猷曰：'若是君室，請以相還。'神曰：'僕家室已移，請留令住。'猷停少時。猷每恨不得度石橋，後潔齋累日，復欲更往，見橫石洞開度橋少許，覩精舍神僧，果如前所說。因共燒香中食。食畢，神僧謂猷曰：'却後十年，自當來此，今未得住。'於是而返，顧看橫石還合如初。"

⑥傳燈法師：幽溪傳燈（1554—1628），天台宗三十祖，世稱幽溪

和尚、幽溪大師或傳燈大師。俗姓葉,字無盡,別號有門,浙江衢州府西安縣人。幼時習儒,青年出家。萬曆十五年(1587)入天台山,重興幽溪高明道場,立天台祖庭,講經長達四十餘年。於新昌石山寺講學之際,感天樂之瑞,預知時至,手書"妙法蓮華經"五字,復高唱經題,泊然而寂。有《天台山方外志》《幽溪別志》《淨土生無生論》等著述傳世。

⑦李白 詩:李白詩詠及赤城者有《夢遊天姥吟留別》《送王屋山人魏萬還王屋並序》《送楊山人歸天台》《天台曉望》《早望海霞邊》等。饒宗頤教授多取典《夢遊天姥吟留別》。

⑧石濤繪天台石橋圖:石濤(1642—1708),明宗室後裔,原姓朱,名若極,小字阿長。別號很多,如大滌子、清湘老人、苦瓜和尚、瞎尊者,法號有元濟、原濟等。幼年遭變後出家為僧,半世雲遊,以賣畫為業,為明末清初著名遺民畫家,與弘仁(1610—1664)、髡殘(1612—1671)、朱耷(1626—1705)合稱"清初四僧"。有大量作品傳世,惟仿作頗多。此"石濤繪天台石橋圖",應指石濤《桃源圖》,有題識:"靈山多奧秘,谷口人家藏。漁父偶然到,桃花流水香。迷途難借問,歸路已隨忘。不比天台上,還堪度石梁。桃源圖。中元日以費滋衡同學發興寫此。清湘遺人大滌子極。"此卷真跡現存美國華盛頓弗利爾美術館,乃翁方綱(1733—1818)舊藏,翁氏有題跋。饒宗頤教授或曾親覽。參見朱良志《傳世石濤款作品真偽考》,北京大學出版社2017年版,第490—504頁。

石梁飛瀑①為天台勝處

啓奇示兆費幽尋,猶有飛流出遠林。

海客談瀛空囈語②,霞標終古見天心。

孫綽《天台山賦》:"理無隱而不彰,啓二奇以示兆。""赤城霞起而建標,瀑布飛流而界道。"李善注引孔靈符《會稽記》:"飛流灑散,冬夏不竭。"③李白《夢遊天姥吟》:"天台四萬八千丈",語涉誇誕。

【校】

1. 明報版存此詩。手稿版存此詩1個版本,見手稿023(版本1)。

2. 手稿023 版本1：

(1) 此為詩作草稿，筆跡散亂，有詩題，作"石橋飛瀑為天台勝處"。

(2) 啓奇示兆費幽尋：此稿作"啓奇示兆費追尋"。

(3) 猶有飛流出遠林：此稿初作"☒☒飛流出☒林"，後填成"獨有飛流出遠林"。

(4) 海客談瀛空蠻語：此稿初起之以"天姥夢□"，即廢，又另起"海客談瀛☒蠻語"，"☒"處以"徒""空"二字備選，反復勾劃後選定"空"字，即作"海客談瀛空蠻語"。

(5) 同葉有相關筆記一段，內容與本詩部分後註相近，全文如下：

孫綽天台山賦云「理無隱而不彰啓二奇以示兆赤城霞起而建標瀑布飛流以界道」李善注引孔靈符會稽記「謂之瀑布飛流灑散冬夏不竭」是地自晉已名彰簡冊矣。

3. 明報版：

(1) 詩註"孫綽《天台山賦》"句：該句《詩詞集》版原標點作：孫綽《天台山賦》："理無隱而不彰，啓二奇以示兆。赤城霞起而建標，瀑布飛流而界道。"本版據明報版錄。

(2) 詩註"孔靈符《會稽記》"句：明報版與《詩詞集》版同，無"李善注"三字。本版據手稿補。

【注】

①石梁飛瀑：即方廣寺旁之瀑布。參見饒宗頤教授《方廣寺》一詩註③、⑤。

②海客談瀛空蠻語：化自李白《夢遊天姥吟留別》"海客談瀛洲，煙濤微茫信難求"句。又參原詩後註末句言《夢遊天姥吟留別》"天台四萬八千丈"句"語涉誇誕"的評論。又參見饒宗頤教授《赤城山》一詩註⑦、⑧。

③孔靈符《會稽記》……：孔靈符，山陰人，孔子二十八代孫，南朝宋文帝（公元424—453年在位）、孝武帝（公元453—464年在位）時人。著有《會稽記》，早佚。此句見《昭明文選》李善注孫綽《天台山賦》"赤城霞起而建標，瀑布飛流而界道"句："赤城山名色皆

赤，狀似雲霞，懸霤千仞，謂之瀑布。飛流灑散，冬夏不竭。"

智者大師禪院①

直上天台百八重，萬松如海走蟠龍。

何人得似吾師智，遺蛻②層城③縹緲峰。

《續高僧·智顗④傳》："卒於天台山大石像前，為開皇十七年十一月廿二日。"

【校】

1. 明報版存此詩。手稿版存此詩 3 個版本：其一見速寫畫稿 013 背面（版本1）；其二見手稿019（版本2）；其三見手稿024（版本3）。

2. 速寫畫稿013（背面）版本1：

(1) 此為草稿。無詩題。無後註。

(2) 直上天台百八重，萬松如海走蟠龍：此稿作"萬松如海走蟠龍，直上天台百八重"。"走"字一度空出，為後填。

(3) 何人得似吾師智：此稿初作"誰人得似□祖師"，後改"□祖師"作"吾師智"。

(4) 遺蛻層城縹緲峰：此句較模糊，大致終作"手闢層城第一峰"，"闢"、"層城"二字曾經修訂。

3. 手稿019 版本2：

(1) 此為謄抄稿。原有詩題，作"□□天台智者大師禪院"，後皆刪去。無後註。

(2) 直上天台百八重，萬松如海走蟠龍：此稿初作"萬松如海走蟠龍，直上天台百八重"，後兩句對調。

(3) 何人得似吾師智：此稿作"何人得似吾師智"。曾試以另字代"吾"，終如舊。

(4) 遺蛻層城縹緲峰：此稿初作"手闢層城第一峰"。曾試用"神往"、"目極"替"手闢"，終改作"遺蛻"；又改"第一"作"縹緲"，終作"遺蛻層城縹緲峰"。

4. 手稿024 版本3：

(1) 此為抄正稿，有詩題，作"智者大師禪院"。

(2) 有後註，二段，全文如下：

天台智者大師外傳

續高僧傳十七智顗傳「卒於天台山大石像前為開皇十七年十一月二十二日

5. 明報版：詩題並全詩與《詩詞集》版同。

【注】

1 智者大師禪院：即智者塔院，俗稱塔頭寺，位於天台縣城北金地嶺、銀地嶺交界處，俗稱佛壟之地。隋開皇十七年（597），智顗圓寂於新昌石城寺（今新昌大佛寺），智顗死後，遺體被送回天台，後人故在佛壟建塔，即今日智者塔院中之六角形智顗肉身塔。宋大中祥符元年（1008）改真覺寺。後廢。隆興年間（1163—1157），僧真稔重興佛殿僧房。清咸豐、同治之交（1861—1862），毀於戰火，光緒十五年（1889）重建。因智顗是中國佛教天台宗創始人，影響深遠，1982 年 6 月，寺更名為智者塔院。

2 遺蛻：遺棄形骸，指仙逝。《續高僧傳·智顗傳》載，智顗圓寂數年後，"忽振錫披衣，猶如平昔。凡經七現，重降山寺"，與弟子言問如常，再歸寂後"枯骸特立端坐如生"。

3 層城：高山之城。張衡《思玄賦》："登閬風之層城兮，構不死而為牀。"《昭明文選》李善注："《淮南子》曰：'昆侖虛有三山，閬風、桐版、玄圃，層城九重。'禹云：'昆侖有此城，高一萬一千里。'"

4 智顗：陳隋時僧人，俗姓陳，字德安，穎川（今河南禹州）人。青年剃度，曾從律師慧曠，修習《法華經》；又師事名僧慧思（515—577）學禪法，證悟法華三昧。其後往金陵弘法，受陳朝朝野禮奉。因慕天台山名，率諸弟子往隱居修行。陳亡後曾移廬山，又受隋廷禮遇，晉王楊廣從其受戒，敕尊號"智者大師"，又兩度延其至揚州講經。晚年返回天台山。智顗以"釋經判教"之方法，"一念三千，三諦圓融"之思想而另開宗派，因其長居天台山，故曰"天台宗"；又因以《法華經》為主要教義根據，又稱法華宗。又其人一生廣弘教法，造寺三十六所，度僧四千餘，有灌頂（561—632）、智越等著名傳人。著述甚豐，今存二十餘種。

訪唐梁肅①撰智者大師修禪道場碑②，碑在天台山華頂峰絕頂塔院③，以道遠不克至悵賦

　　補闕完碑出草萊④，巍然一石壓天台。
　　幾時華頂重攀陟⑤，為弔遺蹤認劫灰⑥。

唐右補闕梁肅是碑，建於元和間，台州刺史徐放⑦書。文載《唐文粹》卷六十一，及《全唐文》卷五百二十。東友神田喜一郎⑧先生著《梁肅年譜》云："此碑年代不明，姑列於建中二年，以碑中有'自大師沒一百八十餘載'上推。"又謂"《全唐文》作'一百九十'，'九'字誤。"按碑立於元和間，則不當從《文粹》作"八十"。他時能獲拓本，再訂正之。⑨

【校】

1. 明報版存此詩。手稿版存此詩1個版本，見手稿025（版本1）。
2. 手稿025 版本1：

（1）此頁題有"望天台智者塔院"，然以下數段，大都涉唐梁肅碑事。其後有詩題初作"訪梁肅撰智者大師碑碑在華頂峯絕頂智者塔院以道遠未至賦此"，後刪"賦此"二字。又接二段筆記或註文。最後為此詩草稿，塗改痕跡甚重。

（2）詩題後註文與手稿023幾雷同（參《智者大師禪院》詩校4（2）條），如下：

天【按：疑為"智"字筆誤】者大師外傳（大正…）
續高僧傳十七顗傳云「卒於天台山大石像前為開皇十七年十一月二十二日·（頁567）

（3）補闕完碑出草萊：此稿初作"補闕碑存☐草萊"。"碑存"二字曾試改"碑亭""☐碑"，後皆不用，改"碑文"；"☐"處曾試"出""臥"二字，後選"出"字。終作"補闕碑存出草萊"

（4）巍然一石壓天台：此稿初作"巍然一☐鎮天台"。"☐"字曾試改"碭"、又改"石"；"鎮"改作"壓"。終作"巍然一石壓天台"。

（5）幾時華頂重攀陟：此稿初起以"塔院華峯"，後改"幾時華頂"，終作"幾時華頂重攀陟"。

（6）為弔遺蹤認劫灰：此句甚零亂。先試以"一瓣香""蔓草""一望哀"等字後，皆廢。又試"冠采虹蜺"、"神理"，復刪去"神

理"，作"冠采虹蜺自去來"。又斟酌"自""去"二字，終改"冠采虹蜺自往來"。旁又寫"弔遺蹤""迷外"字樣，似備重新組句用。

(7)"望天台智者塔院"以下文字過錄如下：

附考

院在【按：旁小字註"□□地嶺"，疑為"金銀地嶺"】國清寺五里【按：旁小字註"可至"】華頂峯絕頂寺門外碑亭建於唐元和間　上為智者大師修禪道場碑並序　梁肅撰文　台州刺史徐放書。

梁文見唐文粹卷六十一及《全唐文》卷五百二十

神田喜君撰梁肅年譜謂此碑年代不明據碑中「自大師沒一百八十餘載」上推姑列於建中二年時梁肅二十九　為誤今據原碑書於元和間則全唐文「九」字是而文粹作「八」字實非。原石具在可覆按

（又神田譜中列韓愈李觀⑩而不及李翱⑪考翱集中感知己賦云「……」即為肅作此二事可補梁譜之漏。

3. 明報版：

(1) 明報版詩題作"訪唐梁肅撰《智者大師修禪道場碑》，碑在天台山華頂峰絕頂塔院，以道遠不克至，悵賦"。

(2) 為弔遺蹤認劫灰：明報版"劫"作"刼"。

【注】

① 梁肅（753—793）：字敬之，一字寬中，安定臨涇（今甘肅涇川）人。建中元年（780）進士，曾任太子校書郎、右補闕、翰林學士、監察御史等。作古文，為古文家李華（714—774）、獨孤及（726—777）所賞識，又師從獨孤及。其文尚古樸，為韓愈、柳宗元等所師法，為中唐古文運動先驅者之一。又篤信佛，為天台宗九世祖湛然（711—782）弟子，詩中所提碑文即奉湛然之命而作。

② 智者大師修禪道場碑：智者大師修禪道場，即修禪寺，又名大慈寺，建於天台山佛壠，距塔頭寺不遠。由陳太建七年（575），智者大師率智越等二十七人初入天台山時所創之草庵發展而來。隋創國清寺後，改修禪寺為修禪道場，為國清寺下院。原寺毀於唐會昌滅法，又經歷晚唐、明初等多次重建，至清時已衰，今已無存。梁肅所撰此碑現存於塔頭寺即智者塔院，額篆"修禪道場碑銘"，題"台州隋故智者大師

修禪道場碑銘並序", 署 "右補闕翰林學士梁肅撰, 朝散大夫台州刺史上柱國高平徐放書", 落款 "陳修古緣額, 唐元和六年十一月十二日僧行滿建"。按, 據傳增湘《藏園遺稿・天台遊記》, 其1916年遊天台時, 即見該碑已因大慈寺長久荒毀而被移至此處。

③天台山華頂峰絕頂塔院: 華頂峰, 為天台山最高峰。智者大師入天台山後, 曾於此修頭陀行。峰頂最高處名拜經臺, 傳說為智者大師遙拜《楞嚴經》之地。峰上有華頂講寺, 為五代晉天福元年(936), 德韶禪師(891—972)所創, 又名興善寺。

④草萊: 荒地的雜草。《孟子・離婁上》: "辟草萊, 任土地者次之。"

⑤攀陟: 攀登。唐陳子昂(661—702)《夏日暉上人房別李參軍崇嗣》: "我輩何為爾, 栖遑猶未平。金台可攀陟, 寶界絕將迎。"

⑥劫灰: 喻災難後之遺跡。出自《搜神記》: "漢武帝鑿昆明池, 極深, 悉是灰墨, 無復土。舉朝不解, 以問東方朔。朔曰: '臣愚, 不足以知之。'曰: '試問西域人。'帝以朔不知, 難以移問。至後漢明帝時, 西域道人入來洛陽, 時有憶方朔言者, 乃試以武帝時灰墨問之。道人云: '經云, 天地大劫將盡則劫燒。此劫燒之餘也。'乃知朔言有旨。"

⑦徐放(765—817): 字達夫, 營州柳城(今遼寧朝陽)人, 曾任朝散大夫、使持節、衢州諸軍事、守衢州刺史, 能詩工書, 有官聲。史無傳, 生平見《唐故朝散大夫守衢州刺史上柱國許君墓誌銘》, 載《新中國出土墓志・河南卷叁》卷上(文物出版社2008年版), 第268頁。

⑧神田喜一郎(1897—1984): 號鬯盦, 齋名佞古書屋。日本著名漢學家, 尤以敦煌學、書法研究、中國文學研究等著稱, 曾任臺北帝國大學講座教授、京都國立博物館館長。其《梁肅年譜》初刊於《東方學論集: 東方學會創立25周年記念》(東京: 東方學會, 1972年)。

⑨唐右補闕梁肅是碑……: 是碑文除《唐文粹》《全唐文》外, 尚見錄於清王昶(1725—1806)《金石萃編》、《天台山方外志》、清黃瑞(1836—1889)《台州金石錄》等。惟神田氏所用之《唐文粹》《全唐文》未錄其落款, 故言 "年代不明"; 而自 "自大師末" 一段, 《唐文粹》作 "一百八十餘載", 《全唐文》作 "一百九十餘載", 而又引

《唐文粹》誤繫之為建中二年（781）。實原碑石確作"自大師沒一百九十餘載"，饒宗頤教授推斷無誤。該碑現狀詳參胡可先《〈台州隋故智者大師修禪道場碑銘〉事實考證與價值論衡》一文，載《浙江社會科學》2015 年第 7 期。

⑩李觀（766—794）：字元賓，其先為隴西人，後家江東。唐代最早的古文運動啟蒙者之一李華之子。貞元八年（792）與韓愈等同登進士第。次年中博學宏詞科。官至太子校書郎，一年後客死長安，年僅二十九歲，韓愈為著《李元賓墓銘》。有文名於時，後人輯有《李元賓文集》三卷。卷三收錄李觀《上梁補闕薦孟郊崔宏禮書》，神田氏《梁肅年譜》對此有提及。

⑪李翺（772—836）：字習之，又稱李襄陽，汴州陳留縣（今河南省開封市）人，出自隴西李氏。唐貞元十四年（798）進士，曾任國子博士、史館修撰、廬州刺史、諫議大夫、中書舍人、潭州刺史、湖南觀察使、刑部侍郎、檢校戶部尚書、山南東道節度使等。曾從韓愈學古文，辭致渾厚，受時人推崇。其《感知己賦》懷梁肅知遇之恩，序曰："貞元九年，翺始就州府之貢舉人事，其九月執文章一通，謁于右補闕安定梁君。是時梁君之譽塞天下，屬詞求進之士，奉文章造梁君門下者，蓋無虛日。梁君知人之過也，亦既相見，遂於翺有相知之道焉。謂翺得古人之遺風，期翺之名不朽於無窮，許翺以拂拭吹噓。翺初謂面相進也，亦未幸甚。十一月，梁君遘疾而歿。翺漸遊於朋友公卿間，往往皆曰：'吾久籍子姓名於補闕梁君也。'翺乃知非面相進也，當時意謂先進者遇人特達，皆合有是心，亦未謂知己之難得也。"

臨海道中①，懷故法國戴密微教授②，用大謝③廬陵王④墓下韻⑤

戴教授治謝康樂詩，譯述至富。年七十餘時，嘗申請赴華，作上虞、永嘉之遊而不果，終生引為憾事。君歿已五年。余頃自杭州來雁蕩，所經多是謝詩山水之鄉，感君此事，用志腹痛之戚。⑥

傍午發天台，密林遍十方⑦。
日昃⑧過臨海，凍雨灑重岡。
眷言⑨懷安道，悲悒熱中腸。
峨峨天姥岑⑩，修竹晚生涼。

平生耽謝詩，池草諷不忘。
南山往北山⑫，引領冀遠行⑬。
思從七里灘⑭，遵海挹遺芳⑮。
齎志終莫遂⑯，撫卷徒增傷。
人事有代謝⑰，時義⑱每相妨。
德音去已遙，日就且月將⑲。
我來斤竹澗，念子慟無常。
緬貌江海遼⑳，崎嶇征塵揚。
虞淵㉑淒寒冰，感舊不成章。

大謝有《登臨海嶠初發彊中》詩。李善注引謝氏《遊名山志》㉒："桂林頂遠則嵊尖彊中。"余車往天台，必經嵊縣。

大謝有《從斤竹澗越嶺溪行》詩，斤竹澗舊傳在北雁蕩靈巖下。

【校】

1. 明報版存此詩。手稿版存此詩 2 個版本：其一見手稿 026 正面（版本 1），其二見手稿 027（版本 2）。

2. 手稿 026（正面）版本 1：

(1) 此為草稿。有詩題，作"臨海道中懷故友戴密微用大謝廬陵王墓下韻"。曾試在題前加"去來"二字，又刪去。

(2) 此稿序初作："戴君治大謝詩，譯述甚富，繼起者有 Frosham㉓ 及余門人 Westblook㉔ 皆造述斐然，君七十餘嘗申請來華作上虞永嘉之遊而不果，引為憾事，余頃自杭來雁蕩，所經皆謝詩山水之鄉，緬懷德音繾綣于懷，作此以志存歿之感。""德音"二字處似初空出後填，又再刪去。

(3) 傍午發天台：此稿作"旁午發天台"。

(4) 日昃過臨海：手稿版 026（正面）版本 1 原作"日趂㉕ 經臨海"，後改作"日昃過臨海"。

(5) 凍雨灑重岡：此稿初作"凍雨灑寒岡"，後改"寒"作"重"。

(6) 眷言懷安道：此稿初作"眷言思安道"，後改"思"作"懷"。

(7) 悲悒熱中腸：此稿初作"沈慟熱中腸"，後改"沈慟"作"悲悒"。

（8）峨峨天姥岑，修竹晚生涼：此稿無此二句。

（9）南山往北山，引領冀遠行：此稿無此二句。

（10）思從七里灘：此稿初作"思從七里瀨"，後改"瀨"作"灘"。

（11）遵海挹遺芳：此稿初作"斤竹（澗）溯蘭芳"，後改作"遵海挹遺芳"。

（12）齋志終莫遂：此稿初作"齋志竟莫遂"，後改"竟"作"終"。

（13）撫卷徒增傷：此稿初作"撫卷徒生傷"，後改"生"作"增"。

（14）德音去已遙：此稿作"德音去奄忽㉝"。

（15）我來斤竹澗：此稿初作"我今行故轍"，後改作"我來斤竹澗"。

（16）念子慟無常：此稿初作"念子誠非常"，後改"誠"作"慟"。

（17）緬貌江海邈，崎嶇征塵揚：此稿無此二句。

（18）虞淵淒寒冰，感舊不成章：此稿初起以"虞淵淒寒冰悽思"，即於"淒""悽"二字猶豫，終取"淒"，因刪"悽思"，改全二句作"虞淵淒寒冰，感舊不成章"。

（19）此稿無註。

3. 手稿027版本2：

（1）此為謄抄稿，有修訂。有詩題，初作"臨海道中懷故友法國戴密微教授用大謝廬陵王墓下韻"，後改"故友"作"故"。

（2）此稿序有修訂痕跡，即："【刪：戴】君治大謝詩，譯述至【按："至"先作"甚"】富，年【按：此字後加】七十餘嘗申請來華作上虞永嘉之游，而不果行，終生引為憾事。君歿已近十年，余頃自杭州【按："州"字後加】來雁蕩，所經多謝詩山水之鄉。緬想【按："想"先作"懷"】夙昔從遊【按："從遊"先作"遊宴"】之好，繾綣於懷，故作是詩，聊志腹痛【按："腹痛"先作"存□"】之感。"

（3）密林遍十方：此稿初作"密林鋪十方"，後改"鋪"為"遍"。

（4）峨峨天姥岑，修竹晚生涼：此稿初無此二句，為後來插入。

（5）南山往北山，引領冀遠行：此稿初無此二句，為後來插入。

(6) 念子慟無常：此稿作"念子慟非常"。

(7) 緬貌江海邈，崎嶇征塵揚：此稿初無此二句，為後來插入。

(8) 有詩後註，全文如下：

大謝有登臨海嶠初發彊中作與從弟惠連詩李善注引謝氏遊名山志「桂林頂遠則嵊尖彊中」余車往天台必經嵊縣。

謝有從斤竹澗越嶺溪行　斤竹澗在北雁蕩靈巖下　注謝詩有劉坦之[27]以為會稽東南所之竹嶺誤　知謝氏遊名山志云「神子溪」南山與七里山分流去斤竹澗數里[28]即指雁蕩一帶"

4. 明報版：

(1) 詩題作"臨海道中，懷故法國戴密微教授（Paul Démieville）。用大謝廬陵王墓下韻"。

(2) 詩序作："戴教授治謝康樂詩，譯述至富。年七十餘時，嘗申請赴華，作上虞、永嘉之遊而不果，終生引為憾事。君歿已五年。余頃自杭州來雁蕩，所經多是謝詩山水之鄉，追念曩遊，用志腹痛之戚。"本版詩序據《詩詞集》版錄，惟按戴密微逝於1979年3月計，仍據明報版及手稿026（正面）版本1，更"君歿已近十年"為"君歿已五年"。

(3) 詩後註中"大謝有《登臨海嶠初發彊中》詩"及"李善注引謝氏《遊名山志》：'桂林頂遠則嵊尖彊中'"之"彊"字，明報版與《詩詞集》版皆作"彊"，誤。顧紹柏校注《謝靈運集校注》："強（彊）中，地名，在今嵊縣……強（彊），《詩紀》卷四八、焦本《謝康樂集》、'百三家集'均訛作'疆'。還有一些古籍提到靈運這一詩題時，也往往有此誤。"據改。

5. 鈔定本：

(1) 詩序原鈔為"戴教授治謝康樂詩，譯述至富。年七十餘時，嘗申請赴華，作上虞、永嘉之遊而不果，終生引為憾事。君歿已近十年。余頃自杭州來雁蕩，所經多是謝詩山水之鄉，用志腹痛之戚"，饒教授又於"用志腹痛之戚"前增補"感君此事"一句。知"君歿已近十年"之誤，乃出某不明稿本，非編輯擅改。

【注】

①臨海道中：三國至隋唐有臨海郡，轄域隨時變遷，核心區域為今

浙江台州市一帶，又延及今溫州市、麗水市等地。郡下有臨海縣，今名臨海市，屬台州市管轄。由天台山至雁蕩山，需經臨海市。

②戴密微教授（Paul Démieville, 1894—1979）：法國漢學家、敦煌學著名學者。法蘭西銘文與美文學院院士，曾先後執掌教席於索邦大學、巴黎高等實驗研究學院、法蘭西公學院等，被公認為二戰後法國漢學界領袖。其人學識淵博，治學嚴謹，興趣廣泛，在中國哲學，尤其是佛教、道教、敦煌學、語言學、中國古典文學等方面都有傑出成就，並因此在漢學界享有盛譽。他從研究敦煌經卷始，繼之及於禪宗、禪意詩、文人詩。尤其是評介中國古典詩歌深入細緻，推動了法國中國文學研究的發展。與饒宗頤教授為往年交，對饒教授尤為推崇敬重，關愛有加。

③大謝：即謝靈運。因另一位著名詩人謝朓（464—499）為其同族後輩，故分別被稱為"大謝"及"小謝"。

④廬陵王：劉義真（407—424），字車士，宋武帝劉裕（363—422）次子、宋少帝劉義符（407—424）異母弟，武帝時封廬陵王。與謝靈運交好異常，常言"得志日，以為宰相"，權臣徐羨之（364—426）曾嫌"晞狎過甚"，而使謝靈運貶永嘉太守。宋少帝失德，徐羨之等輔政大臣密謀廢之事。景平二年（424），先以與少帝不協之罪，廢廬陵王為庶人，徙新安郡，未幾殺之於徙所；同年復弒少帝，又迎立武帝第三子，即文帝。文帝即位後即復廬陵王先封，迎其樞還建康；元嘉三年（426）又以弒君之罪誅徐羨之等，又徵謝靈運為秘書監。

⑤廬陵王墓下韻：即指謝靈運《廬陵王墓下作》，原詩錄入如下："曉月發雲陽，落日次朱方。含悽泛廣川，灑淚眺連崗。眷言懷君子，沈痛結中腸。道消結憤懣，運開申悲涼。神期恒若在［存］，德音初不忘。徂謝易永久，松柏森已行。延州協心許，楚老惜蘭芳。解劍竟何及，撫墳徒自傷。平生疑若人，通蔽互相妨。理感深情慟，定非識所將。脆促良可哀，夭枉特兼常。一隨往化滅，安用空名揚！舉聲泣已灑，長嘆不成章。"按《昭明文選》李善注，此為謝靈運元嘉三年奉詔進京時，過廬陵王墓而作。

⑥腹痛之戚：指悼念亡友的悲戚。典出《後漢書・橋玄傳》載曹操祭橋玄（118—181）文："又承從容約誓之言：'徂沒之後，路有經

由，不以斗酒隻雞過相沃酹，車過三步，腹痛勿怨。'"

⑦十方：佛教用語。佛教以東、西、南、北、東南、西南、東北、西北、上、下為十方。泛指各處、各界。南朝陳徐陵（507—585）《梁貞陽侯重與王太尉書》："菩薩之化，行于十方；仁壽之功，沾于萬國。"

⑧日昃：太陽偏西。出自《易·離》："日昃之離，何可久也？"

⑨眷言：同睠言，懷念回顧的樣子。出自《詩經·小雅·大東》："睠言顧之，潸焉出涕。"又晉陸機（261—303）《贈尚書郎顧彥先》詩之二有"眷言懷桑梓，無乃將為魚"句。

⑩天姥岑：即天姥山。位於浙江新昌市與天台市交界處，與天台山相望，石城山即為之餘脈。謝靈運《登臨海嶠，初發彊中作，與從弟惠連可見羊何共和之》有"暝投剡中宿，明登天姥岑"句。

⑪池草：謝靈運《登池上樓》有"池塘生春草"句。

⑫南山往北山：謝靈運有《於南山往北山經湖中瞻眺》一詩。按：饒宗頤教授1966年登阿爾卑斯山時，和謝韻三十六首成《白山集》並寄奉戴密微教授，中有《自白山造Assy山巔用南山往北山韻》。詩集刊有戴密微教授題作法文詩，又附饒教授中譯。

⑬引領冀遠行：引領，引項以待，言期盼之殷。《漢書·伍被傳》："父不寧子，兄不安弟，政苛刑慘，民皆引領而望，傾耳而聽，悲號仰天，叩心怨上。"此句指詩序中所言戴密微教授對謝詩故地之嚮往。

⑭思從七里瀨：謝靈運有《七里瀨》詩。按七里瀨，又名七里灘，在今浙江桐廬縣嚴陵山迤西。

⑮遵海挹遺芳：遵海，沿著海岸。語出《孟子·梁惠王下》："吾欲觀於轉附、朝儛，遵海而南，放於琅琊。"挹，酌取。遺芳，出自《楚辭·遠遊》："誰可與玩斯遺芳兮，長向風而舒情。"又宋蘇頌（1020—1101）《次韻楊立之觀海韻》有"殘篇雖脫落，猶可挹遺芳"句。

⑯齎志終莫遂：齎志，亦作賫志。懷抱志願。見唐黃滔（840—911）《祭崔補闕文》"賫志歿地，其痛何如？"此句指戴密微教授"年七十餘時，嘗申請赴華，作上虞、永嘉之遊而不果"之遺憾。

⑰人事有代謝：世間人、事、物有更迭替換。唐孟浩然《與諸子登峴山》詩："人事有代謝，往來成古今。"

⑱時義：因時而生的作用與價值。《易經·遯卦》："小利貞浸而長也，遯之時義大矣哉。"

⑲日就且月將：出自《詩經·周頌·敬之》："日就月將，學有緝熙於光明。"就：成就；將：進步。每天有成就，每月有進步。形容精進不止。也日積月累。

⑳緬貌江海遼：謝靈運《入東道路》詩："隱軫邑里密，緬邈江海遼。"緬貌，長遠貌。

㉑虞淵：傳說日落棲止之處。《淮南子·天文》曰："至於虞淵，是謂黃昏。"

㉒《遊名山志》：《隋書·經籍志》著謝靈運有《遊名山志》一卷。該書今佚，今傳者皆為後人輯錄，采自《藝文聚類》、《初學記》、《昭明文選》李善注、《太平御覽》、《太平寰宇記》等。

㉓Frosham：當為筆誤，應作 Frodsham。傅德山，一稱傅樂山（John David Frodsham, 1930—）：默多克大學英語與比較文學系榮休教授（Emeritus Professor of English and Comparative Literature at Murdoch University）。著有《潺潺溪流：中國山水詩人謝靈運（康樂公）的生平與創作》（*The murmuring stream: The life and works of the Chinese nature poet Hsieh Ling-yün (385–433), Duke of K'ang-Lo*），《漢魏晉南北朝詩選》（與程曦合作編譯）（*and Ch'eng Hsi, An anthology of Chinese verse: Han Wei Chin and the Northern and Southern Dynasties*），《李賀詩集譯介》[*The poems of Li Ho (791–817)*] 等。

㉔Westblook：當為筆誤，應作 Westbrook。全名 Francis Abeken Westbrook（1942–1991），1973 年獲美國耶魯大學哲學博士學位，其學位論文題目為《謝靈運抒情詩及〈山居賦〉中的山水描寫》（*Landscape description in the lyric poetry and "Fuh on dwelling in the mountains" of Shieh Ling-yunn*），曾受饒宗頤教授指點。曾任教於美國威斯康辛大學麥迪森分校（University of Wisconsin-Madison）。

㉕趂：言走，引申意為太陽西斜、落山。後蜀歐陽炯（896—971）《南鄉子·袖斂絞綃》詞："鋪葵席，豆寇花間趂晚日。"

㉖奄忽：倏忽、忽然。東漢馬融（79—166）《長笛賦》："奄忽滅沒，曄然復揚。"

㉗劉坦之（1317—1379）：即劉履，字坦之，紹興上虞人。元遺民，入明不仕，自號草澤間民。善作詩修史，傳世有《風雅翼》十四卷。其中卷六《選詩補注六》注謝靈運《從斤竹澗越嶺溪行》詩曰："斤竹澗，見《遊名山志》，今會稽縣東南有斤竹嶺，去浦陽江十里許，即其地也。"

㉘"知謝氏遊名山志云「神子溪」"句：《昭明文選》李善注謝靈運《從斤竹澗越嶺溪行》詩，引謝氏《遊名山志》，云："神子溪，南山與七里山分流，去斤竹澗數里。"饒宗頤教授以此斷"斤竹澗"在雁蕩。後亦有學者考證"斤竹澗"即雁蕩山筋竹澗。參見陳贊鼎《謝靈運遊雁蕩山考》，載《溫州師範學報（哲學社會科學版）》1991年第2期。

黃巖①

手破黃柑②嚼逾甘，居然鄉味有同諳③。

淒迷野色④堤頭柳，扶夢和煙⑤下浙南。

【校】

1. 明報版存此詩。手稿版存此詩3個版本：其一見速寫畫稿013背面（版本1）；其二見手稿010（版本2）；其三見手稿019（版本3）。

2. 速寫畫稿013（背面）版本1：

（1）此為草稿。有詩題，作"黃巖"。

（2）手破黃柑嚼逾甘：此稿初作"手擘黃柑嚼逾甘"。又在"擘"字旁添一"破"字，似備取捨。

（3）居然鄉味有同諳：此稿初作"居然鄉味有同諳"，"有"字再三劃去，終從其舊。

（4）扶夢和煙下浙南：此稿作"猶是依依似漢南"。

3. 手稿019 版本2：

（1）此為謄抄稿。有詩題，作"黃岩"。

（2）手破黃柑嚼逾甘：此稿初起以"手破"，後刪"破"續寫"擘"字，作"手擘黃柑嚼逾甘"。

（3）扶夢和煙下浙南：此稿作"猶是依依似漢南"。

4. 手稿010 版本3：

（1）此爲謄抄稿。有詩題，作"黃巖"。

（2）手破黃柑嚼逾甘：此稿初作"手擘黃柑嚼逾甘"，後改"手擘"作"手破"。

（3）扶夢和煙下浙南：此句塗改極重，似曾作多種嘗試，然不大多可識，僅勉強可見"猶是"、"隨風"等字，最終稿作"扶夢和烟下浙南"。

5. 明報版：詩題並全詩與《詩詞集》版同。

【注】

①黃巖：地名。隸屬台州市，南與溫嶺市、樂清市接壤，西鄰仙居縣、永嘉縣，北連臨海市。唐上元二年（675）始設永寧縣，天授元年（690）改名黃巖至今，建制幾經更迭，今爲台州市主城區之一。

②黃柑：即黃巖蜜桔，爲黃巖特産。

③居然鄉味有同諳：饒宗頤教授是潮州人，潮州柑爲其家鄉特産，故有"鄉味"一說。

④淒迷野色：宋黃公度（1109—1156）《倚薄》："樹聲風便旋，野色晚淒迷。"

虎頭山①

海畔奇山似虎頭，是誰手擘②鎮高丘。
江山無處不爭美，閉置車中且縱眸③。

【校】

1. 明報版存此詩。手稿版存此詩2個版本：其一見手稿020（版本1），其二見手稿010（版本2）。

2. 手稿020版本1：

（1）此爲草稿或謄抄稿。有詩題，作"臨海虎頭山"。

（2）是誰手擘鎮高丘：此稿初作"是誰手開此高丘"，後改"開"作"擘"。

3. 手稿010版本2：

（1）此爲謄抄稿。有詩題，作"臨海虎頭山"。

(2) 是誰手擘鎮高丘：此稿初作"是誰手劈⊠高丘"，後在"⊠"處填"出"，又在旁打叉，似仍未滿意。

4. 明報版：詩題並全詩與《詩詞集》版同。

【注】

①虎頭山：即臨海虎頭巖。為臨海名勝之一，隸屬台州市。

②擘：分開、分裂。宋吳文英（1200—1260）《祝英臺近・剪紅情》》詞："玉纖曾擘黃柑，柔香繫幽素。"

③閉置車中且縱眸：閉置，禁閉、關押。《梁書・曹景宗傳》："今來揚州作貴人，動轉不得，路行開車幔，小人輒言不可。閉置車中，如三日新婦。遭此邑邑，使人無氣。"又，宋陸遊（1125—1210）《書事》詩有"揚州雖有東歸日，閉置車中定悵然"句。

雁蕩即事

真宰①偏留此奧區②，移形咫尺即成圖。
急皴淡墨難傳妙，鬼臉亂雲③總不如。

媧皇鍊得態何奇④，虎視龍飛各合宜。
霧裏諸峰皆濕筆⑤，畫家從此悟華滋⑥。

【校】

1. 明報版存此二首詩。手稿版存此題下詩作 4 個版本：其一見手稿 026 正面（版本 1），其二見速寫畫稿 013 背面（版本 2）；其三見手稿 028（版本 3）；其四見手稿 038（版本 4）。

2. 手稿 026（正面）版本 1：

(1) 此稿詩題"雁蕩即事"志於最尾，前有二首：其一首句作"危嶂疊峯答文殊"，不見刊於《詩詞集》版及明報版（全詩詳情見後《未刊詩稿：雁蕩即事》）；其二即"真宰偏留此奧區"。似為草稿。

(2) 移形咫尺即成圖：此稿作"移形咫尺便成圖"。

(3) 急皴淡墨難傳妙：此稿作"急皴澹墨⑦休加點"。

(4) 鬼臉亂雲總不如：此稿作"鬼面亂雲總不如"。

3. 速寫畫稿013（背面）版本2：

(1) 此稿僅存一首"媧皇煉得態何奇"。無詩題。似為草稿。

(2) 畫家從此悟華滋：此稿作"畫家到此悟華滋"。

4. 手稿028 版本3：

(1) 此稿詩題"雁蕩山即事"，有二首：其一為"真宰偏留此奧區"；其二為"媧皇煉得態何奇"。似為謄抄稿。

(2) 移形咫尺即成圖：此稿初作"移形咫尺便生圖"，後改"便生"作"即成"。

(3) 急皴淡墨難傳妙：此稿作"急皴澹墨休加點"。

5. 手稿038 版本4：

(1) 此為抄正稿。僅存一首"媧皇煉得態何奇"，不錄詩題，前題"饒作"。該詩前另抄有一詩，筆跡相同，亦無題，曰"未遜黃山萬象奇，眾峯尤絕插龍姿。我來倚杖清潭上，試寫各山第一詩"，查為梁耀明《初登雁蕩》詩之稿本（詳參附一《同遊友人相關詩詞匯輯》）。故推測此葉或為梁氏所抄。

(2) 全詩與《詩詞集》版同。

6. 明報版：

(1) 詩題"雁蕩即事"，有二首：其一為"真宰偏留此奧區"；其二為"媧皇煉得態何奇"。

(2) 二首皆全詩與《詩詞集》版同。

7. 鈔定本：

(1) 急皴淡墨難傳妙：原抄作"急皴淡墨休加點"，饒教授刪去"休加點"，改"難傳妙"，終作"急皴淡墨難傳妙"。

【注】

①真宰：天的別稱。天為萬物的主宰，故稱天為"真宰"。如《莊子·齊物論》："若有真宰，而特不得其眹。"

②奧區：《后漢書·班固傳上》："防禦之阻，則天下之奧區焉。"李善注："奧，深也。言秦地險固，為天下深奧之區域。"

③鬼臉亂雲：北宋北派山水大師郭熙（1000—1087）獨創以狀如卷雲的皴法寫山石，故稱"卷雲皴"，又名"亂雲皴""雲頭皴"，筆

力勁健，水墨明潔。《格古要論》言郭熙畫"多鬼面石、亂雲皴"。

④媧皇鍊得態何奇：取女媧煉石之典。

⑤濕筆：與"乾筆"對稱，屬中國畫技法名，指筆較多水分。此處喻指雁蕩山給人的觀感，山色有如飽蘸水氣，濃郁鮮活。

⑥華滋：言枝葉繁茂、潤澤狀。《古詩十九首》有"庭中有奇樹，綠葉發華滋"句。

⑦澹墨：同淡墨。

雙珠谷①

絕壁天留巨壑瀑②，從來積健始為雄③。

懸空千丈明珠滴，上代④何人此夔龍⑤。

【校】

1. 明報版存此詩。手稿版存此詩2個版本：其一見手稿026正面（版本1），其二見手稿028（版本2）。

2. 手稿026（正面）版本1：

（1）此為草稿。有詩題，作"雙珠谷（隱珠瀑）"。

（2）絕壁天留巨壑瀑：此稿初作"☒☒天留大壑瀑"。"☒☒"處試有多稿，如"隱晉"、"窮谷"，最後更"絕壁"，作"絕壁天留大壑瀑"。

（3）從來積健始為雄：此稿作"自來積健始為雄"。

（4）懸空千丈明珠滴：此稿初試起以"潛通"，後廢另起，作"懸空萬丈明珠滴"。另在"萬"字旁加一"千"字，似備選。

（5）上代何人此夔龍：此稿作"太古何人此夔龍"。手稿028版本2作"上代何人此夔龍"。

3. 手稿028版本2：

（1）此為謄抄稿。有詩題，作"雙珠谷"。

（2）絕壁天留巨壑瀑：此稿作"絕壁天留大壑瀑"。

（3）從來積健始為雄：此稿作"自來積健☐【按：疑為"是"】為雄"，後改"☐"作"始"。

（4）上代何人此夔龍：此稿初作"太古何人此夔龍"，後改"太古"作"上代"。

4. 明報版：詩題並全詩與《詩詞集》版同。

【注】

①雙珠谷：位於浙江溫州樂清雁蕩山靈巖景區，靈岩寺附近。因谷內有白珠泉和隱珠瀑，故名。

②壑瀤：言谷中水聲。謝靈運《於南山往北山經湖中瞻眺》詩有"俛視喬木杪，仰聆大壑瀤"句。《昭明文選》李善注："《楚辭》曰：'聽大壑之波聲。'薛綜《西京賦》注曰：'壑，坑壑也。'《毛詩》曰：'鳧鷖在渚。'毛萇曰：'渚，水會也。瀤與渚同。'"

③從來積健始為雄：語出唐司空圖（837—908）《二十四詩品》："大用外腓，真體內充。反虛入渾，積健為雄。"

④懸空千丈明珠滴：明王健（號鶴泉少卿，永嘉人）《龍湫二絕》之二："拔地萬重青嶂立，懸空千丈素流分。共看玉女機絲挂，映日還成五色文。"（見錄於《雁山志》《四明山志》等）此句或由此出。

⑤上代：此處指上古。晉陸雲（262—303）《答兄平原》詩："伊我世族，太極降精，昔在上代，軒虞篤生。"

⑥豢龍：取典豢龍氏。唐孔穎達（574—648）疏《春秋左傳正義》卷五三："昔有飂叔安，有裔子曰董父，實甚好龍，能求其耆欲以飲食之，龍多歸之。乃擾蓄龍以服事帝舜。帝賜之姓曰董，氏曰豢龍，封諸鬷川。"

半月天峭壁①

石罅斜窺半月天，懸泉終日但潺然。
谷音誰解無哀樂②，且聽仙禽奏管絃③。

【校】

1. 明報版存此詩。手稿版存此詩2個版本：其一見手稿026正面（版本1），其二見手稿028（版本2）。

2. 手稿026（正面）版本1：

（1）此為草稿。有詩題，作"半月天"。

（2）石罅斜窺半月天：此稿先作"☒☒☒半月天"，後補作"石罅斜闚半月天"。

（3）谷音誰解無哀樂：此稿作"谷音莫道無哀樂"。

（4）且聽仙禽奏管絃：此稿作"更聽栖禽奏管絃"，又在"更"旁寫一"且"字，似備選。

3. 手稿028版本2：

（1）此為謄抄稿。有詩題，作"半月天峭壁"。

（2）石罅斜窺半月天：此稿作"石罅斜闚半月天"。

（3）谷音誰解無哀樂：此稿初起以"谷音莫"，後刪"莫"字，續成作"谷音誰解無哀樂"。

（4）且聽仙禽奏管絃：此稿初作"且聽栖禽奏管絃【按："絃"曾誤作"絲"，後改】"

4. 明報版：詩題並全詩與《詩詞集》版同。

【注】

①半月天峭壁：雁蕩山名勝，位於靈峰區淨名寺附近，以其深壑峭壁、觀天似半月得名。

②谷音誰解無哀樂：無哀樂，典出晉嵇康（223—263）《聲無哀樂論》。

③且聽仙禽奏管絃：袁枚（1716—1797）《遊四明雪竇七章，錄呈楓村太守兼寄雪堂僧》詩："不知人世藏何所，但聽仙禽奏樂聲。"

小龍湫①

欲洗人間萬斛愁②，振衣③漱石④小龍湫。
峻流不為巖阿⑤曲，猶挾風雷占上游。

【校】

1. 明報版存此詩。手稿版存此詩2個版本：其一見手稿026正面（版本1），其二見手稿028（版本2）。

2. 手稿026（正面）版本1：

（1）此為草稿。無詩題。

(2) 振衣漱石小龍湫：此稿初作"振衣□上□龍湫"，後改"振衣□上小龍湫"。

(3) 峻流不為巖阿曲：此稿作"清流不為巖阿曲"。

(4) 猶挾風雷占上游：此稿初作"連蕩明江爭上流"，後改"猶挾風雷占上游"。"猶"字曾改"值"，又廢，仍從舊。

3. 手稿028版本2：

(1) 此為謄抄稿。有詩題，作"小龍湫"。

(2) 峻流不為巖阿曲：此稿初作"清流不為巖阿曲"，後改"清"作"峻"。

4. 明報版：

(1) 峻流不為巖阿曲："巖"作"岩"。

【注】

①小龍湫：瀑布名。位於浙江溫州樂清雁蕩山靈巖景區內，靈岩寺後。

②萬斛愁：典出庾信《愁賦》："惟將一片心，貯此萬斛愁。"

③振衣：振衣，抖衣去塵。典出屈原《漁父》："新沐者必彈冠，新浴者必振衣。"

④漱石：典出《世說新語·排調》："孫子荊年少時欲隱，語王武子'當枕石漱流'，誤曰'漱石枕流'。王曰：'流可枕，石可漱乎？'孫曰：'所以枕流，欲洗其耳；所以漱石，欲礪其齒。'"枕石漱流，多用於描述隱逸生活，如曹操《秋胡行》二首之一："道深有可得，名山歷觀。遨遊八極，枕石漱流。"

⑤巖阿：山的曲折處。晉潘岳（247—300）《河陽縣作》詩之二："川氣冒山嶺，驚湍激巖阿。"《昭明文選》呂良注："巖阿，山曲也。"

觀音閣①

合掌雙峰一線天②，鑿龕全仗祖師禪③。
飛甍直上三千尺④，步履依稀太古⑤前。

【校】

1. 明報版存此詩。手稿版存此詩2個版本：其一見手稿026正面（版本1），其二見手稿028（版本2）。

2. 手稿026（正面）版本1：

（1）此為草稿。有詩題，作"觀音閣"。

（2）步履依稀太古前：此稿初作"步履心追太古前"，後改"心"作"頌"。

3. 手稿028版本2：

（1）此為謄抄稿。有詩題，作"觀音閣"。

（2）全詩與《詩詞集》版同。

4. 明報版：詩題並全詩與《詩詞集》版同。

【注】

① 觀音閣：又名觀音洞，位於雁蕩山合掌峰中部山腰處的"掌縫"之中，初名"靈峰洞"，又名"羅漢洞"，深廣各四十米，高約百米，為譽為雁蕩山第一洞。於此洞中依岩起屋，構築九層樓閣，即此閣，為雁蕩山最著名廟宇之一。

② 合掌雙峰一線天：雁蕩山靈峰與倚天峰緊靠相對，望之似雙掌對合，故合稱"合掌峰"，又名"夫妻峰"。觀音閣在"掌縫"之中，在閣頂仰望洞頂，見一線天光從石峰中瀉下，即"一線天"。

③ 祖師禪：佛教南宗術語，指由初祖菩提達摩傳來，傳至六祖惠能以下五家七宗的禪法。因主張教外別傳，不立文字，不依言語，直接由師父傳給弟子，故名。此處借指造化天工。

④ 飛甍直上三千尺：化用李白《望廬山瀑布》"飛流直下三千尺"句。飛甍，猶飛簷。參見饒宗頤教授《禹陵用坡老遊塗山韻》一詩注④。此句言九層高樓之險峻。

⑤ 太古：意為遠古。

龍西①鎮和鍥翁②

蕩上青鞦③踏紫泥，隨陽去雁④任東西。

奇峰處處如刀剪，割出春雲與嶂齊。

【校】

1. 明報版存此詩。手稿版存此詩 2 個版本：其一見手稿 026 背面（版本 1），其二見手稿 028（版本 2）。

2. 手稿 026（背面）版本 1：

（1）此為草稿。無詩題。

（2）蕩上青鞵踏紫泥：此稿初作"☒☒□□紫泥"。後刪"□□"作"青鞵□□"又改"青鞵"。再補"☒☒☒"，曾試以"蘆蕩"等。最終添一"踏"字，全句作"蕩上青鞵踏紫泥"。

（3）隨陽去雁任東西：此稿初作"☒☒鴻飛任東西"【按："東"前刪一字】。後填"☒☒"作"隨陽"，改"鴻飛"為"飛雁"，終全句作"隨陽飛雁任東西"。

（4）奇峰處處如刀剪：此稿初起以"奇峰處"，第四字起經反復塗改，終全句作"奇峰處處如刀剪"。

（5）割出春雲與嶂齊：此稿初作"割取春雲□□□"。"取"字後改"得"，尾三字經多次修改，終全句作"割得春雲與嶂齊"。

3. 手稿 028 版本 2：

（1）此為謄抄稿。有詩題，初作"龍西和耀明"，後改作"龍西鎮道上和鍥翁"。

（2）全詩與《詩詞集》版同。

4. 明報版：

（1）詩題作"龍西鎮"。

【注】

① 龍西：位於雁蕩山北麓，東、北接仙溪鎮，南鄰雁蕩山與芙蓉鎮，西靠永嘉縣境，有龍潭、龍溜等風景。雁蕩名勝顯勝門亦在這一帶。

② 此詩乃步韻梁耀明《龍西》。（梁氏詩見附一《同遊友人相關詩詞匯輯》）

③ 青鞵：同青鞋，即草鞋。杜甫《發劉郎浦》詩："白頭厭伴漁人

宿，黃帽青鞋歸去來。"

④隨陽去雁：鴻雁之類，會隨季節變換而南北遷移的鳥。《尚書·禹貢》"陽鳥攸居"孔安國傳："隨陽之鳥，鴻雁之屬，冬月所居於此澤。"孔穎達疏："日之行也，夏至漸南，冬至漸北，鴻鴈之屬，九月而南，正月而北。"杜甫《同諸公登慈恩寺塔》詩："君看隨陽雁，各有稻粱謀。"

攀登顯勝門①絕頂

顯勝峰頭手自捫②，含羞瀑③上望中原。

平生壯觀君知否（借觀堂句）④，曾躋雁山第一門。

【校】

1. 明報版存此詩。手稿版存此詩2個版本：其一見手稿026正面（版本1），其二見手稿028（版本2）。

2. 手稿026（正面）版本1：

（1）此為草稿。有詩題，作"躋顯聖門最高頂"。

（2）顯勝峰頭手自捫：此稿作"顯聖峯頭手自捫"。

（3）含羞瀑上望中原：此稿初作"含羞泉上看中原"，後改"泉"作"瀑"。

（4）平生壯觀君知否：無附註。

（5）曾躋雁山第一門：此稿初作"☒躋雁山第一峯"。"☒"處經多次嘗試，廢"另"、"齊"等字，改"曾"；"峯"改"門"；全句作"曾躋雁山第一門"。又在"躋"字邊寫"立"字，似備選。

3. 手稿028版本2：

（1）此為謄抄稿。有詩題，初作"顯聖門題絕頂"；後刪"題"字，作"顯聖門絕頂"。

（2）顯勝峰頭手自捫：此稿作"顯聖峯頭手自捫"。

（3）含羞瀑上望中原：此稿初作"含羞泉上望中原"，後改"泉"作"瀑"。

（4）平生壯觀君知否：此稿初作"平生壯觀薦遊最"。"薦遊最"旁另寫有"稱意"二字，後又刪去。無附註。

4. 明報版：

(1) 顯勝峰頭手自捫：明報版"勝"作"聖"。

(2) 平生壯觀君知否（借觀堂句）：明報版無小字註。

【注】

①顯勝門：又稱"仙勝門""顯聖門"。兩崖相對，皆高達二百米左右，相隔僅十餘米，望之似門，爲雁蕩山諸"門"之冠，素有"天下第一門"之稱。

②手自捫：言以手撫胸。

③含羞瀑：顯勝門處景點。進得"門"中，拾級而上至半山處，方隱約得見對面崖壁有水流而下，即此瀑，故名"含羞"。又名"飛湫"。

④平生壯觀君知否（借觀堂句）：觀堂，即王國維（1877—1927），字靜安，又字伯隅，初號禮堂，晚號觀堂，又號永觀，浙江海寧人。為晚清民國著名學者，在文學、美學、史學、哲學、金石學、甲骨學、考古學等領域，均有卓越成就。此句出自王氏《詠史二十首》之十二："西域縱橫盡百城，張陳遠略遜甘英。千秋壯觀君知否，黑海東頭望大秦。"

和鍥翁雁頂生朝①

最艱危處②且逍遙，覓句豐干興自饒③。
躋勝④隨君忘遠近，萬峰如蕊度花朝⑤。

【校】

1. 明報版存此詩。手稿版存此詩 2 個版本：其一見手稿 026 正面（版本1），其二見手稿 005 正面（版本2）。

2. 手稿 026（正面）版本 1：

(1) 此為草稿。無詩題。

(2) 最艱危處且逍遙：此稿初作"最高頂處且逍遙"，後改作"最高寒處且逍遙"。

(3) 覓句豐干興自饒：此稿初作"踰險往☒☒興饒"，後改"得句豐干舌屢饒"，再改"舌屢"作"興自"，終作"得句豐干興自饒"。

(4) 躋勝隨君忘遠近：此稿初起作"躋勝隨君☒登☐"，後刪"☒

登□"改"望遠近",終作"躋勝隨君忘遠近"。

(5) 萬峰如蕊度花朝：此稿初作"萬峯☒☒祝生朝"，後補完為"萬峯深處祝生朝"。至此仍似未滿意："峯"字旁曾寫一"花"字，後刪去。"深處祝"三字旁有多稿，皆抹去，不可辨識。"生"字旁又寫一"花"，似備取捨。

3. 手稿 005（正面）版本 2：

(1) 此為謄抄稿。有詩題，初作"和鍥翁雁蕩生朝"，又改"雁蕩"作"雁山"，再改"雁頂"。終作"和鍥翁雁頂生朝"。

(2) 最艱危處且逍遙：此稿初作"最高寒處且逍遙"，後改"高寒"作"艱危"。

(3) 躋勝隨君忘遠近：此稿作"躋勝隨君忘遠近"。

(4) 萬峰如蕊度花朝：此稿初作"□□□□度花朝"。頭四字經多次塗改，勉強可見"華峰"、"如海"等字，最終改作"萬峯如蕊"。

4. 明報版：

(1) 躋勝隨君忘遠近：明報版與《詩詞集》版同作"濟勝隨君忘遠近"，"濟"字疑為植字錯誤。據手稿版改。

【注】

①此乃步韻梁耀明《顯聖門含羞瀑下七三初度》，以為其人祝壽。陳秉昌亦有次韻之《雁蕩山中壽鍥齋師伯》。（以上二首全詩見附一《同遊友人相關詩詞匯輯》）

②最艱危處：即題中"雁頂"，雁蕩之頂。

③躋勝：攀登勝境。

④豐干與自饒：豐干，唐代高僧，善詩。《釋氏稽古略》卷三："豐干垂跡天台山國清寺庵，於藏殿西北隅，乘一虎遊松徑，見一子，可年十歲，扣之。無家無姓，師引之歸寺，養于廚所，號曰拾得。有一貧士從寒巖來，曰寒山子。三人相得歡甚。是年豐干雲遊，適閭丘胤來守台州，俄患頭風。豐干至其家，自謂善療其疾。閭丘見之。師持淨水灑之，即愈。問所從來，曰：'天台國清。'曰：'彼有賢達否？'干曰：'寒山文殊，拾得普賢，宜就見之。'閭丘見之三日，到寺訪豐干遺跡，謁二大士。閭丘拜之，二士走，曰：'豐干饒舌。彌陀不識，禮我何

為?' 遁入巖穴，其穴自合。"此處暗含雙關詼諧。饒教授後又繪有《四睡圖》，寫豐干、拾得、寒山三人與虎相擁共眠，亦有"豐師得毋笑其饒舌也"題語。參見本書上篇第四章《〈江南春集〉相關書畫考論》，以及下篇"《江南春集》相關史料選輯·饒宗頤教授《江南春集》相關書畫創作"之圖十八。

⑤花朝：同題中"生朝"，即生日。

別雁蕩山

峨峨雁蕩峰，奇秀信天剖。
傳聞阿羅漢，伐木臨巨藪。①
其下有雙潭，龍湫入戶牖。②
貫休③經行處，晏坐④彈指⑤久。
周邠⑥作山圖，嗟歎出坡叟。⑦
頃者歷覽來，溫台落吾手。⑧
蒼崖何巉絕⑨，捫壁駿奔走⑩。
俯視中折瀑⑪，如柳生在肘。⑫
遠近諸奇觀，一一略指覯⑬。
向來不解飲，對山屢舉酒。
作詩謝山靈⑭，友于⑮意良厚。
別去雨濛濛，停車三回首。

晚唐僧貫休為羅漢諾詎羅贊⑯，有"雁蕩經行雲漠漠，龍湫晏坐雨濛濛"句。梅聖俞⑰有和孫侔雁蕩詩⑱，東坡有次韻周邠寄雁蕩山圖七律，此皆謝軍《雁蕩詩選》⑲所未載。

【校】

1. 明報版存此詩。手稿版存此詩1個版本，見手稿031正面（版本1）。

2. 手稿031（正面）版本1：

(1) 此為草稿。有詩題，作"別雁蕩"。

(2) 峨峨雁蕩峰：此稿初作"□兮夫妻峰⑳"。"□"旁另寫一"回"字，皆刪去。全句後改作"峩峩大雁峯"。

（3）奇秀信天剖：此稿作"寒秀出天剖"。

（4）伐木臨巨藪：此稿初起以"震旦㉑"二字，後廢。另起"伐木臨大藪"，又改"大"作"巨"。

（5）貫休經行處：此稿初作"貫休手題地"，後改作"貫休經行地"。

（6）晏坐彈指久：此稿作"宴坐彈指久"。又，句後以括號識一註，曰"晚唐僧貫休為羅漢諾詎羅贊有雁蕩經行雲漠漠龍湫晏坐雨濛濛之句雁蕩之名始見此"。

（7）周邠作山圖：此稿初作"周邠☒有圖"。"☒"處先填"寄"、再改"貽"；"有"經重複修改定為"山"。全句終作"周邠貽山圖"。

（8）嗟歎出坡叟：此稿初作"嗟嘆☐坡叟"，後改"☐"作"出"。又，句後有雙行小字註"東坡有次韻周邠寄雁蕩山圖詩"。

（9）頃者歷覽來：此稿初作"我今欣歷覽"，後改作"頃者遍歷覽"。

（10）溫台落吾手：此句後原有雙行小字註"東坡韻「已覺溫台落手中」"，後刪去。

（11）蒼崖何巉絕：此稿作"顯聖門何峻"。

（12）捫壁駿奔走：此稿作"捫壁勞奔走"。

（13）俯視中折瀑：此稿初作"☒☒三折潭"，後填"☒☒"處作"俯看"。又改"看"作"視"，"三"作"中"。全句終作"俯視三折潭"。

（14）如柳生在肘：此稿作"如柳生左肘"，曾嘗試修訂，終復舊。

（15）遠近諸奇觀，一一略指觀：此稿無此二句。

（16）向來不解飲，對山屢舉酒。作詩謝山靈，友于意良厚：此稿原無此四句，另書於旁。以筆跡行氣推測，或在完成初稿後，先插入"作詩謝山靈，友于意良厚"二句，又在此二句前添"向來不解飲，對山屢舉酒"二句。

（17）別去雨濛濛：此稿初試起以"不忍別"，刪去。又作"分袂濛濛雨"。再刪"分袂"，改全句作"別去雨濛濛"。

（18）停車三回首：此稿初起以"千山"，繼試以多字，因皆刪去，不可辨識。最終在旁另書"停車三回首"。旁有它句，模糊不可識，亦删去。

（19）此稿詩後無註。

3. 明報版：

（1）詩後注"謝軍《雁蕩詩選》所未載"段：《詩詞集》版作"謝軍書所未載"。本版從明報版錄。

【注】

①傳聞阿羅漢，伐木臨巨藪：宋沈括（1031—1095）《夢溪筆談》卷二四："溫州雁蕩山，天下奇秀，然自古圖牒未嘗有言者。祥符中，因造玉清宮，伐山取材，方有人見之，此時尚未有名。按《西域書》阿羅漢諾矩羅居震旦東南大海際、雁蕩山芙蓉峯龍湫。唐僧貫休為諾矩羅贊有'雁蕩經行雲漠漠，龍湫宴坐雨濛濛'之句。"

②其下有雙潭，龍湫入戶牖：《夢溪筆談》卷二四："山頂有大池，相傳以爲雁蕩。下有二潭水，以爲龍湫。"戶牖，意為門窗。

③貫休（832—912）：字德隱，俗姓姜，婺州蘭溪（今屬浙江）人。出身詩書官宦人家，七歲出家，曾為吳越武肅王錢鏐（852—932）所重。唐天復三年（903）入蜀，受前蜀主王建（847—918）禮遇，封"禪月大師"。時有詩名，有《禪月集》傳世。又善畫，所繪羅漢為一絕，有《十六羅漢圖》，日本宮內廳今藏宋初摹本。

④晏坐：《夢溪筆談》卷二四："山頂有大池，相傳以爲雁蕩。下有二潭水，以爲龍湫。又有經行峽、宴坐峯，皆後人以貫休詩名之。"晏坐，又作宴坐，佛教術語中指坐禪，如《維摩詰所說經》即有《宴坐篇》。後引申指閒坐。

⑤彈指：快速捻彈手指發出聲音，原為古印度習俗，用以表達歡喜等意；又可作時間單位，言時間之短暫，引申為時間飛逝。此處或用意雙關。

⑥周邠（1036—?）：字開祖，宋錢塘（今杭州）人。進士出身，曾任錢塘令、樂清知縣等，官至朝請大夫、輕車都尉。與蘇軾交往密切，唱酬頗多。其在樂清有惠政，勤為民事。又深愛雁蕩山水，觸詠累日不去，有《水簾谷》《淨名寺》等詩作傳世。

⑦周邠作山圖，嗟歎出坡叟：蘇軾有《次韻周邠寄雁蕩山圖》二

首。坡叟，即蘇東坡。

⑧溫台落吾手：蘇軾《次韻周邠寄雁蕩山圖》之一："此生的有尋山分，已覺溫台落手中。"溫台，即溫州、台州。

⑨巉絕：言險峻陡峭。

⑩駿奔走：典出《尚書·武成》："邦甸侯衛，駿奔走，執豆籩。"

⑪中折瀑：雁蕩山有三折瀑，即上、中、下三折。

⑫如柳生在肘：典出《莊子·至樂》："支離叔與滑介叔觀於冥伯之丘，崑崙之虛，黃帝之所休，俄而柳生其左肘，其意蹷蹷然惡之。"柳，即"瘤"。

⑬指覯：言遇見、看見。《說文解字·見部》："覯，遇見也。"

⑭作詩謝山靈：化自宋許復道《涵碧亭》詩"何以謝山靈，作詩慰岑寂"句。

⑮友于：語出《書經·君陳》："惟孝友于兄弟。"言兄弟友愛。

⑯為羅漢諾詎羅贊：該贊今已佚，今僅存此二句。諾詎羅，尊者名，十六羅漢之一。

⑰梅聖俞：即梅堯臣（1002—1060），字聖俞，世稱宛陵先生，北宋宣州宣城（今屬安徽）人。因得歐陽修（1007—1072）推薦，為國子監直講，累遷尚書都官員外郎，又稱"梅直講""梅都官"。少即能詩，與與蘇舜欽（1009—1049）齊名，時號"蘇梅"，又與歐陽修並稱"歐梅"。為詩一反西昆之雕潤繁麗，主張寫實，力求平淡、含蓄，被譽為宋詩的"開山祖師"。曾參與編撰《新唐書》，並為《孫子兵法》作注。另有《宛陵集》及《毛詩小傳》等。

⑱和孫侔雁蕩詩：指梅堯臣《依韻和孫侔雁蕩二首》，收《宛陵集》卷三九。

⑲謝軍《雁蕩詩選》：謝軍為當時雁蕩山管理局負責人。梁耀明有《隱珠瀑贈謝軍》一詩，故知謝軍當時應曾陪同饒教授一行遊覽雁蕩山。《雁蕩詩選》，實應為謝軍收集選注，浙江省溫州地區雁蕩山管理局於1979年印行之《雁蕩山詩選》。

⑳夫妻峰：按，即合掌峰之別名。參《觀音閣》詩註①。

㉑震旦：源自梵語"Cīna-sthāna"，古印度對中國的一種稱呼。自南北朝起，在佛經中泛指中土。

高椘道中①

晨興②言過楊梅關③，疊嶂連天無雁還。
百里梯田將綠繞④，一車看遍浙東山⑤。

【校】

1. 明報版存此詩。手稿版存此詩3個版本：其一見手稿003背面（版本1），其二見手稿001背面（版本2），其三見手稿029（版本3）。

2. 手稿003（背面）版本1：
(1) 此為草稿，字跡抖動模糊不清，似在行車中所寫。無詩題。
(2) 晨興言過楊梅關：此稿似作"□□已過楊梅關"。
(3) 疊嶂連天無雁還：此稿部分字全無形，或作"疊嶂連天無雁還"。
(4) 百里梯田將綠繞：此稿作"十里梯田綠繞"。
(5) 一車看遍浙東山：此稿作"一車□□浙東山"。

3. 手稿001（背面）版本2：
(1) 此為謄抄稿。有詩題，作"高椘道中"。
(2) 晨興言過楊梅關：此稿作"晨興已過楊梅關"。
(3) 百里梯田將綠繞：此稿初作"百里梯田繞綠"，後補"將"字，全句改作"百里梯田將綠繞"。
(4) 一車看遍浙東山：此稿作"一車看盡浙東山"。

4. 手稿029版本3：
(1) 此為謄抄稿。有詩題，作"高椘道中"。
(2) 晨興言過楊梅關：此稿作"崇願言過楊梅關"。
(3) 一車看遍浙東山：此稿作"一車看盡浙東山"。

5. 明報版：詩題並全詩與《詩詞集》版同。

【注】

①高椘：地名。浙江省台州市三門縣有高椘村，舊屬高椘鄉；2013年撤鄉，轉隸珠岙鎮。地處台州市北，三門縣西部，北接寧波市寧海縣，西北界天台縣，西南鄰臨海市。

②晨興：早起。漢劉向（前77—前6）《說苑·辨物》："黃帝即位……未見鳳凰，維思影像，夙夜晨興。"晉陶潛《歸園田居》詩之三："晨興理荒穢，帶月荷鋤歸。"

③楊梅關：浙江盛產楊梅，尤以寧波附近區域最為著稱。

④百里梯田將綠繞：化用宋王安石（1021—1086）《書湖陰先生壁》"一水護田將綠繞"句。

⑤一車看遍浙東山：或言由雁蕩山經樂清灣、溫嶺大溪鎮、高視往寧波，歷經雁蕩、天台、四明諸山。

登天一閣①

失喜②觀書到羽陵③，榜題④體勢⑤尚龍騰⑥。
芸香⑦千仞鳳皇⑧下，松徑萬方賓客登。
山水有靈開卷軸，雲煙過眼⑨類風燈⑩。
剡藤⑪栗尾⑫敢題句⑬，繭足⑭山中久服膺⑮。（時自雁蕩來鄞⑯）

【校】

1. 明報版存此詩。手稿版存此詩3個版本：其一見手稿031正面（版本1），其二見手稿029（版本2），其三見手稿008正面（版本3）。

2. 手稿031（正面）版本1：

（1）此為未完草稿，詩句次序及修改痕跡凌亂。無詩題。

（2）失喜觀書到羽陵：此稿似最初起以"失喜溫台在【按："在"旁虛草一"任"字】手中坡公句此來又得"，又零散有"宮羽陵""小字""宛委"等字。後棄之。另起，初作"☒☒觀書到羽陵"，後補齊，作"失喜觀書到羽陵"。

（3）榜題體勢尚龍騰：此稿作"題名高榜尚龍騰"。

（4）芸香千仞鳳皇下：此稿似初作"眼明傑閣典型心"又棄，旁似試以"一幅""典頤""籤書""富古""縹緲"等字，都皆不用。稍遠處另草"德煇自引鳳凰□"，後又改作"德煇千仞鳳凰下"。

（5）松徑萬方賓客登：此句前有"□觀室"等字，未知用意。續起以"書靜萬方客登"，後於"客"字邊添一"賓"字，作"書靜萬方賓客登"。又按，此句夾於二行書痕跡之間，似為後作。

（6）山水有靈開卷軸：此稿原作"物秀江南誇萬卷"，後刪改為"墳典頤情⑰誇萬卷軸"，"誇"字與"萬"字均畫圈待定。

（7）雲煙過眼類風燈：此稿初試做"同時豐坊⑱共服膺"，刪去另作數稿，勉強可見有"我來何敢揮栗尾"，終作"雲烟過眼似風燈"。

（8）剡藤栗尾敢題句：此句似先試以"□歌傑閣試藤溪"，後刪去。旁另試用多稿，凌亂不可辨，勉強可識"何敢安/題讚""蠹魚"。

（9）繭足山中久服膺：此稿初作"足繭荒山久服膺"，後改"足繭"作"繭足"，作"繭足荒山久服膺"。斜旁又有"憑君繭紙""書題讚"等字。

（10）此稿不見詩註。

3. 手稿029 版本2：

（1）此為謄抄稿。有詩題，作"登天一閣"。

（2）失喜觀書到羽陵：此稿作"失喜尋書到羽陵"。

（3）榜題體勢尚龍騰：此稿初作"題名高榜□龍騰"，後改"□"作"尚"。句旁另虛草有"區/榜""鈎盡/文字"等，似備選。

（4）芸香千仞鳳皇下：此稿初作"德輝千仞鳳凰下"，後改"德輝"作"芸香"。

（5）松徑萬方賓客登：此稿初作"畫靜萬方賓客登"，後改"畫靜"作"松磴⑲"。

（6）山水有靈開卷軸：此稿初作"墳典頤情誇卷軸"，後改作"山水有靈開卷軸"。

（7）雲煙過眼類風燈：此稿初作"雲烟過眼似風燈"，後改"似"作"類"。

（8）剡藤栗尾敢題句：此稿初作"憑君繭帋□題讚"，後經多次刪改："憑君繭帋"改"剡藤栗尾"；"□"，曾改"許""敢"，終定於"始"字；"讚"改"贈"，再改"句"。終全句作"剡藤栗尾始題句"。

（9）繭足山中久服膺：此稿初作"繭足荒山久服膺"，後改作"荒山"作"山中"。

（10）時自雁蕩來鄞：此稿以雙行小字作"時方自雁蕩北來寧波"。

4. 手稿008（正面）版本3：

（1）此為抄正稿。有詩題，作"登天一閣"。

（2）全詩與《詩詞集》版同。惟詩無註。
5. 明報版：詩題並全詩與《詩詞集》版同。

【注】
①天一閣：位於浙江寧波市月湖西側，是中國現存最古老的私家藏書樓。於明代嘉靖四十年（1561），由曾任兵部右侍郎的范欽（1506—1585）主持建造。收藏有大量珍貴的圖書典籍，並且對後世其他藏書樓的興修也產生過重大影響。現為天一閣博物院。

②失喜：喜極不能自制。唐杜甫《遠遊》詩："似聞胡騎走，失喜問京華。"

③羽陵：古地名。爲貯藏古代秘籍之處。此處借指天一閣。如《穆天子傳》卷五："仲秋甲戌，天子東遊，次於雀梁，蠹書於羽陵。"又，南朝徐陵《玉臺新咏》序："辟惡生香，聊防羽陵之蠹。"

④榜題：即榜書，古曰"署書"，又稱"擘窠大字"。明費瀛《大書長語》曰："秦廢古文，書存八體，其曰署書者，以大字題署宮殿匾額也。"

⑤體勢：指書法之形體結構、氣勢風格。

⑥龍騰：言書勢磅礴。清劉熙載（1813—1881）《藝概·書概》："篆書要如龍騰鳳翥，觀昌黎歌《石鼓》可知。或但取整齊而無變化，則椠人優為之矣。"

⑦芸香：《禮記·月令》："（仲冬之月）芸始生。"鄭玄注："芸，香草也。"三國魏魚豢《典略》："芸香，辟紙魚蠹，故藏書臺稱芸臺。"自唐宋始，多書芸香或芸草為書籍防蟲之用。如唐楊巨源《酬令狐員外直夜書懷見寄》詩"芸香能護字，鉛槧善呈書"，宋梅堯臣《和刁太博新墅十題·西齋》詩"請君架上添芸草，莫遣中間有蠹魚。"此草究為何物，今莫衷一是。天一閣號"無蛀書"，亦賴書中夾"芸香草"，又名靈香草者，產自廣西。

⑧千仞鳳皇：代指竹林。典出《山海經》卷七《海西外經》："山多竹，長千仞，鳳凰食竹實。"

⑨雲煙過眼：宋元間周密（1232—1298）著《雲煙過眼錄》，著錄數十家著名藏家所收歷代名畫名跡。除書籍外，天一閣亦藏歷代書畫數

千卷，其中不乏珍品。此處取意雙關。

⑩風燈：風中燈火。蘇軾《孫莘老求墨妙亭詩》："後來視今猶視昔，過眼百年如風燈。"

⑪剡藤：紙名。以產於剡縣而得名。西晉張華（232—300）《博物志》載："剡溪古藤甚多，可造紙，故即名紙爲剡藤。"

⑫栗尾：毛筆名。以鼬鼠毛製成。典出宋歐陽修《歸田錄》卷二："蔡君謨既爲余書《集古錄目序》……余以鼠須栗尾筆、銅綠筆格、大小龍茶、惠山泉等物爲潤筆。"

⑬題句：指作詩。按，饒宗頤教授當日於天一閣當衆即場揮毫寫此詩。參見本書上篇第四章《〈江南春集〉相關書畫考論》，以及下篇"《江南春集》相關史料選輯‧饒宗頤教授舊藏浙東之遊照片選錄"之照片七、八。此書跡今仍藏於天一閣博物院。

⑭繭足：言長久步行。宋蘇軾《與梁先舒煥泛舟》詩之一："故人輕千里，繭足來相尋。何以娛嘉客，潭水洗君心。"

⑮服膺：記在心中，不會忘記。如《漢書‧東方朔傳》："脣腐齒落，服膺而不釋，好學樂道之效，明白甚矣。"

⑯鄞：寧波故名。

⑰墳典頤情：博覽典籍以陶冶性情。典出晉陸機（262—303）《文賦》："佇中區以玄覽，頤情志於典墳。"典墳，即三墳五典，指古代典籍。孔安國《尚書傳序》："伏犧、神農、黃帝之書謂之三墳，言大道也；少昊、顓頊、高辛、唐、虞之書謂之五典，言常道也。"

⑱豐坊（1492—1563）：字人叔，一字存禮，後更名道生，字人翁，號南禺外史，鄞縣（今寧波）人。明嘉靖年間進士，授吏部（一說禮部）主事，改南考功主事，因吏議免官。精書法、篆刻，富收藏，有萬卷樓。然爲人玩世不恭，不拘法理，性情孤僻。晚年窮困潦倒，收藏失散，寄居於寺廟，病逝於僧舍。豐坊與天一閣主人范欽交好，范欽早年曾從萬卷樓抄書，豐坊亦曾爲范欽作《藏書記》。萬卷樓所餘藏書、碑帖最後亦賣予范欽，歸藏天一閣。

⑲磴：石階。

喜見山谷①狂草竹枝長卷②真跡，嘆觀止矣

百行狂草化龍蛇，淇艷③湘纍④自一家⑤。
黃菊華顛猶氣岸⑥，竹枝佳句是桃花。

山谷跋劉夢得⑦竹枝歌，推為元和間獨步。⑧其雋句有"山桃紅花滿上頭⑨"，"山上層層桃李花⑩"等語。

【校】

1. 明報版存此詩。手稿版存此詩1個版本，見手稿023（版本1）。

2. 手稿023版本1：

（1）此為原始草稿，極零亂又塗改甚多。有詩題，初作"展山谷書"，後改"展"作"題"，作"題山谷書"。無附記。

（2）百行狂草化龍蛇：此稿初書一"始"字，刪去，續起以"百行青雨化龍蛇"。後於"青雨"旁書"飛筆"，再刪去，寫"狂草似"，或擬作備選。

（3）淇艷湘纍自一家：此句初起以一"如"字，又從旁另起以"悲書黔中"，亦廢。其餘曾試尚有"艷□""九章"等，終大致識得"淇艷沅湘⑪自一家"；又"自"旁另書一"本"字，似備選。

（4）黃菊華顛猶氣岸：此稿初作"□黃氣岸華顛"。後刪去"□"，添一"猶"字，作"黃菊氣岸猶華顛"。

（5）竹枝佳句是桃花：此稿初作"竹枝雋句是桃花"。曾試改"雋句"作"佳句""句好""獨步"，皆刪去，未知心所意屬。"桃花"旁又另書"渌花"，似備選。

3. 明報版：

（1）詩後註所引劉夢得詩句：《詩詞集》版點作"山桃紅花滿上頭，山上層層桃李花"。本版從明報版錄。

【注】

①山谷：即黃庭堅（1045—1105），字魯直，號山谷道人，晚號涪翁，洪州分寧（今江西九江市修水縣）人。歷官葉縣尉、北京國子監教授、校書郎、著作佐郎、祕書丞、涪州別駕、黔州安置等。與張耒

(1054—1114)、晁補之（1053—1110）、秦觀（1049—1100）都曾游學於蘇軾門下，合稱爲"蘇門四學士"。以詩爲蘇軾激賞，爲江西詩派開山之祖。書法別具一格，擅行草，尤善草書，與蘇軾、米芾（1051—1117）、蔡襄（1012—1067）並稱"宋四家"。

②狂草竹枝長卷：指黃庭堅草書《劉禹錫竹枝詞卷》。絹本，30釐米×182釐米。原爲朱贊卿（1886—1967）別宥齋舊藏，1979年由其後人捐藏天一閣。長卷以狂草直書劉禹錫《竹枝詞》九首，此九首亦即見錄於《劉夢得文集》卷九之《竹枝詞》，文字偶有出入。詩後有行書自跋："劉夢得《竹枝》九篇，蓋詩人中工道人意中事者也，使白居易、張籍爲之，未必能也。"即《山谷別集》卷十二所錄《又書自草竹枝歌後》。不署名款。後附近人陳從周（1918—2000）、沙孟海（1900—1992）、徐邦達（1911—2012）跋文。

③淇艷：劉禹錫《竹枝詞》九首序引以爲《竹枝詞》"雖傖儜不可分，而含思宛轉，有淇濮之艷音"。淇濮，即淇水、濮水，皆屬衛地。《詩經·衛風·淇奧》："瞻彼淇奧。"《禮記·樂記》："桑間濮上之音，亡國之音。"按《詩經》有"正風""變風"之說，文辭音調雅正的詩稱爲正風，文辭音調不夠莊重的稱爲變風，《衛風》屬《詩》中之"變風"，故曰"艷"。此處以"淇艷"代指《詩經》中之"鄭衛之風"一類。

④湘纍：出自漢揚雄《反離騷》："欽弔楚之湘纍，惟天軌之不辟兮。"《前漢書·揚雄傳》注引李奇："諸不以罪死曰纍，……屈原赴湘死，故曰湘纍也。"湘，即湘水。此處以"湘纍"指代《楚辭》。

⑤淇艷湘纍自一家：《劉夢得文集》卷九《竹枝詞》九首前有序引，曰："四方之歌，異音而同樂。歲正月，余來建平，里中兒聯歌《竹枝》，吹短笛，擊鼓以赴節。歌者揚袂睢舞，以曲多爲賢。聆其音，中黃鐘之羽，卒章激訐如吳聲。雖傖儜不可分，而含思宛轉，有淇濮之艷音。昔屈原居沅湘間，其民迎神，詞多鄙俚，乃寫爲《九歌》，到於今荊楚歌舞之。故余亦作《竹枝》九篇，俾善歌者揚之，附于末。後之聆巴歈，知變風之自焉。"按：此段序引不見於黃庭堅書長卷。

⑥黃菊華顛猶氣岸：化用自黃庭堅《定風波·次高左藏使君韻》"莫笑老翁猶氣岸，君看，幾人黃菊上華顛"句。華顛，頭髮上黑白相

間,指年老。氣岸,指氣概、意氣。

⑦劉夢得:即劉禹錫(772—842),字夢得,河南洛陽人,自稱"家本滎上,籍占洛陽"。因曾任太子賓客,故稱劉賓客,晚年曾加檢校禮部尚書、秘書監等虛銜,故又稱秘書劉尚書。唐朝文學家、哲學家,有"詩豪"之稱。

⑧推為元和間獨步:黃庭堅《豫章黃先生文集》卷二十六錄《跋劉夢得竹枝歌》:"劉夢得《竹枝》九章,詞意高妙,元和間誠可以獨步。"元和,唐憲宗年號,自公元806年至820年。

⑨山桃紅花滿上頭:出自劉禹錫《竹枝詞並引九首》之二:"山桃紅花滿上頭,蜀江春水拍山流。花紅易衰似郎意,水流無限似儂愁。"按:黃庭堅此書中,"拍山流"書作"拍江流"。

⑩山上層層桃李花:出自劉禹錫《竹枝詞並引九首》之九:"山上層層桃李花,雲間煙火是人家。銀釧金釵來負水,長刀短笠去燒畬。"

⑪沅湘:沅水與湘水。出自《楚辭·離騷》:"濟沅湘以南征兮,就重華而陳詞。"

題嘉興吳孟暉編《淮海長短句》①

東行萬里有情風②,天與娉婷③似夢中。
芳草危亭多少恨,嘉興一帙意何窮。
閣藏此書,向所未聞。曩著《詞籍考》④未能著錄,其前有茅承德正德辛巳⑤序。故記之。

【校】

1. 明報版存此詩。手稿版存此詩3個版本,其一見手稿027正面(版本1);其二見手稿008背面(版本2);其三見手稿030(版本3)。

2. 手稿027(正面)版本1:僅存草擬之詩題,作"天一閣題明正德☒本淮海長短句"。

3. 手稿008(背面)版本2:僅存草擬之詩題,微見塗改痕跡,作"題嘉興吳孟暉編淮海長短句 有茅承德正德辛巳序 正德辛巳"。

4. 手稿030版本3:
(1)此為草稿。有詩題,作"題嘉興吳孟暉淮海長短句,有茅承德正德辛巳序"。無附記。

（2）東行萬里有情風：此稿初作"萬里☒☒有情風"，後改"東行萬里有情風"。又試改"東行"作"俢山"，皆刪去，未知心所意屬。

（3）天與娉婷似夢中：此句較凌亂，修訂反復。大致先作"☒☒☒一望中"，後另試以"鳳浦劉□十里柔"或"天與字裏"，皆刪去，作"天與娉婷似夢中"。

（4）芳草危亭多少恨：此稿似初起作"危亭☒☒劉□恨"，又或"危亭☒☒劃恨盡"。後改"危亭☒☒"作"芳☒危亭"，經考慮以"芳亭"起首，終作"芳草危亭"。又在已刪去之"□"字旁書"多少"二字，即全句終作"芳草危亭劃恨盡"或"芳草危亭多少恨"，未定。

（5）嘉興一帙意何窮：此稿作"嘉興一帙意何窮"；"帙"曾作"卷"。

5. 明報版：

（1）詩後附記：明報版作"閣藏此書向所未聞。曩著《詞籍考》未著錄，其前有茅承德正德辛巳序，故記之。"

【注】

①淮海長短句：即宋秦觀之詞集《淮海居士長短句》。秦觀，字太虛，又字少游，北宋高郵（今江蘇高郵）人，為"蘇門四學士"之一，別號邗溝居士、淮海居士，世稱淮海先生。被尊為婉約派一代詞宗。按：經考證，該詞集實為孟春暉編，王一麟序；《詞籍考》對此書實有著錄，惟未著序者。此處乃為饒教授倉促間誤記、誤識。其間緣由詳情參見附二《天一閣藏明刊本〈淮海居士長短句〉考略》一文。

②有情風：出自蘇軾《八聲甘州·寄參寥子》："有情風、萬里卷潮來，無情送潮歸。"

③天與娉婷、芳草危亭：秦觀《八六子》中有"倚危亭，恨如芳草""無端天與娉婷"語。

④《詞籍考》：饒宗頤教授著，1963年由香港大學出版社出版，勾稽整比明以前詞人別集，乃學術史上第一部以目錄學和版本學的方法和角度來研究詞學的著作。

⑤正德辛巳：即明武宗正德十六年（1521）。是年三月武宗薨逝，

四月明世宗繼位，仍沿用正德年號，翌年改元嘉靖。

天童寺①**次東坡道場山韻**②

　　松風稷稷③滿山麓，天遣金童開靈谷④。
　　我行方從雁蕩回，十方雲水⑤看不足。
　　山中霧海何漫漫，剡川⑥因山自屈盤⑦。
　　到此心欲空潭影⑧，清磬松風落急湍。
　　山翁在山偶一出⑨，心知王氣接宸席⑩。
　　萬里歸來重結茅⑪，布水臺前多手植⑫。
　　我今奔走歷雲鬟，扣門參拜萬松間。
　　山深寺古不可測，入山何故隨出山。
　　山間氣候變昏旦⑬，飽嘗山蔬酣飲半，
　　我心無住聞晨鐘，如聽朱絃音三嘆⑭。

【校】

1. 明報版存此詩。手稿版存此詩1個版本，見手稿031背面（版本1）。

2. 手稿031（背面）版本1：

（1）此為草稿。無詩題。

（2）松風稷稷滿山麓：此稿初起作"塞以"，後改"稷稷松風滿山麓"。

（3）天遣金童開靈谷：此稿初作"天遣童開谷"，後補足作"天遣金童開靈谷"。

（4）我行方從雁蕩回：此稿初作"我方從雁來"，後補足作"我行方從雁蕩來"。

（5）十方雲水看不足：此稿初作"十方雲水☒不足"，後補足作"十方雲水看不足"。

（6）山中霧海何漫漫：此稿初作"山中霧烟何漫漫"，後改"烟"作"海"。

（7）剡川因山自屈盤：此稿初作"剡川因山☒屈盤"，後補"☒"處作"自"。

（8）到此心欲空潭影：此稿曾試起以"清磬◨潭影"，後刪去，改"到此心還空潭影"；再改"還"作"欲"。

（9）清磬松風落急湍：此稿曾試起以"風雷急湍"，後刪"風雷"，改作"清磬和風落急湍"。

（10）山翁在山偶一出：此稿先試起以"山僧"，後刪去，又續作"山翁在山偶一出"。

（11）心知王氣接宸席：此稿初作"忽向宸遊接講席"。先試改"忽"作"服"二次，"向"改"謝"，皆終廢。首四字後改"心識王氣"。又"講"字先改"宸"，再改"瑤"。全句終作"心知王氣接瑤席"。

（12）萬里歸來重結茅：此句起有"萬里歸來"。後試寫第五字"更"、末二字"道場"，皆不用。改"萬里歸來更結茅"，又改"更"作"重"。

（13）布水臺前多手植：此稿初作"布水臺前有手植"，後改"有"作"富"，再改"多"。

（14）我今奔走歷雲鬟：此稿初作"我將奔走歷雲鬟"，後改"將"作"今"。

（15）扣門參拜萬松間：此稿初作"扣門參拜朱欄間"，後改"欄"作"陛"，再改"朱陛"作"古松"，作"扣門參拜古松間"。

（16）入山何故隨出山：此稿初作"入山◨◨出山"。又補為"入山不敢◨出山"，空字並寫"敢""遽"，後選"敢"。最終作"入山不敢隨出山"。

（17）山間氣候變昏旦：此稿初作"高人飼我◨變旦"，後改作"山間氣候變昏旦"。

（18）飽嘗山蔬酣飲半：此稿初作"未厭山蔬飲◨酣"。"未厭"改"飼我"，又改"飽嘗"。"飲"、"酣"二字對調。全句終作"飽嘗山蔬酣飲半"。

（19）我心無住聞晨鐘：此稿塗改甚重，難以辨別。大致初起以"何時長此"，又或"何時長住此聞鐘"。前四字經再三修改，僅勉強見"留君旁住"等字樣，後改"我心無住"。又改"此聞鐘"作"聞晨鐘"。全句終作"我心無住聞晨鐘"。

（20）如聽朱絃音三嘆：此稿作"為聽朱絃音三歎"。"聽"字曾試改"聞",後復舊。

(21) 詩後註有"用東坡遊道場山韻"。

3. 明報版：

(1) 詩題作"天童寺（次東坡道場山韻）"。

(2) 全詩與《詩詞集》版同。

【注】

①天童寺：佛寺名。相傳始創於西晉，位於今浙江寧波市鄞州區太白山麓。天童寺為禪宗寺院，南宋時位列五山之第三，清代同治年間為禪宗四大叢林之一，同時也是日本曹洞宗祖庭。寺中建築屢經興廢，現存最古老的建築為建於明崇禎四年的佛殿。

②東坡道場山韻：即指蘇軾《遊道場山何山》："道場山頂何山麓，上徹雲峯下幽谷。我從山水窟中來，尚愛此山看不足。陂湖行盡自漫漫，青山忽作龍蛇盤。山高無風松自響，誤認石齒號驚湍。山僧不放山泉出，屋底清池照瑤席。階前合抱香入雲，月裏仙人親手植。出山回望翠雲鬟，碧瓦朱欄飄渺間。白水田頭問行路，小溪深處是何山。高人讀書夜達旦，至今山鶴鳴夜半。我今廢學不歸山，山中對酒空三歎。"

③稷稷：形容盛多、繁茂。

④天遣金童開靈谷：此句言天童寺名由來。《明一統志》卷四十六："天童寺，在天童山中。晉時僧義興結屋山間，有一童子日給薪水，後辭去，曰：'吾太白辰也。'言訖不見，寺以此得名。"

⑤雲水：雲水僧，又名雲遊僧、行腳僧。

⑥剡川：此剡川為水名。浙東有剡溪，史以"剡溪九曲"著稱，今多以為曹娥江經嵊州一段；寧波奉化溪口亦以剡溪之水得名。天童寺周遭山間多溪澗，或以此代指。

⑦屈盤：即盤屈、盤曲。宋黄榦（1152—1221）《和江西王倉中秋賞月韻》詩有"一輪天外長明徹，萬象胸中自屈盤"句。

⑧心欲空潭影：化自唐常建（708—765）《題破山寺後禪院》詩"潭影空人心"句。

⑨山翁：指明末清初的道忞禪師（1596—1674）。潮州茶陽（今屬廣東梅州市大埔縣）人。俗姓林。字木陳，號山翁。早年習儒，以藝

文聞名鄉里，讀《目蓮傳》《大慧語錄》有省，往匡廬開先寺出家，師從若昧智明禪師（1569—1631）。後遊歷四方，又往天童寺，參謁住持密雲圓悟（1566—1642）十四年，密雲圓寂後繼其法席。

⑩心知王氣接宸席：清順治十六年（1659），道忞奉世祖詔入京，於北京萬善殿與學士王熙等相互問答，帝賜號弘覺禪師。

⑪萬里歸來重結茅：道忞初次掌天童寺三年後，曾退居慈溪五磊寺，繼遷主台州廣潤寺、紹興大能仁寺、吳興道場山、青州法慶寺。至清順治十四年（1657），方應衆請再住錫天童。兩年後奉詔進京，歸後，順治帝又發帑金千兩，命金修殿宇。

⑫布水臺前多手植：道忞有《布水臺文集》三十二卷，署"住明州天童寺匡廬黃巖沙門道忞著"。匡廬黃巖寺臨瀑布，下有布水臺，道忞詩文中亦不乏提及此地，或以之記其出身。又道忞有《受業開先若昧和尚》詩，有"雲肩一自鎖黃巖，百尺猶看手植杉"句。

⑬山間氣候變昏旦：出自謝靈運《石壁精舍還湖中作》詩"昏旦變氣候，山水含清暉"句。

⑭如聽朱絃音三嘆：典出《禮記·樂記》："《清廟》之瑟，朱絃而疏越，一倡而三嘆，有遺音者矣。"

望四明山①

日月星辰衆洞通②，人間何處覓韓終③。
行藏豈為尊鱸膾④，回首剡溪一夢中。
（道家謂：其洞可通日月星辰。謂之四明。）

【校】

1. 明報版存此詩。手稿版存此詩1個版本，見手稿023（版本1）。
2. 手稿023版本1：
(1) 此為未完草稿。有詩題，作"四明山"。
(2) 題下有句："□□洞天也日月星辰謂之「四明」。"
(3) 日月星辰衆洞通：此稿初作"⊠⊠⊠百□洞通"，後另起"日月星辰皆照燭"，後綜合二句，改作"日月星辰衆洞通"。旁又註"道家謂之四明"。

（4）人間何處覓韓終：此稿初作"人間□處□□風"。旁又試有多字，可見者"須臾風晴空"。似未最終定稿。

（5）行藏豈為蓴鱸膾：此稿不見此句。

（6）回首剡溪一夢中：此句同《詩詞集》版。

3. 回明報版：

（1）行藏豈為蓴鱸膾：明報版"蓴"作"蒓"。

（2）詩後註"道家謂……"一段：明報版置於"日月星辰衆洞通"之後。

【注】

1 四明山：又名句余山，是中國浙江省東北部的一座山脈，爲天台山向北延伸的支脈，在寧波市西。傳說為道家三十六小洞天之第九"丹山赤水洞天"所在。

2 日月星辰衆洞通：《方輿考證·山川典》："四明山高峯軼雲，連岫蔽日。道書爲丹山赤水洞天山有四窻穴，通日月星晨之光，故號四明。"

3 韓終：秦朝時方士。《史記·秦始皇本紀》記秦始皇"因使韓終、侯公、石生求仙人不死之藥"。又《楚辭·遠遊》有"羨韓衆之得一"句，宋洪興祖（1090—1155）補注引《列仙傳》"齊人韓終，爲王採藥，王不肯服，終自服之，遂得仙也。"後世或以之二者為一。

4 蓴鱸膾：即蓴羹鱸膾，表意為味道鮮美的蓴菜羹、鱸魚膾。典出《晉書·張翰傳》："張翰在洛，見秋風起，因思吳中菰菜羹、鱸魚膾，曰：'人生貴得適意爾，何能羈宦數千里以要名爵？'遂命駕歸。"

超山有唐宋梅各一枝

超山青眼逾天台①，的皪②寒花待客來。
詞筆春風③誰及我，一旬看遍宋唐梅④。

【校】

1. 明報版存此詩。手稿版存此詩1個版本，見手稿036（版本1）。

2. 手稿036 版本1：

（1）此為草稿或謄抄稿。有詩題，初作"超山□梅"；"□"改試

"尋"等，又在題首加一"題"字；後刪作"超山"。

（2）詞筆春風誰及我：此稿初起以"黃昏"，後刪去另起，作"詞筆春風誰及我"。又曾試以"勝"替"及"字，亦廢復舊。

（3）一旬看遍宋唐梅：此稿初作"一旬看盡隋唐梅"。曾試改"旬"字，後復舊。又在"盡"字邊書"遍"字，"隋"字邊書"唐"字，似待取捨。

3. 明報版：詩題並全詩與《詩詞集》版同。

【注】

①天台：此處指天台山國清寺之隋梅。

②的皪：光亮、鮮明貌。《漢書》卷五十七上《司馬相如傳》引氏《上林賦》有"明月珠子，的皪江靡"句，顏師古注曰："皪，音歷。的皪，光貌也。"南宋范成大《雨後田舍書事》詩有"熟透晚梅紅的皪，展開新篸翠扶疏"句。

③詞筆春風：化自姜夔詞《暗香》"何遜而今漸老，都忘卻春風詞筆"句。該詞有序云："辛亥之冬，予載雪詣石湖（范成大）。止既月，授簡索句，且徵新聲，作此兩曲。石湖把玩不已，使工妓隸習之，音節諧婉，乃名之曰《暗香》、《疏影》。"

④一旬看遍宋唐梅：化用自唐孟郊（751—814）《登科後》詩"春風得意馬蹄疾，一日看盡長安花"句。

白堤①夜步

休向湖邊問結廬②，平林煙水③共模糊。
漫從花港觀魚處④，戲寫夜山入夢圖。（高房山⑤有《夜山圖》）

波光寒色此何辰，弦月無端卻避人，
天遣尋詩三兩輩，白隄占盡一湖春。

【校】

1. 明報版存此詩二首。手稿版存此詩二首 1 個版本，見手稿 036（版本 1）。

2. 手稿036版本1：
（1）此為草稿或謄抄稿。有詩題，作"白隄夜步"。
（2）休向湖邊問結廬：此稿作"欲詣湖邊觀渡廬"。
（3）平林煙水共模糊：此稿作"西湖烟水正模糊"。
（4）戲寫夜山入夢圖：此稿初作"戲寫夜山入畫圖"，後劃去"入畫"，又改作"入夢"。
（5）波光寒色此何辰：此稿初作"波光雲色此何辰"，後改"雲"作"寒"。
（6）弦月無端卻避人：此稿初作"弦月無端卻□人"，後改"□"作"避"。
（7）白隄占盡一湖春：此稿初作"白隄共占一湖春"，後改"共占"作"占盡"。

3. 明報版：
（1）"高房山有《夜山圖》"註：《詩詞集》版未標書名號，本版從明報版錄。

【注】

1 白堤：位於杭州西湖，在唐即稱白沙堤、沙堤，其後在宋、明又稱孤山路、十錦塘。後人常將白堤與唐代大詩人白居易在今天白沙路一帶興修過的白公堤（亦簡稱"白堤"）而相混，惟當年的白公堤現已不存。

2 結廬：構筑房舍。晉陶潛《飲酒》詩之五："結廬在人境，而無車馬喧。"

3 平林：平原上的林木。《詩經・小雅・車舝》："依彼平林，有集維鷮。"《毛傳》注曰："平林，林木之在平地者也。"唐李白《菩薩蠻》詞："平林漠漠煙如織，寒山一帶傷心碧。"

4 花港觀魚處：花港觀魚，地處蘇堤南段西側，西湖十景之一。有溪自花家山經此匯入西湖，故稱花港。南宋時內侍盧允升於是造"盧園"，園內栽花養魚，始有此景。

5 高房山：即高克恭（1248—1310），字彥敬，號房山，元代畫家。色目人。歷官刑部主事、刑部侍郎、大名路總管、太中大夫。累官至刑部尚書，深得百姓愛戴。工山水畫，亦擅墨竹，山水師法米芾父子、巨然、李成等人，被虞集譽為"國朝名筆第一"。曾居西湖吳山時繪《夜山圖》，除自題外，一時名士如趙子昂（1254—1322）、仇遠（約1247—?）、虞集（1272—1348）、柯九思（1290—1343）等數十人皆爭相題之。其事見明趙琦美輯《鐵網珊瑚》卷一三所載之徐琰《敬題彦敬郎中為公略年兄所作夜山圖》。

未刊詩作：

吳門和鍥翁①

二月攜春到古原，春風春雨過閶門②。
艷陽孕出催花句，博得池邊鳥語喧。

【校】

1. 此詩不見《詩詞集》，僅存手稿版 2 個版本：其一見手稿 013（版本 1），為草稿；其二見手稿 011（版本 2），為謄抄稿。本版從手稿 011 版本 2 錄。

2. 手稿 013 版本 1：

（1）詩題初作"戲為□打游□和鍥翁"，後刪去"戲為□打游□"，改作"吳門和鍥翁"。

（2）艷陽孕出催花句：此稿初作"寒梅休惱催花句"，後改"寒梅休惱"作"艷陽孕出"。

（3）博得池邊鳥語喧：此稿初作"祇似池邊鳥語喧"。"祇似"曾改"祇似""博得""且聽"等，後刪至"祇/博得"待定。又試改"池邊"，刪後復取。

3. 手稿 011 版本 2：

（1）博得池邊鳥語喧：此稿"博"曾作"祇"，後改。

【注】

1 本詩乃和梁耀明《吳門途次》。（梁氏詩見附一《同遊友人相關詩詞匯輯》）

2 閶門：俗稱吳門。是蘇州古城之西門，通往虎丘方向。從詩文內容看，本詩作於蘇州途中。本詩或為出發去鄧尉山賞梅路上所作。

自崑山至鄧尉見古龍柏，傳為鄧禹①手植

歸奇顧怪②到虯松，想見將軍氣猶龍。
天墜長星甘化木③，勢壓吳山第一峯④。

【校】

1. 此詩不見《詩詞集》，僅存手稿版 2 個版本：其一見手稿 014（版本 1），為草稿；其二見手稿 011 正面，為謄抄稿。本版從手稿 011 版本 2 錄。

2. 手稿 014 版本 1：

(1) 此稿無詩題。字跡抖動凌亂。

(2) 歸奇顧怪到虯松：此稿初作 "歸奇顧怪☒松"，後改作 "歸奇顧怪到虯松"。

(3) 想見將軍氣猶龍：此句初撰字不可辨識，後改作 "想象將軍氣猶龍"。

(4) 天墜長星甘化木：此稿初作 "天墜將軍長星☒"，後刪 "將軍長"，經多次修改，如廢 "手植" 二字，終全句作 "天墜長星甘化木"。

(5) 勢壓吳山第一峯：此稿初作 "震澤☒☒通四海"。又在 "澤" 旁寫一 "危" 字，改 "通四海" 作 "百卉"。復在 "震澤" 旁另書 "勢壓"，另行續以 "吳山第一峯"。全句或可作 "勢壓吳山第一峯"，而餘留之字或為未刪之廢稿。

3. 手稿 011 版本 2：

(1) 詩題初作 "鄧尉見古龍柏，傳為鄧禹手植"，後在前插入 "自崑山至"。

(2) 按：此詩句中有刪去之 "倪迂柳"、"何遜梅" 等字，色跡不同與此詩它字，應為同葉詩稿《山陰道上和鍥翁》所廢用（詳參《山陰道上和鍥翁》詩手稿版本 3），與此詩無關。

【注】

①鄧禹（2—58）：字仲華，東漢初年著名軍事家，雲臺二十八將第一位。蘇州之鄧尉山之名，相傳是太尉鄧禹曾隱居於此而得。按太尉之名，最早見於《呂氏春秋》，漢武帝建元二年後不再設置。到東漢光武帝建武二十七年，將大司馬改為太尉，以太尉、司徒、司空為三公。查《後漢書》鄧禹列傳，鄧禹官拜司徒，非大司馬。

②歸奇顧怪：歸莊（1613—1673）和顧炎武。因二人相友善又行事奇特，性情怪僻，時人稱為"歸奇顧怪"。清陳康奇（1840—1890）《郎潛紀聞》卷八："國初，崑山歸處士莊，與亭林齊名，時有歸奇顧怪之目。"

③天墜長星甘化木：宋吳文英憑弔吳宮古跡之懷古詞《八聲甘州·靈岩陪庾幕諸公遊》有"青天墜長星，幻蒼崖云樹"句。按吳文英詞中憑弔之處，即在距鄧尉山不遠之靈岩山。

④勢壓吳山第一峯：出自金海陵王完顏亮《南征至維揚望江左》詩"提兵百萬西湖上，立馬吳山第一峰"句。吳山，在杭州西湖東南，此處應借指鄧尉山。

雁蕩即事

危嶂疊峯答文殊，一時淺深入看無①。
百年人事皆如此，千里凭欄暫向隅②。

【校】

1.《雁蕩即事》手稿版存三首，惟此首未見《詩詞集》，僅存手稿026（正面）一稿，據增補。

2. 手稿026（正面）：

（1）一時淺深入看無：此句起首經多次塗改，曾用"如何""何人"等，後改。

（2）百年人事皆如此：此句起首曾用"人間"，後廢另起。

（3）千里凭欄暫向隅："千"字初作"萬"，後改。

【注】

①一時淺深入看無：化自唐朱慶餘《近試上張水部》"畫眉深淺入時無"句。

②向隅：面向房屋的角落。晉潘岳《笙賦》："眾滿堂而飲酒，獨向隅以掩淚。"

蘇堤①

蘇堤拂曉美如詩，阿是西施出浴姿。
欲起坡公曰綴句，任須橘綠橙黃②時。

一片微茫入我詩，等到新物正含□。
鵝黃嫩綠③看卻畫，那及鶯飛草長時。

【校】

1. 此二詩不見《詩詞集》。僅手稿036存詩作1個草稿版本。
2. 手稿036：
（1）此似為未完棄稿，有多處修訂痕跡。無詩題。本版詩題為筆者據詩作內容所加。
（2）欲起坡公曰綴句：初作"欲起坡公一面□"。
（3）等到新物正含□：初作"等到新物已含滋"。後改"已"作"正"，又試改"滋"字為某字，惜筆者未能辨認，疑似"彌"字。

【注】

①蘇堤：位於杭州西湖西部，南起南屏山下花港觀魚，北抵棲霞嶺下曲院風荷和岳廟，與白堤、楊公堤並稱為西湖三堤。1089年，時任杭州知府的蘇軾疏浚西湖，以淤泥和葑草築成聯繫西湖南北的長堤，後人遂以其姓命名該堤為蘇堤。

②橘綠橙黃：蘇軾《贈劉景文》詩："一年好景君須記，最是橙黃橘綠時。"

③鵝黃嫩綠：姜夔《淡黃柳·空城曉角》詞有"看盡鵝黃嫩綠，

都是江南舊相識"句。

附一　同遊友人相關詩詞匯輯

（一）梁耀明（鍥齋）

《江南行》
甲子二月

【注】梁耀明將此次浙東遊的詩作以《江南行》為名，結集收錄在《聽曉山房續集》中；並曾以《江南新詠》為名，將詩作發表於香港同人詩刊《嶺雅》（季刊）第五期。本篇所錄詩作，以其《聽曉山房續集》為底本。

寄梅

三年幾負江南約，閏歲猶遲二月春。
寄語寒梅應省識，莫辜此日看花人。

吳門途次

短麥敷青漸滿原，探梅蹤跡到吳門。
二分春色人嫌少，一首新詩座已喧。

鄧尉探梅和選翁元玉

朝來偶寄梅花詩，敢道禿筆多生姿。
江北江南人先醉，二月於今春到遲。
新鶯暖樹猶噤舌，髡柳晴郊初青絲。

儘教天意或蕭瑟，未應人事紛差池。
一夕良逢千載話，數瓶嘉釀幾吟髭。
吳門自古多佳士，座上說有春風師。
(程饒二公) 願乞二老丹青筆，留與寒門兒孫知。

【注】《嶺雅》本中，題目"鄧尉探梅和選翁元玉"作"探梅鄧尉步選翁均"。

石壁村

萬頃梅花擁一邨，家家煙水繞閑門。
蟠螭嶺下羊腸路，勝似漁郎入古源。

【注】《嶺雅》本中，題目"石壁村"作"石壁邨"，"萬頃"作"萬樹"，"勝似"作"絕似"。

過嘉興

似輞川清畫綠原，江山吳越勝猶存。
東風漸解將春色，吹入騷懷幾度溫。

【注】《嶺雅》本中，"網川"作"輞川"，"吹入騷懷幾度溫"作"吹向肩邊醉客魂"。

湖堤垂柳與選翁

應是饒侯筆底來，蟠螭堤柳壓雲開。
此行兩得稱心事，君畫湖山我看梅。

【注】《嶺雅》本中，題目"湖堤垂柳與選翁"作"湖柳贈選翁"，"此行兩得稱心事"作"此行可得稱心事"，"看梅"作"畫梅"。

訪蘭亭謁右軍祠

肯信風流付草萊，右軍祠宇倚天開。

蘭亭春日人如鯽，我亦山陰挾侶來。

【注】《嶺雅》中，題目"訪蘭亭謁右軍祠"作"訪蘭亭竭右軍祠"，"倚天開"作"倚山開"。

禹陵

曠古功酬寰一丘，禹陵高殿遞王侯。
蒼茫石上章瘋筆，義與春秋斧鉞侔。

【注】《嶺雅》本中，"高殿"作"宮殿"。

青藤書屋

人來萬里拜文長，壁有青藤蘊古香。
莫道書生空本色，一廬天地躡南陽。

天台山石梁飛瀑

僧家每事愛談奇，我自溪梁悄覓詩。
偶落清源心不濕，看花人笑老夫癡。

【注】《嶺雅》本中，題目"天台山石梁飛瀑"作"石梁飛瀑天台山"，"每事"作"每自"，"看花"作"看山"。

過黃岩

山光野色惹人饞，究有疏狂自不凡。
二月浙東春漸足，一車煙雨過黃岩。

初登雁蕩

不遜黃山態萬奇，眾峯尤絕插龍峯名姿。
我來倚檻明潭曲，試寫登臨第一詩。

【注】《嶺雅》本中，"態萬奇"作"萬態奇"，"倚檻"作"倚杖"。

"《江南春集》檔案"本中,"不"作"未","態萬奇"作"萬象奇","倚檻"作"倚杖","明潭曲"作"清潭上","登臨"作"各山"。

隱珠瀑贈謝軍

天瀉明珠萬斛來,雄崖似竹破邊開。
知君如海傾心血,辛苦仙山闢草來。

【注】《嶺雅》本中"似竹"作"如竹","如海"作"似海"。

龍西

曉出輕車踏暖泥,煙光如夢到龍西。
天心畢竟憐詩客,盡放奇峯送眼齊。

【注】《嶺雅》本中,"送眼齊"作"到眼齊"。

顯聖門含羞瀑下七三初度

十年尋勝慣逍遙,好景當前肯便饒。
一瀑含羞如識我,萬峯來拜祝花朝。

【注】《嶺雅》本中,"如識我"作"猶識我","來拜"作"如拜"。

中折瀑

奇峯百態路千尋,中折潭邊曳杖吟。
萬事可隨雲眼過,湖山無計不關心。

【注】《嶺雅》本中,題目"中折瀑"作"中折瀑探勝","無計"作"無處"。

離雁蕩過樂清灣

春色已勻東海岸，風花如繡樂清原。
回頭雁蕩依依意，正是魂消為不言。

【注】《嶺雅》本中，"春色已勻"作"春意已濃"，"依依意"作"依依似"，"正是魂消為不言"作"我亦魂消未忍言"。

大溪市集

雞豕鮮蔬滿道旁，萬人如海趁墟忙。
十年太息魚蝦盡，一策纔寬歲已康。

【注】《嶺雅》本中，"雞豕"作"雞家"。

溪口

剡水東流去未還，蒼蒼依舊四明山。
梅花不管春風雨，開落庭前意自閑。

【注】《嶺雅》本中，題目"溪口"作"溪江"。

登天一閣

湖山踪跡笑忙餘，高閣今登最起予。
兩浙風光三月柳，千秋功業一樓書。

天童寺道中

松翠流襟廿里風，輕車朝發上天童。
野梅一路無人管，自愛縱橫煙雨中。

贈饒老

勝遊十日意如醻，一券相盟願奠焚。
我占梅花君占柳，湖山春色兩家分。

歸程

水煙濡柳綠眉微，行止人如燕子飛。
十日三郎江左去，姑蘇買得小梅歸。

（二）韓穗軒

其一：《江南紀事詩》

甲子仲春，應梁鍈齋約，與饒選堂陳秉昌諸君子作蘇杭訪梅之游。道出樂清，暢游雁蕩，並及嘉興紹興無錫寧波奉化，沿途得紀事詩二十餘首，工拙在所不計也。

【注】韓穗軒將此次浙東遊的詩作以《江南紀事詩》為名，結集收錄在《瀛寰紀事詩》中，並曾將詩作分上、下兩篇分別發表於香港《星島晚報》1984年4月16日、17日副刊（即"《江南春集》檔案"中剪報 A.Jg02.002.01.46），本篇所錄詩作，以其《瀛寰紀事詩》為底本。另，在報紙上，"甲子仲春，應梁鍈齋約，與饒選堂陳秉昌諸君子作蘇杭訪梅之游。道出樂清，暢游雁蕩，並及嘉興紹興無錫寧波奉化，沿途得紀事詩二十餘首，工拙在所不計也"作"甲子仲春，應梁鍈齋約，與饒選堂陳秉昌諸君子作蘇杭訪梅之游。道出樂清，暢游雁蕩，並及嘉興、紹興、無錫、寧波、奉化。成詩二十餘首，錄之如次"。

甲子春重履上海一別五十年矣夜宿西郊賓館

晴空新月照西郊，文采風流孰勝曹。
法相莊嚴參古寺，一江春水尚滔滔。

【注】《星島晚報》版中，題目"甲子春重履上海一別五十年矣夜宿西郊賓館"作"甲子春重履上海一別五十年矣，夜宿西郊賓館"，"文采風流孰勝曹"，作"文采風流孰勝曹"。另《星島晚報》版有注"龍華寺文革時已毀，現始規復"。

出郊

郊行一路最怡神，又見江南第二春。
鄧尉山頭花待放，詩人催喚惹人嗔。

崑山亭林公園

亭林園地祀文康，老樹瓊花亦可王。
異代龍洲留墓穴，詩人來此意悠揚。
<small>園內有明初顧文康祠，后有劉改之墓。</small>

【注】《星島晚報》版中，下注"園內有明初顧文康祠，后有劉改之墓"作"園內有顧文康祠，顧名鼎臣，字九和，崑山人。弘治十八年進士第一，嘉靖入參機務，卒於官。贈太保，諡文康。後有劉改之墓"。

催花詩和選堂韻

不為梅花始有詩，丹臉娥眉冰雪姿。
五十年前春申住，此來都為賞花遲。
春郊漸綠江南岸，沿途細柳柳如絲。
游罷姑蘇天未晚，滄浪初戀濯纓池。
詩囊俯拾皆詩料，郇廚美食抹霜髭。
多謝孟嘗能愛客，同行幸識程畫師。
鄧尉有知如待我，因風先報與花知。

放鶴亭

孤山亭外欲開梅，負手尋詩第幾回。
墨客騷人游不絕，御碑臺下我低徊。

過錢塘江大橋

錢塘江水綠於油，野鴨浮沉近小丘。
詩客侵晨橋上過，六和低影意悠悠。

蘭亭

蘭亭二月記游踪，曲水祠邊意自雄。
脩竹入春猶未半，晉賢遺墨是吾宗。

【注】《星島晚報》版中，"脩竹"手改作"修竹"。

禹王祠

禹王祠墓在山陰，茂木迎春一徑深。
詞客豈臨留短句，功成遺愛繫民心。

【注】《星島晚報》版中，"詞客豈臨留短句"作"祠客登臨留短白"。

新昌大佛寺

名剎春陰拜佛堂，六朝遺蹟啟玄奘。
南明山上塑彌勒，智者深藏證道場。
奘從俗叶平。

【注】《星島晚報》版中，"啟"作"啓"，下注"叶平"作"葉平"。

國清寺隋梅

一樹隋梅飛白雪，且憑春意帶霏微。
慈悲佛法開山寺，幾輩看花不肯歸。

方廣寺

天臺晉寺拜禪宗，方廣山房重疊重。
飛瀑懸崖天上過，石梁橋畔仰高風。

【注】《星島晚報》版中，"天臺"作"天台"，"天上過"作"天

上降"。

小龍湫觀瀑

展旗天柱兩峯迎，雁蕩山前野色清。
仰望龍湫懸峭壁，水雲烟霧半陰晴。

碧水潭

烟霧迷濛驟雨飛，靈巖秀色亦稱奇。
超雲峯下水迎碧，淡蕩潭光照落暉。

北斗洞

北斗名山作道場，先生來此意洋洋。
文公遺墨今猶昔，煮茗清淡待晚觴。
洞內有朱文公聯

【注】《星島晚報》版中，"清淡"作"清談"。

合掌峯又名夫妻峯

夫妻合掌兩名峯，早晚看山各不同。
一指觀音憑峭壁，飛仙游蕩半天中。

顯聖門

名山深處春來好，曲徑躋攀到此門。
三佛挨肩渡天險，似聞飛雁過雲端。
洞內鐘乳石佛像如唐僧偕弟子挨肩渡險

【注】《星島晚報》版中，下注"洞內鐘乳石佛像如唐僧偕弟子挨肩渡險"作"洞內鐘乳石佛，像唐僧偕弟子挨肩渡險"。

含羞瀑和鍥翁

花朝今日我來早，顯聖門前二月春。

一瀑含羞如有待，山川靈秀屬詩人。

三宿靈峰
三宿靈峯為看山，穿雲渡嶺可曾閒。
明朝又上寧波路，周覽羣書興未珊。

大溪墟集
大溪墟集人如海，光棍無皮幾擔柴。
珍錯果蔬隨俯拾，田家風味自無涯。

溪口停驂
雲吞餅餌兩皆精，溪口療饑暫一停。
故國江山依舊好，剡溪橋上柳青青。

登天一閣
江南花氣柳青青，筆陣縱橫悅我情。
瞻仰四明天下士，登樓長日擁書城。
是日展黃山谷草書劉連州竹枝長卷，不勝神往。

【注】《星島晚報》版中，下注"是日展黃山谷草書劉連州竹枝長卷，不勝神往"作"展黃山谷草書劉連州竹枝長卷不勝神往"。

阿育王寺禮佛
春風隨客上蓮臺，佛法如如無去來。
拔地有山橫玉几，扶桑東渡鑑公杯。
唐僧鑑真第三次東渡，曾被明州府截留，居此二載。

保國寺
千年木構古名剎，一碧涵空四字雄。
斗拱昂弓存保國，靈山淨土在其中。

萬曆御史顏鯨題一碧涵空四字於淨土池上。

超山看梅

隋梅看罷有唐宋，再往超山興未窮。
騷客留題多好句，暗香疏影拜吳公。
園內植唐宋梅各一株，後山有吳昌碩墓。

【注】《星島晚報》版中，"疏影"作"疏影"。下注"園內植唐宋梅各一株，後山有吳昌碩墓"作"浮香閣前植唐宋梅各一株，後有吳昌碩墓"。

其二：《江南詞》

甲子仲春，與梁鎩齋、饒選堂、陳秉昌諸君子結伴訪梅，徘徊於兩湖之間，尋復遠游雁蕩，周覽山川秀色。因依周美成韻成詞數闋，以留紀念。

【注】該組詞最早以《江南詞》為題，發表於香港《星島晚報》1984年3月27日副刊（與"《江南春集》檔案"中剪報 A. Jg02. 002. 01. 02 同版），又以無題組詞四首另刊於《嶺雅》雜誌第五期。本篇所錄詩作，以其《嶺雅》版為底本。

玲瓏四犯 鄧尉訪梅

鄧尉山頭，正暈雪初酥，一番春豔，玉質冰姿，依約秀眉煙臉，猶記讀罷甘州，有燕子、雙飛撩亂。歎歲華、似箭偷換。湖裏甚時重見。
夜來時戀輕羅薦。但空餘、蕙芳蘭蒨，長春柳線牽幽恨，處處驚人眼。回想震澤綠波，忽又聽殘更急點。願一枕孤衾留好夢，休吹散。

【注】《星島晚報》版中，"猶記"作"猶想"。

南鄉子 樓外樓晚宴

樓外已無樓，淡靄青暉逐漸收。一陣涼風生客袖，颼颼。美酒當筵水自流。

煙柳曲橋頭，老去心情事事休。九十韶光春未半，回眸。且送人間萬種愁。

少年游 初抵雁蕩

朝雲暮雨枕崟山，簾外徧春寒。淺綠還池，初黃屬柳，無語閣簾看。

遮番未了觀梅約，飛轍待征鞍。山水屏中，鶯花隊裏，歸夢報平安。

【注】《星島晚報》版中，"徧"作"偏"，不合平仄，應為植字錯誤。本篇因從《嶺雅》版。

玉樓春 蘇隄春曉

西湖初着新妝了，曙色游絲煙外裊。小橋楊柳百般嬌、煙霧迷濛春正好。

平波遠處鶯聲巧，薄薄輕寒欺客帽。人生難得片時狂、且在隄邊留玉貌。

（三）陳秉昌

《江浙遊草》

一九八四甲子二月

【注】陳秉昌將此次浙東遊的詩作以《江浙遊草》為名，結集收錄在遺著《陳秉昌詩書篆刻》中。香港大學饒宗頤學術館饒學研究中心藏品中，又偶檢得一早期抄正稿本複印件，上題"饒老教正　秉昌呈稿"（下稱"題贈稿版"）。題贈稿版題作"江浙遊艸　甲子二月"，錄陳氏詩詞共23首，缺《大溪市集》、《吳昌碩墓》二首，編排次序亦頗為不同。又另附陳妻王慕潔作二首。本篇以《陳秉昌詩書篆刻》版為底本，二版本排序不同之處，不另出校。另據題贈稿版補王慕潔詩。

鄧尉探梅前夕步饒老韻

江山如畫亦如詩，春回萬象炫新姿。
問梅消息人千里，云方破萼開何遲。
西郊夜宿聞蟲語，一襟幽事如遊絲。
朝發路過崑山側，暮挹滄浪水一池。
旗亭賭唱酒初熟，白戰幾度斷吟髭。
預祝花好春長在，天工造物堪為師。
鐵笛吹開香雪海，天心欲問花不知。

崑山

崑山兀兀水潾潾，道遠不辭為探春。
顧絳園林劉過墓，經師詞客合為鄰。

【注】題贈稿版中，"潾潾"作"粼粼"。

鄧尉

萼綠骨紅春滿枝，東風沈醉半開時。
一園香雪留名跡，卻失康題舊日詩。

滄浪亭

濯纓濯足亦何常，泉石清奇愛此莊。
贏得畫師幽一默，開門見水笑滄浪。

靈巖山

車過靈巖弔館娃，英雄舊事說夫差。
吳宮為沼成陳跡，勝有山桃未著花。

虛谷墓

畫風寒邈自通神，高行能修足上人。
禮罷孤墳翹首望，長松髬髵是前身。

蘭亭

茂林修竹護鵝池，為表書名有御碑。
石壁山前今視昔，我來重拜右軍祠。

大禹陵

為聖為賢有自來，拯飢拯溺志堪哀。
而今陵廟圖功績，三過家門總不回。

青藤書屋

女貞樹古蔭青藤，小院春陰冷似冰。
環堵蕭然遺墨在，佯狂風骨尚棱棱。

【注】題贈稿版中，"棱棱"作"稜稜"。

國清寺

寺若成時國即清，豐碑曾記寺由名。
隋梅隋塔同千古，更向山門訪一行。

天台山道中

十里輕車指石梁，盤陀直上逼穹蒼。
羊腸百轉懸深谷，偶見山家打石忙。

方廣寺

天漢分流此合流，石梁高處下龍湫。
寺尋方廣聞禪悅，欲出家時已白頭。

過黃巖

市過黃巖橘子紅，村童喚賣雨聲中。
數筐購得分甘味，與酒攜將入浙東。

宿靈峰旅舍

驚看石雁似飛鳴，初宿靈峰聽水聲。
笑與山妻清夜坐，焚膏促膝到天明。

石谷坑

疊石為墻竹作門，春溪雜樹繞孤村。
山家別有閒中味，老婦晨炊稚放豚。

顯勝門

北雁孤飛高入雲，眼中萬木發芳春。
五丁昨夜鑿山骨，一線窺天開石門。
大壑風廻鳴上下，怒泉激響如雷奔。
探幽危崖亂石間，影落碧潭齒髮寒。
掉臂振衣氣磅礴，天陰雲重失群山。
噫吁嘻，深山大澤多雄奇，會當終老不須歸。

雁蕩山中壽鍥齋師伯

遊蹤到處不知遙，詩酒相隨味更饒。
願獻此山作公壽，康彊逢吉祝今朝。

調寄點絳唇　留別雁蕩

雁蕩春寒，破空亂插峰無數。幾番朝暮，消盡蔭晴雨。
惜別宵深，欲喚山靈語。今且住，雞鳴天曙，又上江南路。

【注】《陳秉昌詩書篆刻》版中，題目作"留別雁蕩調寄點絳唇"。本篇從題贈稿版。

隱珠瀑

泉瀉懸崖百丈寒，谷風吹散作珠看。
料應不分隨流轉，隱向清潭綠玉盤。

【注】題贈稿版中，"懸崖"作"懸厓"；"谷風"作"風來"。

大溪市集
搖天禿木亂桅檣，趁市翻疑入水鄉。
不失農時風物好，萬人如海見熙攘。

溪口
剡溪渡口水濺濺，往事無邊欲化煙。
血洗深仇鐫片石，不忘報本到黃泉。

【注】《陳秉昌詩書篆刻》版中，"報本"作"報木"，應為排印失誤。本篇因從題贈稿版。

天一閣
滿閣圖書集古今，興亡事跡費追尋。
邦家文物英靈在，不負當年范老心。

天童寺
山門廿里列青松，古剎宏開擁翠峰。
到此初參方外味，齋分蔬筍記天童。

曹娥江
地因孝女得嘉名，終古曹娥死亦生。
過客傷心橋下望，一江春水碧無情。

鑑湖
策杖重來春半時，湖壖芳草碧如絲。
成仁女俠今何在，愁煞秋風絕命詞。

吳昌碩墓

書源石鼓畫青藤，篆刻渾如入定僧。
死葬超山梅作伴，前生應與鶴為朋。

附王慕潔作：

蘭亭

曲水流觴此地傳，會稽留得好山川。
學書自媿無家法，竊誦先芬序一篇。

探梅

山阿野水見幽姿，品格孤高不合時。
與我同名呼姊妹，相逢持贈可無詩。

（余小字綺梅）

附二　天一閣藏明刊本《淮海居士長短句》考略

（一）引言

題嘉興吳孟暉編《淮海長短句》
　　東行萬里有情風，天與娉婷似夢中。
　　芳草危亭多少恨，嘉興一帙意何窮。

　　饒宗頤教授這首詩作，創作於1984年，饒宗頤教授與友人同遊浙東天一閣時，後收入《江南春集》。而饒教授該詩所詠之"嘉興吳孟暉編《淮海長短句》"，並不見於其他著錄。僅徐培均先生在其巨著《淮海居士長短句箋注》之2008年修訂版中提及：

　　　　饒先生為國學大師，余有幸於一九九八年十二月在臺北南港拜謁……先生復告以寧波天一閣藏有吳孟暉編淮海長短句，並蒙賜書條幅，詩云……筆墨酣暢，現仍珍藏篋中；然限於條件，吳氏所編，迄今未能一睹，實愧對先生之關愛也。①

　　徐氏所獲書法，亦即饒教授《題嘉興吳孟暉編〈淮海長短句〉》。
　　饒教授該詩後有小記云："閣藏此書，向所未聞。曩著《詞籍考》未能著錄，其前有茅承德正德辛巳序。故記之。"其中所提及《詞籍考》，

---

①　（宋）秦觀著，徐培均箋注：《淮海居士長短句箋注》，上海古籍出版社2008年版，第288頁。

乃1963年香港大學出版社出版。香港大學饒宗頤學術館藏有經饒教授批注的《詞籍考》初版一冊，其中卷二"淮海居士長短句　秦觀撰"條，有"明正德辛巳孟春暉編刻淮海長短句三卷，見天一閣書目"① 一段；"正德"、"孟春暉"字旁劃有著重記號，同頁批有"淮海長短句三卷一冊，嘉興孟春暉編，有正德辛巳茅承德序（寧波天一閣藏刊本），下卷訖臨江仙二首下殘，見天一閣書目"，應與饒教授詩作所指同為一書，惟於詞集編者姓名或因誤記、筆誤等有所出入。

據駱兆平《新編天一閣書目》②，天一閣現確實藏有明孟春暉編、正德十六年（即辛巳）刻《淮海居士長短句》一冊三卷。筆者有幸於天一閣目覩此書，亦確實是從卷下《臨江仙》起脫葉。由是可知，饒宗頤教授1984年在天一閣翻閱的，確為該書無疑；詩作所言"吳孟暉"，則應為"孟春暉"之誤。而這確實是一個鮮為人注意的藏本，甚至還有研究者稱此本或已佚失。③ 有鑒於此，筆者對此版本略作考索，以期能對淮海詞的版本研究做一點小小的補充。

（二）版本述介

現存天一閣歷代書目，皆有收藏《淮海居士長短句》的記錄。但早期的書目體例簡單，只簡單記作"《淮海居士長短句》一本"④、"《淮海長短句》三卷"⑤ 等，並未註明編刻者。最早明確指出天一閣收藏有明孟春暉編刻《淮海居士長短句》的，為民國十七年（1928）林集虛編：《目覩天一閣書錄》，曰："淮海長短句三卷　宋秦觀撰　黃皮紙一本　明正德辛巳孟春暉編刻本。"⑥ 考慮到有關收藏記錄基本連貫，可知明孟春暉編刻《淮海居士長短句》為天一閣收藏的時間下限

---

① 饒宗頤：《詞籍考》，香港大學出版社1963年版，第52頁。
② 駱兆平：《新編天一閣書目》，北京中華書局1996年版，第148頁。
③ ［日］青山宏著，程鬱綴譯：《唐宋詞研究》，北京大學出版社1995年版，第178頁。
④ 見舒木魯介夫編《天一閣書目》，（臺灣）國家圖書館藏鈔本，第64頁。
⑤ （清）薛福成編：《天一閣見存書目》，見林夕主編，煮雨山房輯《中國著名藏書家書目匯刊》明清卷四，商務印書館據清光緒十五年無錫薛氏刻本影印，2005年版，第587頁。
⑥ 林集虛編：《目覩天一閣書錄》，見林夕主編，煮雨山房輯《中國著名藏書家書目匯刊》，商務印書館2005年版，第5冊，第446頁。

應不晚於明末，且極有可能是范欽原藏。①

而至民國二十六年（1937），馮貞群在《鄞范氏天一閣書目内編》又首稱該書"有脫葉"②，即是說，最遲在當時，該書已開始殘缺。

除天一閣外，民國藏書家陳寥士③曾提及國內僅有北平圖書館還存有一部孟春暉編《淮海居士長短句》。④ 然查北平圖書館各藏書目錄⑤，均未見此書；陳氏之說，亦不見諸於其他文獻，頗為成疑。因此至少目前，我們可以認為，天一閣所藏的這一冊，確為孤本。

筆者所見孟春暉編刻之《淮海居士長短句》（下稱孟本），書題曰《淮海居士長短句》，線裝，三卷一冊，半葉10行，行20字，注文小字雙行，單框，白版心，版心上記卷名，下記頁碼。卷首為草書寫刻序，並鈐有"范氏天一閣藏書"印。目錄、卷上、卷中乃至卷下《臨江仙二首》之前，書頁無缺，保存完整；惟卷下《臨江仙二首》僅存詞題，下皆脫。卷上、卷中、卷下起始頁右下角分兩行題"淮海秦少游著"，"嘉興孟春暉編"。此外，全書還有蟲蛀和破損的情況，尤其序文二葉，皆缺上角，以致脫字。

學界目前普遍認為，宋乾道高郵軍學本《淮海集》中所收《淮海居士長短句》三卷（下稱宋本），為現存各淮海詞版本之源。⑥ 筆者參

---

① 目前存世最早的宋犖、介夫兩部清初天一閣書目鈔本，很有可能是"范氏原目抄錄本"。詳參李世愉著：《清代編錄〈天一閣書目〉考》，《清史研究》1999年第3期。

② 馮貞群編：《鄞范氏天一閣書目內編》，見林夕主編，煮雨山房輯《中國著名藏書家書目匯刊》明清卷6，商務印書館據民國二十六年寧波重修天一閣委員會鉛印本影印，2005年版，第251頁。

③ 陳寥士（1898—1970），浙江寧波府鎮海人，原名陳道量，又有載為陳萬言，字企白，一作器伯，故在世又以陳器伯知名，號寥士、玉谷、十園。民國學者、藏書家，與胡適、葉恭綽、詹安泰、陳方恪等頗有往來，抗戰期間出任偽職，著有《單雲閣詩話》《宋詩選講》《七塔寺志》等。

④ 陳寥士：《從全唐詩說到天一閣秘籍》，《逸經》文史半月刊，1937年第30期。

⑤ 所查藏書目計有：1969年臺灣"國立中央"圖書館編《國立北平圖書館善本書目》、2010年國家圖書館編《明清以來公藏書目匯刊》、2013年國家圖書館編《原國立北平圖書館甲庫善本叢書》。

⑥ 關於秦觀詞的版本梳理、考釋，較清晰詳盡者，計有饒宗頤教授1963年出版的《詞籍考》、1965年出版《景宋乾道高郵軍學本淮海居士長短句三卷》、1992年修訂再版《詞集考·唐五代宋金元編》；王保珍教授1981年出版《秦少游研究》；秦子卿教授1985年發表於《揚州師範學院學報》之《〈淮海詞〉版本考釋》；唐圭璋教授1985年出版《宋詞四考》；王兆鵬教授2000年出版《唐宋詞史論》；徐培均先生2003年出版《秦觀詞新釋集評》（與羅立剛合著）、2008年修訂再版《淮海居士長短句箋注》。

考前賢考釋之淮海詞版本系統①，有明一代刊刻或印行於孟本之前的本子，確知者只有國子監藏宋代舊板印行的《淮海集》中之《長短句》三卷（下稱監本），及吳訥《唐宋名賢百家詞》中之《淮海詞》。據徐培均，今上海圖書館藏宋刻明印本《淮海集》一部，含《長短句》；惟書多有缺頁，且其印行時間未必早於孟本。② 而吳訥《唐宋名賢百家詞》現在只存正德年之抄本，該本"手抄而未經校勘，脫訛不免"③。此外，正德間黃瓚刻於山東巡撫任上的《淮海集》，雖然刊刻時間早於孟本，但目前研究者多認為該本無長短句，且該本之流傳收藏情況亦不甚清楚，④ 故無法判定該本與孟本是否存在聯繫。諸傳世明本中，惟嘉靖己亥（1539）張綖鄂州刊四十九卷本《淮海集》（下稱張本）與孟本刊刻時間相差不遠，之後諸本，大多皆是依張本刊刻或由張本衍出，大體與張本無異。因此，筆者以宋本、張本與孟本相較，從內容上進一步對孟本作一述介。

（1）收詞情況

據孟本目錄，該本收詞 61 首。宋本、張本收詞 77 首，即孟本較宋本、張本少收詞 16 首。（按：張本與宋本目錄編排基本無異，除《迎春樂·菖蒲葉葉知多少》在宋本為卷中之首，而張本作卷上之末）與宋本相較，孟本卷上所未收宋本總第 15—17 首（《江城子·南來飛燕北歸鴻》《江城子·棗花金釧約柔荑》《滿園花·一向沉吟久》），卷中未收第 18—21 首（《迎春樂·菖蒲葉葉知多少》《鵲橋仙·纖雲弄巧》《菩薩蠻·蟲聲泣露驚秋枕》《減字木蘭花·天涯舊恨》），卷下未收第 62—70 首（《虞美人·碧桃天上栽和露》《虞美人·行行信馬橫塘畔》《點絳唇·醉漾輕舟》《點絳唇·月轉烏啼》《品令·幸自得》《品令·

---

① 詳見饒宗頤教授1963年出版的《詞籍考》、1965年出版《景宋乾道高郵軍學本淮海居士長短句三卷》、1992年修訂再版《詞集考·唐五代宋金元編》；徐培均先生2008年修訂再版《淮海居士長短句箋注》。

② 徐培均：《淮海版本考》，見其《淮海居士長短句箋注》，第272—273頁。

③ 見唐圭璋序，（明）吳訥輯：《百家詞》，天津古籍出版社1989年鈔本影印本，第一冊卷首。

④ 關於"黃瓚山東刻本"的情況，清代丁丙《善本書室藏書志》懷疑家藏明刊本（無長短句）為黃瓚山東刻本；秦子卿教授《〈淮海詞〉版本考釋》稱"臺灣國家圖書館藏有一部"；徐培均先生《淮海居士長短句箋注》稱"已下落不明"。待考。

掉又孎》《南歌子・玉漏迢迢盡》《南歌子・愁鬢香雲墜》《南歌子・香墨彎彎畫》）。

由此可知，孟本確是從宋本選定而來。而孟本未收之詞，占宋本整體的比例較小，僅為四分之一，且在排序上相對集中。

（2）內文比較

與宋本、張本相比，孟本刊刻多用異體字、古今字：如"水龍吟"之"吟"，孟本作"唫"；"蘭亭古墨"（《望海潮・秦峰蒼翠》）之"墨"，孟本作"墨"；"桃榔憶故人"之"桃榔"，孟本作"桃源"。

除上述情況外，孟本詞作與宋本、張本相比，皆有文字出入。試分類摘錄如下：

1. 與宋本同，與張本不同者，依次有：

（1）望海潮四首：張本下題"廣陵懷古"；
"珠簾十里東風"，張本作"朱簾十里春風"；

（2）其二：張本作"又"，下題"越州懷古"；
"茂草臺荒"，張本作"茂草荒臺"；

（3）其三：張本作"又"，下題"洛陽懷古"；
"水漸溶洩"，張本作"冰漸溶洩"；

（4）其四：張本作"又"，下題"別意"；

（5）沁園春：張本下題"春思"；

（6）水龍吟：張本下題"贈妓婁東玉"；
"小樓連遠橫空"，張本作"小樓連苑橫空"；
"朱簾半捲"，張本作"疎簾半捲"；

（7）八六子："恨如芳草，淒淒剗盡還生"，張本作"恨如芳草，萋萋剗盡還生"；
"怎奈向、歡娛漸隨流水"，張本作"怎奈何、歡娛漸隨流水"；

（8）夢揚州：下闋"長記"二字，誤連上闋之末，張本不誤；

（9）雨中花："正天風吹落"，張本作"見天風吹落"；

（10）促拍滿路花：詞未分上下闋，張本分，下闋自"輕紅膩白"始；

（11）滿庭芳三首："寒鴉萬點"，張本作"寒鴉數點"；
"燈火已黃昏"，張本此句後有注文小字雙行"晁云斜陽外三句，雖不識字，人亦知為天生好言語"；

（12）其二：張本作"又"；

（13）其三：張本作"又"；

（14）江城子·西城楊柳弄春柔：張本詞末附注；

（15）踏莎行：張本詞末附注；

（16）醉桃源：調名下注"以阮郎歸歌之亦可"，張本作"即阮郎歸"；

（17）河傳二首："底死縈腸惹肚"，張本作"抵死縈腸惹肚"；

（18）其二：張本作"又"；

（19）《浣溪沙》其二：張本作"又"；

"眼邊牽繫懶歸來"，張本作"眼邊牽恨懶歸來"；

（20）其三：張本作"又"；

（21）其四：張本作"又"；

（22）其五：張本作"又"；

張本詞末附雙行小字注；

（23）《如夢令》其二：張本作"又"；

（24）其三：張本作"又"；

（25）其四：張本作"又"；

（26）其五：張本作"又"；

（27）阮郎歸四首："退花新綠漸團枝"，張本作"褪花新綠漸團枝"；

（28）其二：張本作"又"；

"身有恨，恨無窮"，張本作"更有限，恨無窮"；

（29）其三：張本作"又"；

（30）其四：張本作"又"；

（31）滿庭芳三首：張本下題"咏茶"；

"方圭圓壁"，張本作"方圭圓璧"；

（32）其二：張本作"又"；

"古臺芳榭"，張本作"高臺芳榭"；

（33）其三：張本作"又"；

"清譚揮座"，張本作"清談揮塵"；

"開餅試、一品香泉"，張本作"開尊試、一品奔泉"；

"輕淘起，香生玉塵"，張本作"輕淘起，香生玉乳"；

（34）樂昌公主（詩）："越公萬騎鳴簫鼓"，張本作"越公萬騎鳴笳鼓"；

（35）樂昌公主（曲子）："菱花半璧香塵汙"，張本作"菱花半璧香塵污"；

"舊歡新愛誰是主"，張本作"舊歡新愛誰為主"；

（36）崔徽（曲子）："羅衣中夜與門吏"，張本作"羅衣深夜與門吏"；

（37）無雙（詩）："聞說襄王二十年"，張本作"聞說襄江二十年"；

（38）灼灼（詩）："自言那復傍人知"，張本作"自言那得傍人知"；

（39）盼盼（詩）："唯望舊恩空戀戀"，張本作"回望舊恩空戀戀"；

（40）鶯鶯（詩）："明月拂牆花樹動"，張本作"明月拂牆花影動"；

2. 與宋本不同，與張本同者，依次有：

（1）長相思："干雲十二層樓"，孟本、張本作"千雲十二層樓"；

"不應同是悲秋"，孟本、張本"不"字下五字皆脫；

（2）阮郎歸·瀟湘門外水平鋪："那堪腸已無"，孟本、張本作"那堪腸也無"；

（3）無雙（詩）："姊家仙客最明俊"，孟本、張本作"伊家仙客最明俊"；

3. 與二本皆不同者，依次有：

（1）鼓笛慢："從前事、不堪思想，念香閨正杳"，孟本作"從前事、不堪思想，□正杳"；

（2）滿庭芳·山抹微雲："聊共引離鐏"，孟本作"聊共飲離鐏"；

（3）南鄉子："妙手寫徽真"，孟本作"抄手寫徽真"；

（4）阮郎歸·瀟湘門外水平鋪："揮玉節，洒真珠"，孟本作"懸玉節，洒真珠"；

（5）滿庭芳·曉色雲開："疎煙淡日，寂寞下蕪城"，孟本作"疎煙淡月，寂寞下蕪城"；

（6）灼灼（曲子）："紅綃粉淚知何限"，孟本作"紅綃粉淚如何限"；

按孟本將"妙手寫徽真"之"妙手"作"抄手"，疑為刊刻之誤，非關版本；而將"聊共引離鐏"之"引"作"飲"，"揮玉筯"之"揮"作"懸"，"疎煙淡日"之"日"作"月"，"紅綃粉淚知何限"之"知"作"如"，除或另有所據外，則更可能是編刻者據自己想法逕改的關係。

綜上所見，在孟本收錄的 61 首詞中，與宋本相同，但與張本有文字出入的達 40 首，而與張本相同，但與宋本有文字出入的只有 3 首；相較之下，孟本的文字內容更接近宋本。孟本序言（詳述見後）中又有"於全集外復梓□之"之語，可見孟本當源出當時流行的宋刻明印本，即監本。至於與宋本不同、但與張本及其他傳世明本相同的三處，特別是《長相思》末句"不應同是悲秋""不"字下五字皆脫的情況，說明當時流行的監本，已開始與原刻產生差異。張綖序嘉靖本《淮海集》，言其時"北監舊有集板，歲久漫漶"①，說的應即是此類情形。亦由此知最遲至正德時，國子監藏舊宋板即已開始出現缺損。

（三）編刻者與序者考

孟本《淮海居士長短句》的序文作者，《詞集考》記為"茅承德"，實誤。經筆者釋讀，作者應為"王一麟"。現將序文（詳見下圖 1—3）過錄如下，並作簡單句讀。至於原序中因書葉缺角致四字脫失，以□標示：

> 秦學士少游長短句，渾淪古雅，清切精深，在樂府當稱獨步，不必盡見古律近體，諸作□之所為可至。或者曰：才高識□，故句多風

---

① 張綖：《秦少游先生淮海集序》，見嘉靖乙巳高郵胡民表刊本《淮海集》卷首，臺北："國家"圖書館藏，第 4 頁。

情，無足為時稱。愚曰不然。屈平曰：惟草木之零落兮，恐美人之遲暮。又曰：指九天以為正兮，夫惟靈修之故也。似亦風情之詞，實則寄意于君耳。少游者，屈子才器人品，所遇所處，恐不能等同，其不忘君之意，託諸詞則一也。夫可以詞害意乎？孟子千兵，於堂事□雅好此，而於全集外復梓□之，屬愚言諸前，將以白公之意于世。時正德辛巳仲夏之吉賜進士第承德郎戶部主事眉山王一麟書

（篆）乙丑進士
（篆）三喦居士
（篆）明瑞

按，饒教授將孟本《淮海居士長短句》的序者記誤為"茅承德"，應是一時眼誤，將"賜進士第承德郎"看作了"賜進士茅承德"，甚至把"郎"字看漏了，當是匆忙間未及細讀上下文，且該序中"第"字草書，第一眼望去也確實極容易誤認作"茅"字。

據《明代登科錄彙編》，王一麟（1473—1532）字明瑞，四川眉山青神（今四川省眉州市青神縣）人，弘治十八年（1505）乙丑科第三甲第三十九名進士。① 歷史上對其事跡記錄不多，僅知其初封歙縣縣令（九品），補戶部主事，後於正德九年（1514）二月己亥升為戶部主事（五品），隨當時的戶部右侍郎兼總制叢蘭轉理軍餉，② 乾隆《青神縣志》記載他以戶部員外郎致仕。其人亦無文集存世，僅在《縣志》中找到他作的《遊中巖次草堂等韻》等七首紀遊詩。③

另1984年7月在四川青神鄉發現了余承勛④為其祖母張氏所立墓誌銘，由"明賜進士及第、翰林院國史修撰、儒林郎兼經筵官新

---

① 詳見屈萬里編：《明代登科錄彙編》，學生書局1969年版，第五冊，第2490頁。
② 《明武宗實錄》卷一〇九，中央研究院歷史語言研究所、韓國國史編纂委員會建"明實錄、朝鮮王朝實錄、清實錄資料庫"，第2232頁。
③ 詳見（清）王承燉等纂修《青神縣志》，見故宮博物院編《故宮珍本叢刊》第213冊，海南出版社2000年版，第227—228頁。按中巖乃當地名勝"三巖"景之一。序中王一麟自號"三岩居士"，即從此來。
④ 余承勛（1493—1573），字懋功，號方池，四川青神人。正德十二年（1517）丁丑科進士，官至翰林院編修。為楊慎妹婿，"與楊慎為騷雅友"。詳見（清）王承燉等纂修《青神縣志》，故宮博物院編《故宮珍本叢刊》第213冊，海南出版社2000年版，第209頁。

都楊慎①撰，賜進士第、吏科給事中征士郎嘉定安磐②書，賜進士第、戶部主事承德郎青神王一麟篆"③。王一麟之落款，與孟本序末署名相類。據墓誌銘，張氏葬於正德戊寅（1518），即孟本刊刻之前三年。為此石出力的四人皆為川人，其中王一麟與余承勛為同鄉，又與安磐為同年進士；楊慎為余承勛妻舅，又與安磐友好，故應與王一麟亦有來往。值得順帶一提的是，楊慎、余承勛、安磐三人皆在嘉靖三年（1524）著名的"大禮議"事件中因參與百官哭諫觸怒嘉靖帝而遭廷杖除名，楊慎作為領袖之一更因此終身被貶雲南。而王一麟則不在進諫群臣之列。

至於本書的編刻者孟春暉，序中稱其為"千兵"，千兵即為千戶的別稱，明朝實行衛所制度，千戶即為一所之長官。查《武職選簿》，孟春暉家族為"蘇州衛守禦嘉興中左所世襲副千戶"，其世系如下：④

  一輩孟忠，舊選簿查有。洪武二十七年十一月，孟忠，舊名泉保，泉州衛前所流官，百戶，欽陞蘇州衛守禦嘉興中左所世襲副千戶。

  二輩孟宣，舊選簿查有。永樂三年八月，孟宣，年三歲，係蘇州衛守禦嘉興中左所故世襲副千戶孟忠嫡長男，敬與全俸優給，至永樂十四年終住支，起送赴京襲職。

  三輩孟宏，舊選簿查有。天順四年閏十一月，孟宏，年九歲，蕭縣人，係蘇州衛守禦嘉興中左所故世襲副千戶孟宣庶長男，欽與全俸優給，至天順九年終住支。

  四輩孟春暉，舊選簿查有。正德十四年六月，孟春暉，蕭縣人，係蘇州衛守禦嘉興中左所故署指揮僉事孟宏嫡長男，伊父襲副

---

① 楊慎（1488—1559），字用修，號升菴，四川新都（今屬成都市）人，內閣首輔楊廷和（1459—1529）之子，正德六年（1511）狀元，官至翰林院修撰。其傳詳見（清）張廷玉撰《明史》卷一百九十二，中國基本古籍庫清乾隆武英殿刻本。

② 安磐（1479—?），字公石，又字松溪，四川嘉定州（今樂山）人。與王一麟同是弘治十八年乙丑科進士，官至兵科都給事中。《明詩紀事》稱"安松溪，升菴先生友也，其詩風神獨絕，而世罕知之"。詳見（清）陳田《明詩紀事》丁籤卷十，中國基本古籍庫清陳氏聽詩齋刻本。

③ 周杰華：《余母張氏墓誌銘考略》，《四川文物》1989年第4期。

④ 中國第一歷史檔案館、遼寧省檔案館編：《中國明朝檔案總匯》，廣西師範大學出版社2001年版，第61冊，第122—123頁。

千戶，納陞前職，本人照理輩襲副千戶。

　　五輩孟勳，舊選簿查有。嘉靖三年九月，孟勳年十二歲，蕭縣人，係蘇州衛守禦嘉興中左所故世襲副千戶孟春暉嫡長男，照例與全俸優給，至嘉靖五年終住支。

　　上述的信息雖然對孟氏每一輩僅寥寥數語，卻已足夠推斷出孟春暉的大致情形。明朝規定"武官世職，歿者承襲，老疾者替"①，若承襲者尚年幼，則需到十五歲時方正式襲職，領取俸餉，在此前則給以補助，稱"優給"，襲職前停優給，即"終住支"。② 孟春暉的父親孟宏"天順九年（按：天順實僅有八年，此應即為成化二年［1466］）終住支"，直到正德十四（1519）年去世才由孟春暉繼任，共在任上53年，終年68歲。孟宏除世襲之副千戶外，又曾"納陞"蘇州衛守禦嘉興中左所署指揮僉事，地位高於普通無職千戶。孟宏之高壽及仕途，或為孟春暉從事刻書雅事提供了良好的環境基礎。而孟春暉本人正德十四年襲職時已成年，不涉優給，故《選簿》不載其年齡；嘉靖三年（1524）九月前即去世，在職僅五年。即其人上任兩年後即編刻《淮海居士長短句》，又三年後離世，頗為可嘆。

（四）孟本體現之詞學思想和價值

　　如前所述，孟本乃由宋本選定而來，而略去未用之詞，僅占宋本整體約四分一，且排序上相對集中。由於時有"北監舊板歲久漫漶"之說，難免令人懷疑，是否乃編刻者所參考底本有所殘缺而不用的緣故。雖說現有資料未能完全排除這一可能，然即稱"孟春暉編"，仍應將此大體視作編者有意選擇的結果。編者本人雖然未有序跋附書，然王一麟的序言中有"孟子千兵，於堂事□（按：疑為"外"）雅好此，而於全集外復梓□（按：疑為"行"）之，屬愚言諸前，將以白公之意于世"

---

① （明）申時行等重修：《明會典》卷一二〇〈兵部三·銓選三·武職襲替〉，上海商務印書館1936年版，第1723頁。
② 張松梅：《明代軍人撫恤制度述略》，《中國社會歷史評論》2007年第00期。

之語，即此序也可視同為孟氏之自白。該序先是給予秦觀詞極高評價，評曰"渾淪古雅，清切精深"，推其"在樂府當稱獨步"。繼而反駁了秦觀詞"才高識□（按：疑為'淺'），故句多風情，無足為時稱"的說法，而認為其乃效法屈原"香草美人"、用風情之詞表達"不怨君"的寄託之意的上佳之作。

秦觀詞自其當時，即被廣為傳唱，深受市井至士大夫各階層之喜愛。而自南宋起，由於崇尚雅正的詞學趣旨興起，亦有貶抑之語。① 推崇者以為其"詞若秋風清"、"精工造奧妙"（北宋張耒《寄參寥詩》五首其三）②，"秦淮海詞古今絕唱"（南宋張侃《張氏拙軒集》卷五）③，"辭情兼稱者，唯秦少游而已"（北宋張鎡《竹坡老人詞序》）④。批評者則不喜其"情意嫵媚，見於詞則穠艷纖麗，類多脂粉氣味"（南宋陳鬒《燕喜詞敘》）⑤），彈以"專主情致，而少故實"（李清照《詞論》⑥），"疏蕩之風不除"（王灼《碧雞漫志》⑦）等，即孟本序中所反對的"句多風情，無足時稱"之類。

至於孟本直接將秦觀與屈原、秦詞與離騷作比，在當時則是較為新奇的作法。固然，早自蘇軾初見秦觀，即因其《黃樓賦》而以為其"有屈、宋才"（《宋史》卷四百四十四《列傳第二百三·文苑六》清乾隆武英殿刻本）。秦觀本人因新舊黨爭被貶而流謫多地，終逝於旅途之身世亦與屈原有相似之處。而早自北宋，亦有人注意到秦觀部分詞作中的言外之意。如秦觀之婿范溫謂《踏莎行·霧失樓台》乃"摸寫牢落之狀"⑧，南宋張炎《詞源》論《八六子·倚危亭》"離情當如此作，全在情景交煉，得言外意"⑨

---

① 朱麗霞：《八百年詞學接受視野中的秦觀詞》，《雲南大學學報（社會科學版）》2008年第1期。
② 見（宋）張耒《張右史文集》卷十四，中國基本古籍庫四部叢刊景舊鈔本。
③ 見（宋）張侃《張氏拙軒集》卷五，中國基本古籍庫清文淵閣四庫全書本。
④ 見（宋）周紫芝《竹坡老人集》卷首，（明）吳訥編《百家詞》，天津古籍出版社1989年鈔本影印本第10冊。
⑤ 見（宋）曹冠《燕喜詞》卷首，永康胡氏夢選廔甲子（1924）刻本。
⑥ 王學初：《李清照集校註》，人民文學出版社1979年版，第194頁。
⑦ 見（宋）王灼《碧雞漫志》卷二，葉二，知不足齋叢書本。
⑧ 見南宋何士信輯《群英草堂詩餘》前集卷上《名賢詞話》引范溫《潛溪詩眼》語，中國基本古籍庫四部叢刊影印明刻本。
⑨ 見（南宋）張炎《詞源》卷下，萬有文庫叢書，上海商務印書館1937年印本，第30頁。

等。然而這些評論皆指向具體某詞某句，而並非將秦詞總體與離騷的"香草美人"傳統直接等同起來。南宋林機於高郵軍學本《淮海集》後序中"至於感興詠懷，間於歌詞，世之淺薄往往謂'尤長於樂府'，未見好德如好色者也"①語，暗示秦詞有"感興詠懷"之"德"，雖頗接近，亦未點透。故孟本王序標出此點，應為首創。而這種觀點在整個明代亦非主流，要待至清代常州詞派"意內言外謂之詞"、"詞非寄託不入，專寄託不出"的主張下，始在詞壇彰顯。② 莊中白認為"托志帷房，眷懷君國，溫、韋以下，有跡會尋。然而自宋及今，幾九百載，少游、美成而外，合者鮮矣"。③ 周濟於其《宋四家詞選》評《滿庭芳·山抹微雲》為"將身世之感打並入艷情"；《滿庭芳·曉色雲開》"君子因小人而斥""應首句不忘君也"。④ 馮煦之評論最為詳盡："少游以絕塵之才，早與勝流，不可一世；而一謫南荒，遽喪靈寶。故所為詞寄慨身世，閑雅有情思，酒邊花下，一往而深，而怨悱不亂，悄乎得小雅之遺。"⑤ 陳廷焯在《白雨齋詞話》中也有類似的說法，言"少游《滿庭芳》諸闋，大半被放後作，戀戀故國，不勝熱中"；但他同時也不得不承認，"少游名作甚多，而俚詞亦不少，去取不可不慎"⑥。

由此再看孟本未收錄之詞，確實有過於俚俗者，如《滿園花》：

> 一向沉吟久，淚珠盈襟袖。我當初不合、苦攔就。慣縱得軟頑，見底心先有。行待癡心守。甚撚著脈子，倒把人來僝僽。
> 近日來，非常羅皂醜。佛也鬚眉皺。怎掩得眾人口？待收了孛羅，罷了從來鬥。從今後，休道共我，夢見也、不能得勾。

---

① 即《淮海居士文集後序》，見日本內閣文庫藏乾道高郵軍學本《淮海集》第十冊書末。

② 參見朱麗霞《八百年詞學接受視野中的秦觀詞》，《雲南大學學報（社會科學版）》2008年第1期。

③ （清）陳廷焯：《白雨齋詞話》卷五，葉九；上海開明書店1930—40年代印本。

④ （清）周濟：《宋四家詞選》，《叢書集成初編》本，上海商務印書館1959年補印本，第29頁。

⑤ （清）馮煦：《蒿庵論詞》；見《介存齋論詞雜著·復堂詞話·蒿庵論詞》，人民文學出版社1959年版，第61頁。

⑥ （清）陳廷焯：《白雨齋詞話》卷一，葉十。

更有失於淫艷者，如《迎春樂》：

菖蒲葉葉知多少。惟有箇、蜂兒妙。雨晴紅粉齊開了，露一點、嬌黃小。

早是被、曉風力暴。更春共、斜陽俱老。怎得香香深處，作箇蜂兒抱。

卷下《品令》二首，亦屬此類。餘者如卷上《江城子·棗花金釧》，卷下《虞美人》二首、《點絳唇》二首、《南歌子》三首等，雖文理相較雅道，亦屬艷詞之類，格調不高。

另一方面，孟本落選者中亦有佳作，如《江城子·南來飛燕》《菩薩蠻·蟲聲泣露》《減字木蘭花·天涯舊恨》。最為膾炙人口、廣為流傳的情詞《鵲橋仙·纖雲弄巧》，亦未收入，應是編者有意為之。《江城子·南來飛燕》則是未收詞中較特別的一首：

南來飛燕北歸鴻，偶相逢，慘愁容。綠鬢朱顏重見兩衰翁。別後悠悠君莫問，無限事，不言中。小槽春酒滴珠紅，莫怱怱，滿金鐘。飲散落花流水各西東。後悔不知何處是？煙浪遠，暮雲重。

此詞極寫友人久別重逢之悲慨，或認為此為秦觀晚年流落雷州時，與蘇軾重逢有感而作。① 陳廷焯贊其"亦疎落，亦沈鬱"②，而孟本棄之。由此可知，孟本在取捨之間，雖用心與陳廷焯相類，乃取其"戀戀故國"、"怨悱不亂"之作，而擯棄俚詞艷歌之類，而編者亦另有獨特的個人趣味和評判標準。考慮到私人刻書一般印數較少，其傳播範圍和影響程度受許多條件的限制，孟本亦顯然聲名不顯，流傳不廣，很難說後來的常州詞派乃至陳廷焯本人對秦觀詞高度相似的看法與之有什麼關聯。但孟本作為目前存世的各《淮海居士長短句》版本中唯一選刻

---

① 徐培均：《淮海居士長短句箋注》，第66—67頁。
② 清陳廷焯選編《詞則·別調集》卷一，葉二十二；見上海古籍出版社1984年手稿影刊本《詞則》下冊。

本，或反映了明代中期以來隱約流傳、未曾完全斷絕的一種詞學理念，似乎仍可再作探討。

（五）小結

饒教授1984年訪天一閣時得見此孟春暉編《淮海居士長短句》，顯然對其極為重視，卻誤記了編者和序者的姓名。但在考察了饒教授當年訪問天一閣的情形之後，我們認為這是情有可原的：饒教授在寧波大約停留了兩天不到，卻幾乎把城內外的名勝都訪遍了，行程安排十分緊湊，天一閣作為其中一站，只是少作停留，我們預估最多只有小半天，這小半天的節目安排也很豐富。估計饒教授也是在參觀書庫時，很偶然地看到了這本書，在那種情況下也只能匆匆翻閱了一下，因此，誤記也很容易理解。

1994年，饒教授將其舊作《詞籍考》"略有苴正"① 之後，更名《詞集考（唐五代宋金元編）》，於北京中華書局出版，其中原"明正德辛巳孟春暉編刻淮海長短句三卷，見天一閣書目" 一段，僅簡單添改為"明正德辛巳嘉興孟春暉編刻《淮海長短句》三卷，茅承德序，天一閣藏本"②，則應是出於謹慎，於該書編者之姓名依從了天一閣諸書目記載；惟其撰序者姓名仍誤錄，說明饒教授可能再也沒有看過此書。此後，研究秦觀詞者凡偶有提及孟本者，多沿饒教授1994年版《詞集考》之誤，將其撰序者記作茅承德。《題嘉興吳孟暉編淮海長短句》一詩作後逾二十年，饒教授又以此詩寄贈從事秦觀研究著名學者徐培均，提醒他注意此版本，雖再度誤繫詞集編者姓名，但足見其無私的學術精神。筆者不才，只是較前人幸運，在諸多機緣巧合之下得以注意到這個問題，並得在天一閣細睹此珍貴孤本之原貌。故斗膽撰此拙文，聊補前賢之遺憾，並祈請方家指正。

---

① 饒宗頤：《後記》，《詞集考（唐五代宋金元編）》，中華書局1992年版，第417頁。
② 饒宗頤：《詞集考（唐五代宋金元編）》，中華書局1992年版，第56頁。

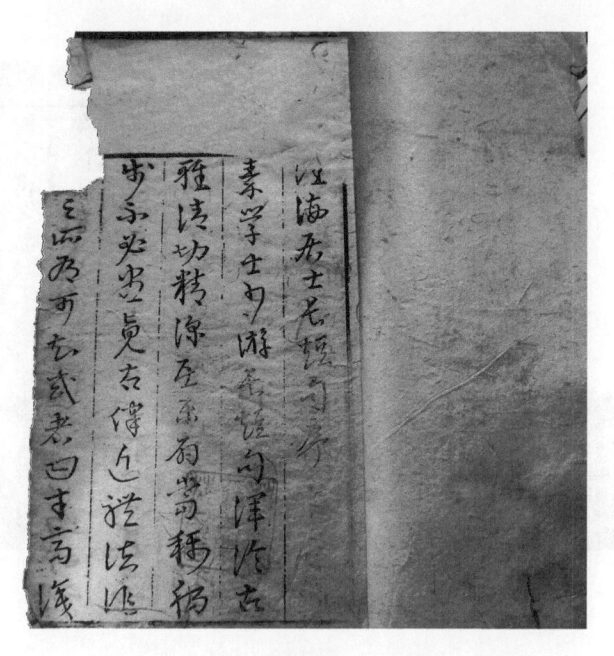

附二　天一閣藏明刊本《淮海居士長短句》考略　/　211

圖 1

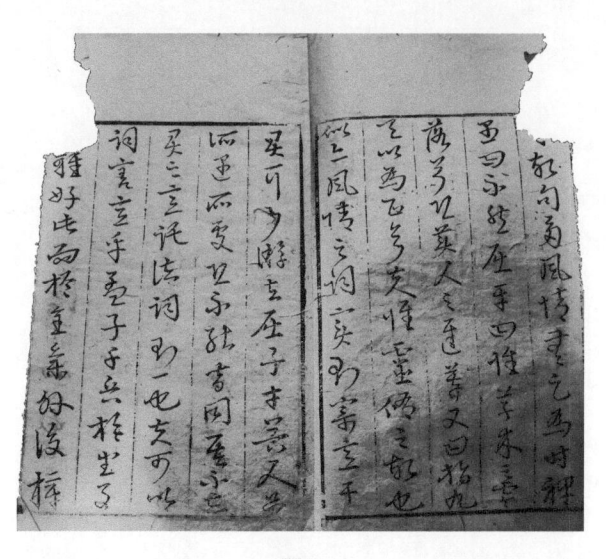

圖 2

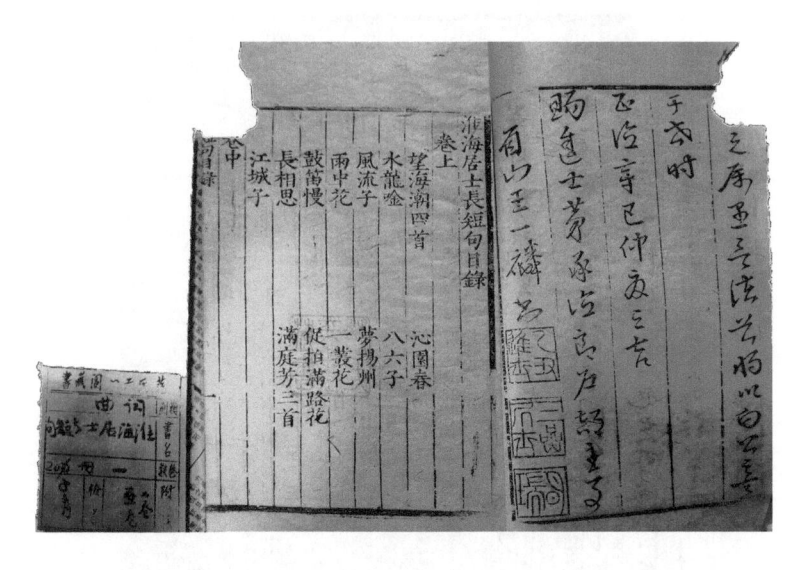

圖3

二 《江南春集》相關史料選輯

(一)《江南春集》檔案選錄

檔案編號：A.Jg00.002.01.001a

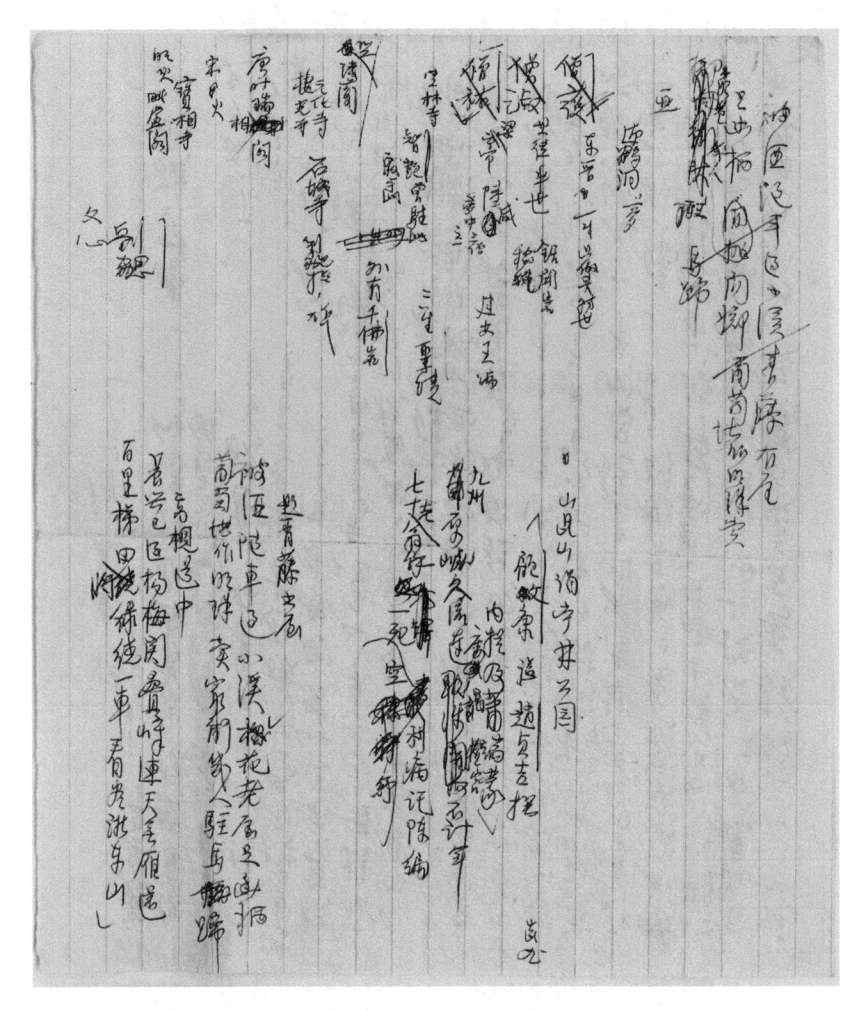

檔案編號：A.Jg00.002.01.001b

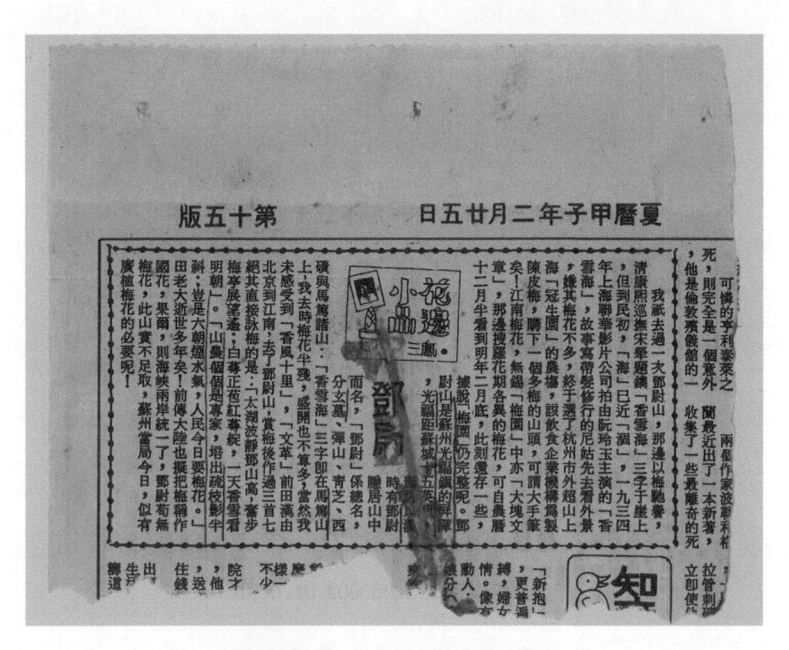

檔案編號：A. Jg00.002.01.002

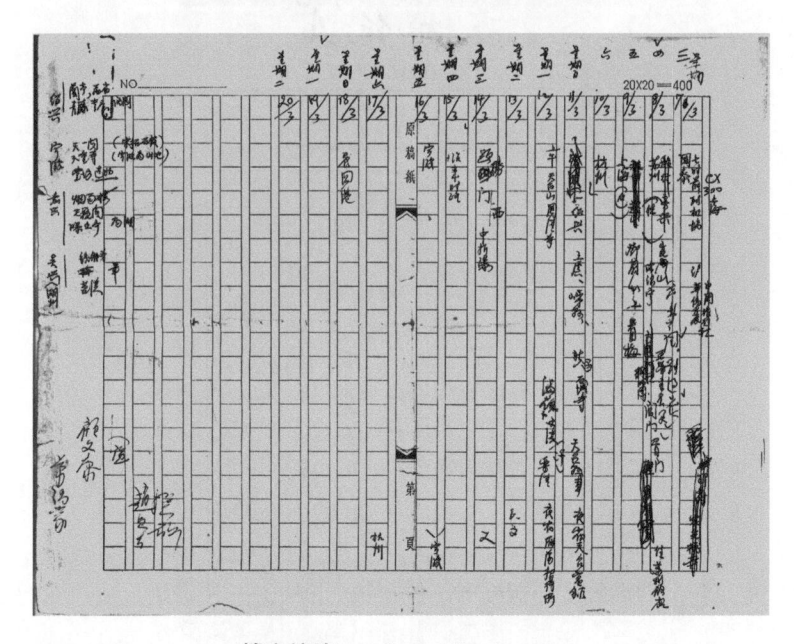

檔案編號：A. Jg00.002.01.003a

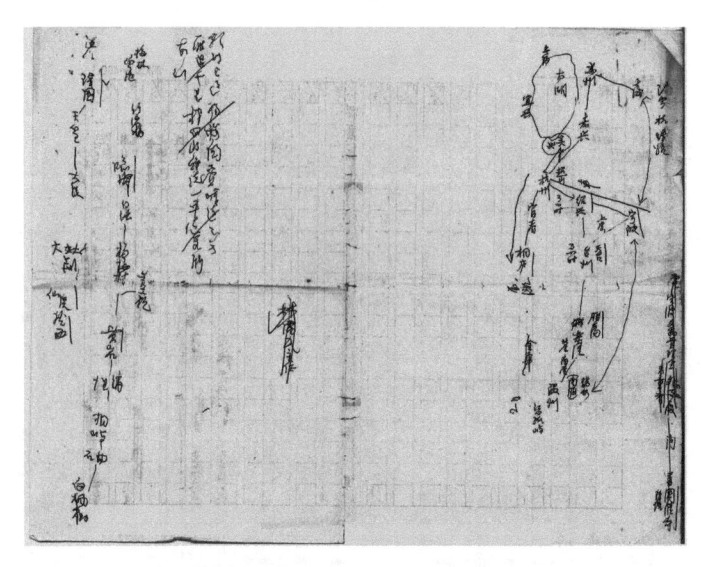

檔案編號：A.Jg00.002.01.003b

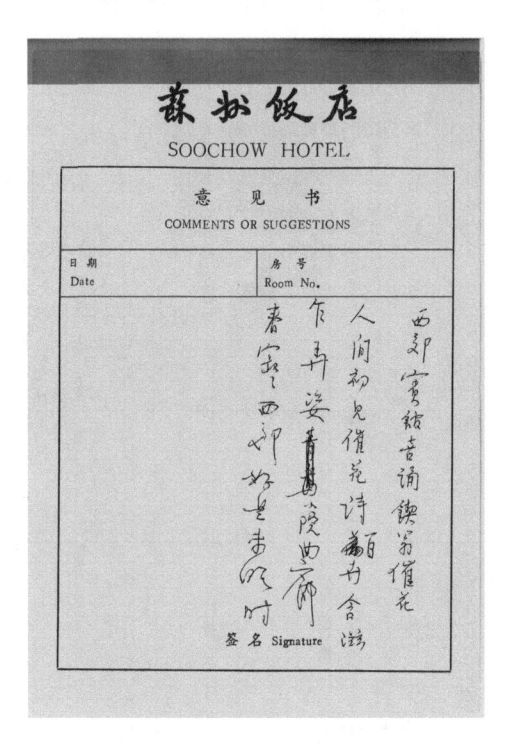

檔案編號：A.Jg00.002.01.004a

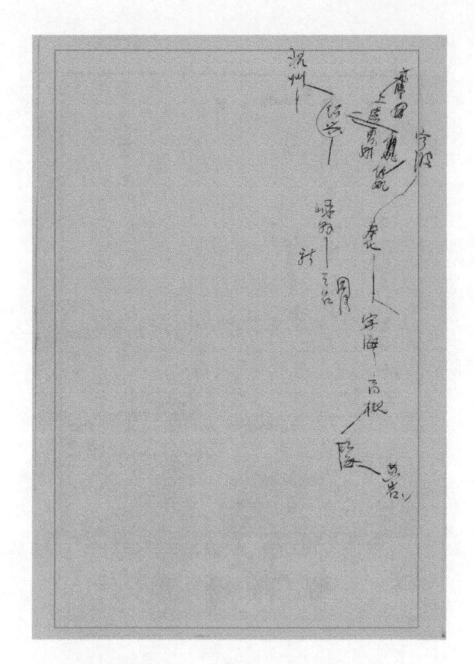

二 《江南春集》相關史料選輯 / 217

檔案編號：A. Jg00. 002. 01. 004b

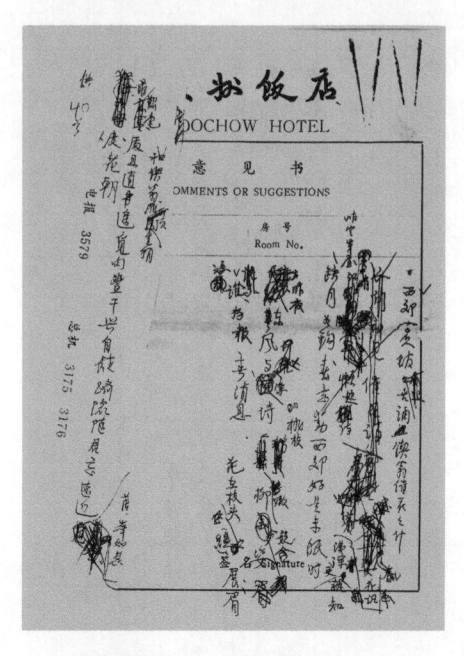

檔案編號：A. Jg00. 002. 01. 005a

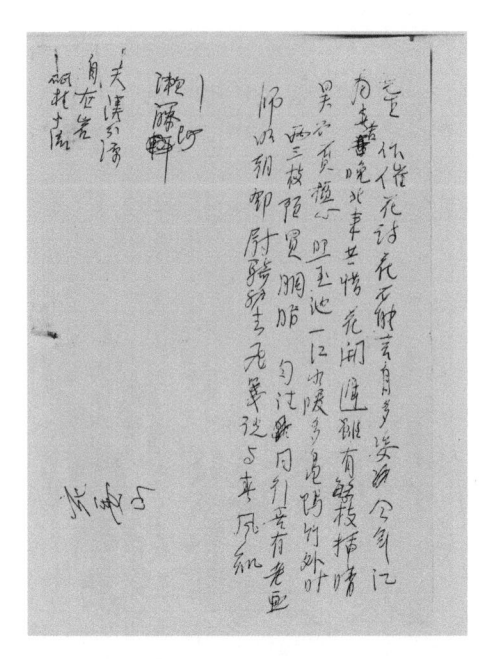

檔案編號：A.Jg00.002.01.005b

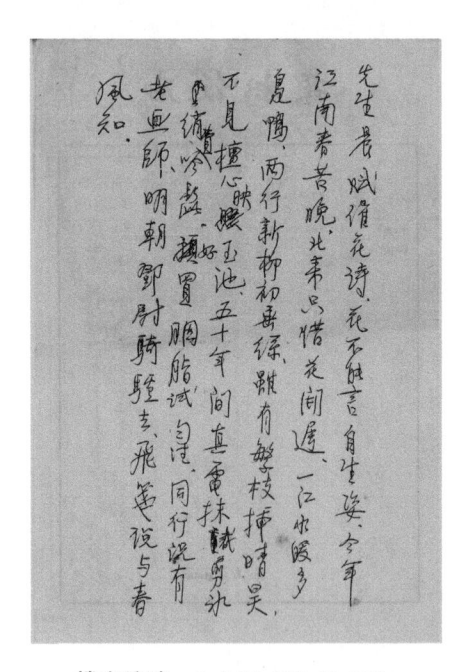

檔案編號：A.Jg00.002.01.006a

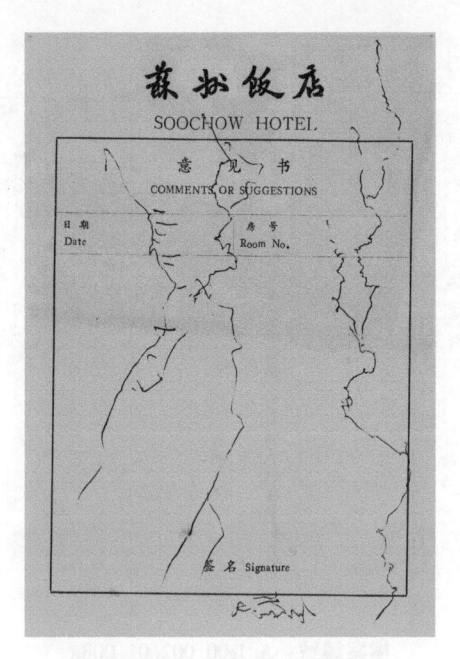

檔案編號：A.Jg00.002.01.006b

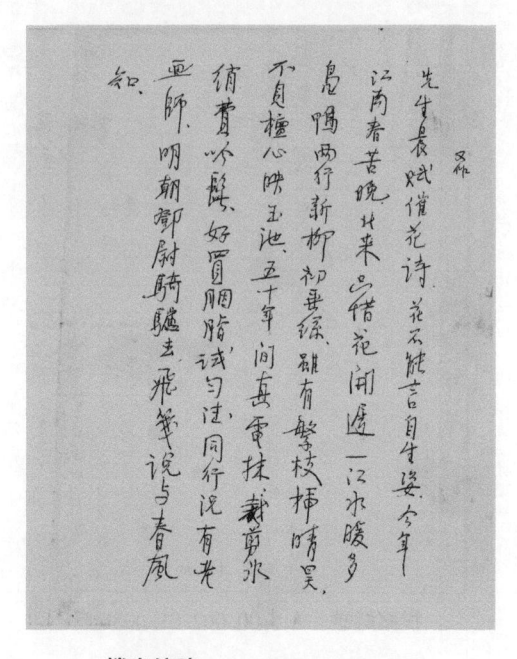

先生長賦償花詩 花不能言自生妥今年
江南春苦晚丗來 借花開遲一江水暖多
鳥鳴雨行新柳初要綠 雖有繁枝揮晴昊
不負檀心聘玉池 五十年間毒雲抹裁剪氷
繡費吟髭好買胭脂試勺注同行況有光
畫師明朝卻尉騎驢去飛箋說与春風
知

又作

檔案編號：A.Jg00.002.01.007

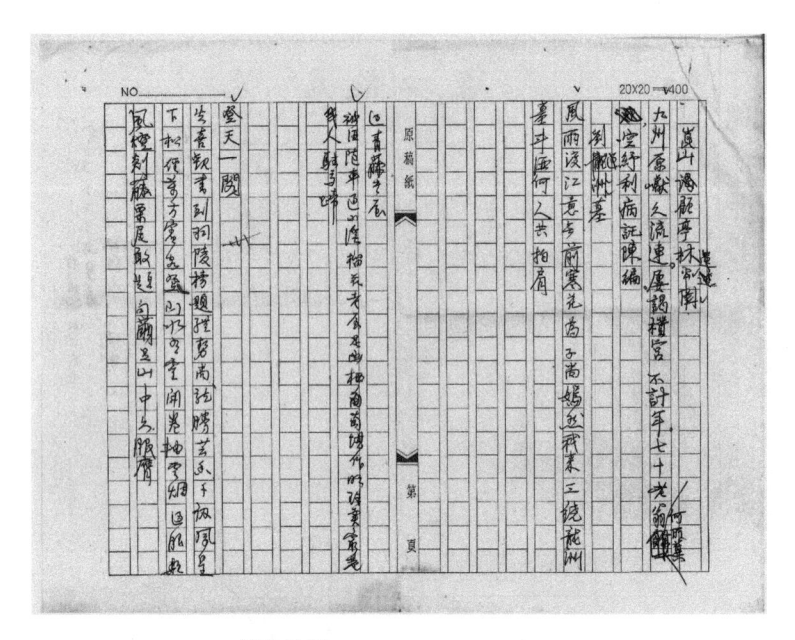

檔案編號：A. Jg00. 002. 01. 008a

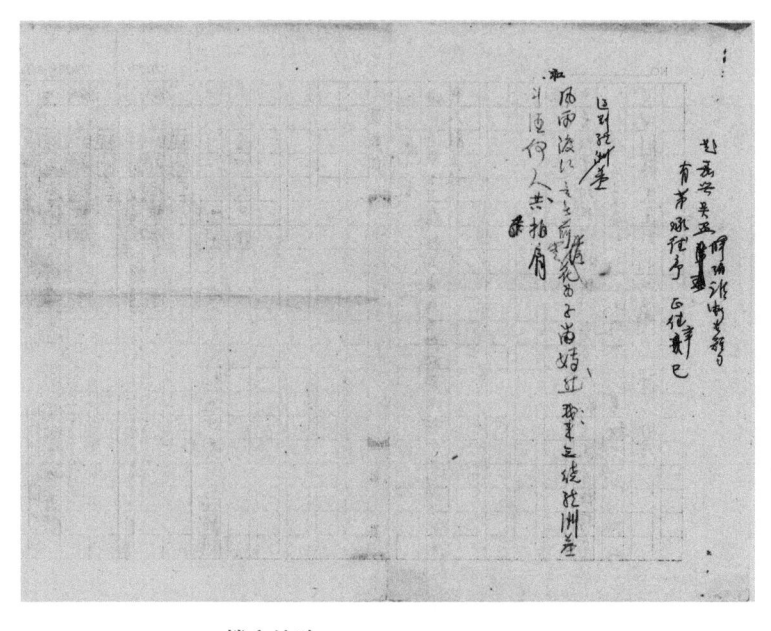

檔案編號：A. Jg00. 002. 01. 008b

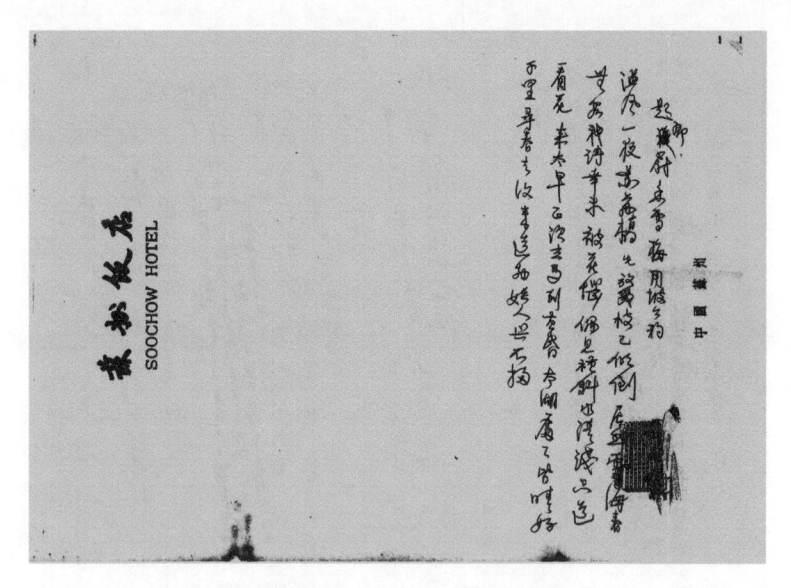

二 《江南春集》相關史料選輯 / 221

檔案編號：A. Jg00. 002. 01. 009

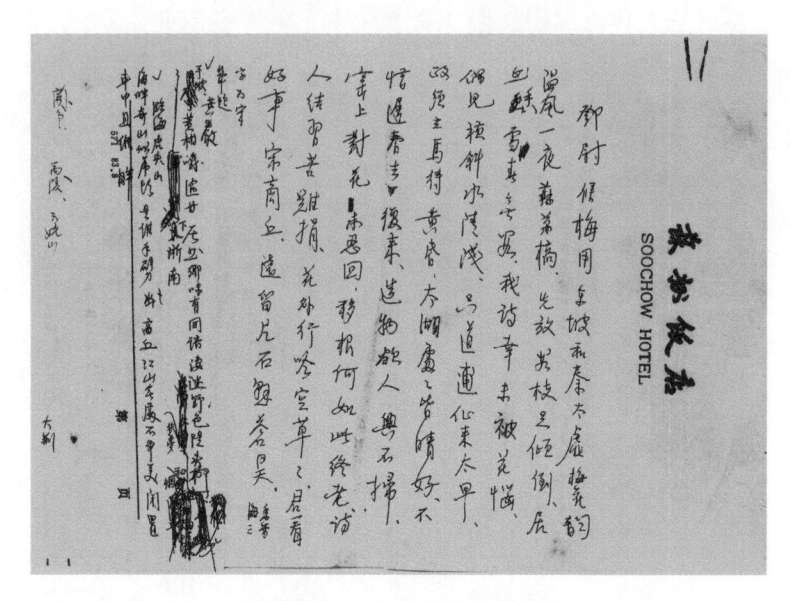

檔案編號：A. Jg00. 002. 01. 010

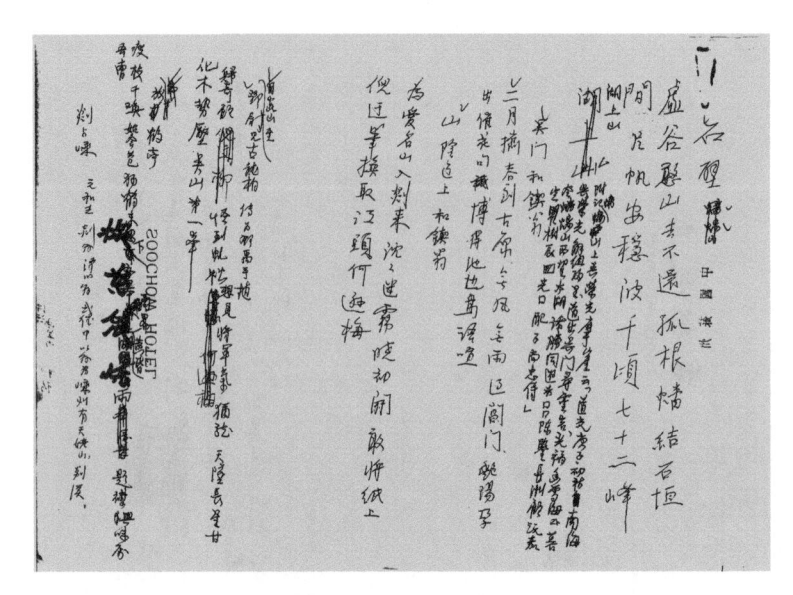

檔案編號：A.Jg00.002.01.011a

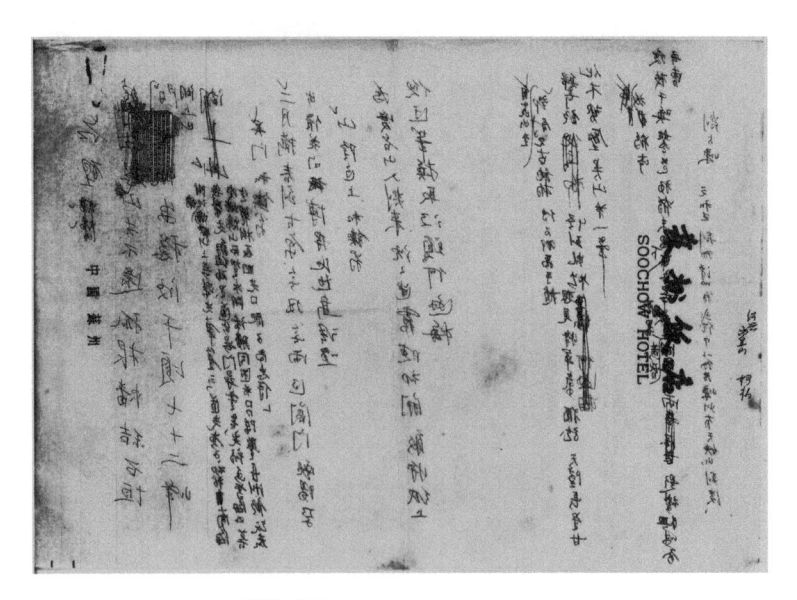

檔案編號：A.Jg00.002.01.011b

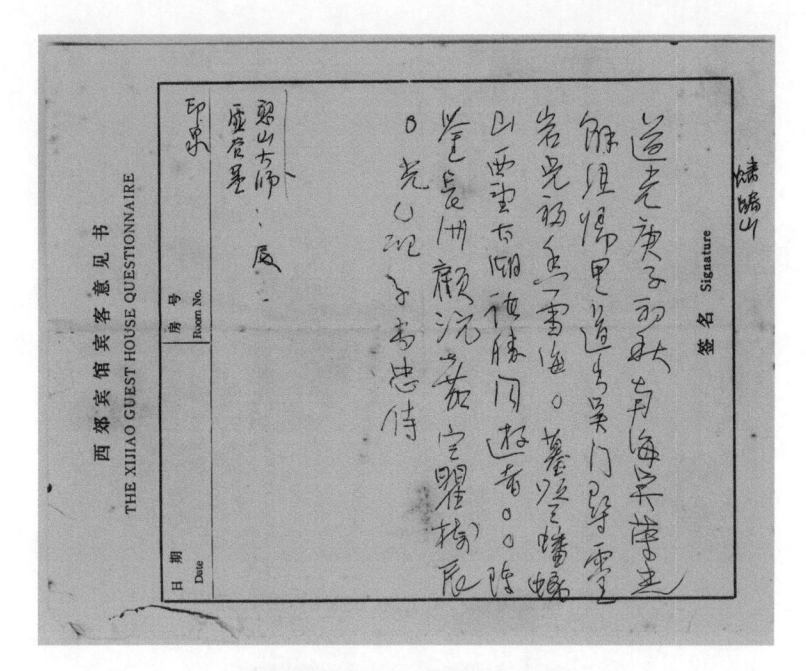

檔案編號：A.Jg00.002.01.012

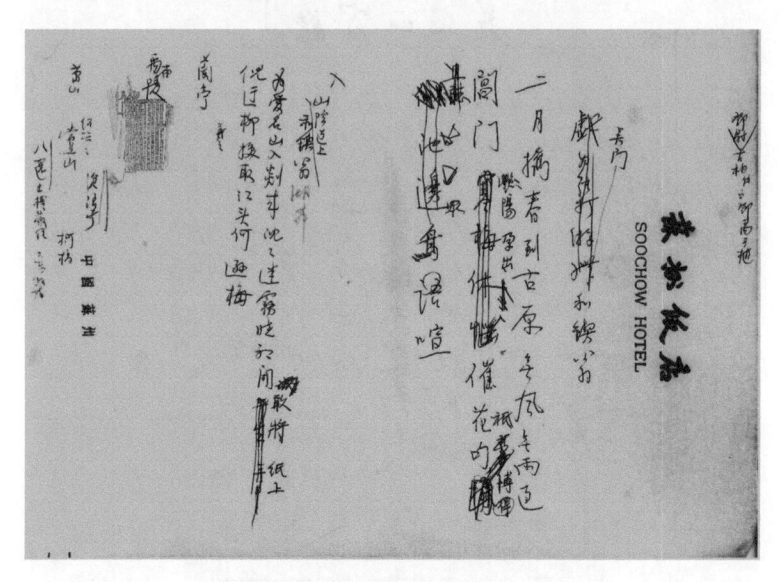

檔案編號：A.Jg00.002.01.013

檔案編號：A. Jg00. 002. 01. 014

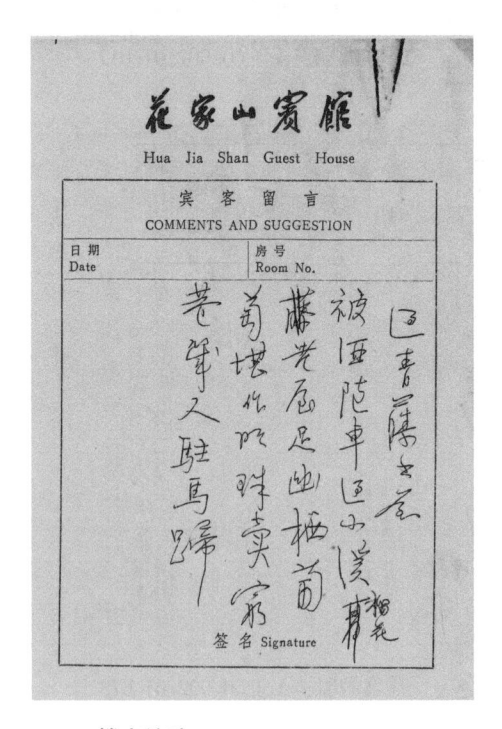

檔案編號：A. Jg00. 002. 01. 015

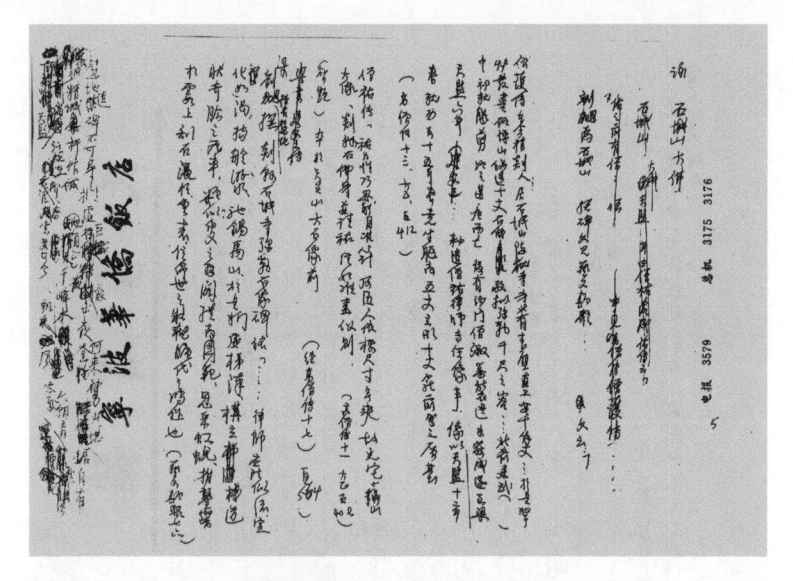

二 《江南春集》相關史料選輯 / 225

檔案編號：A. Jg00. 002. 01. 016a

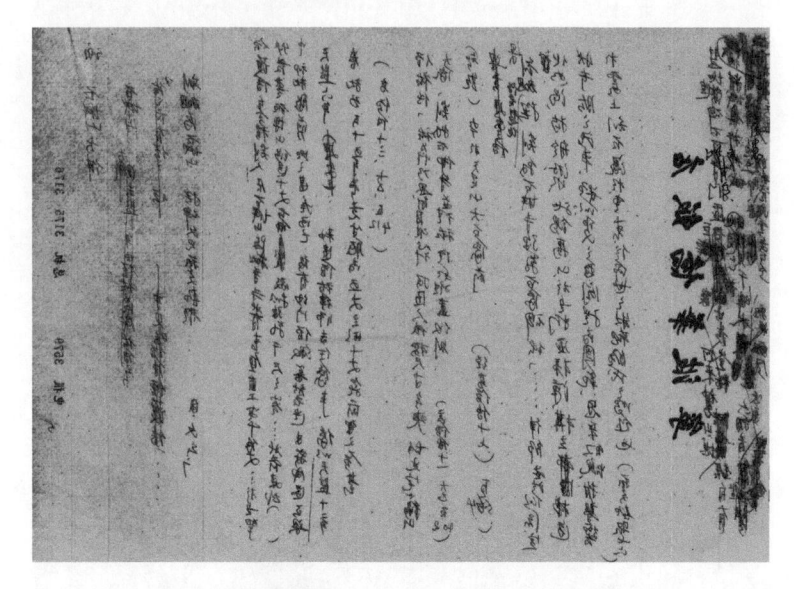

檔案編號：A. Jg00. 002. 01. 016b

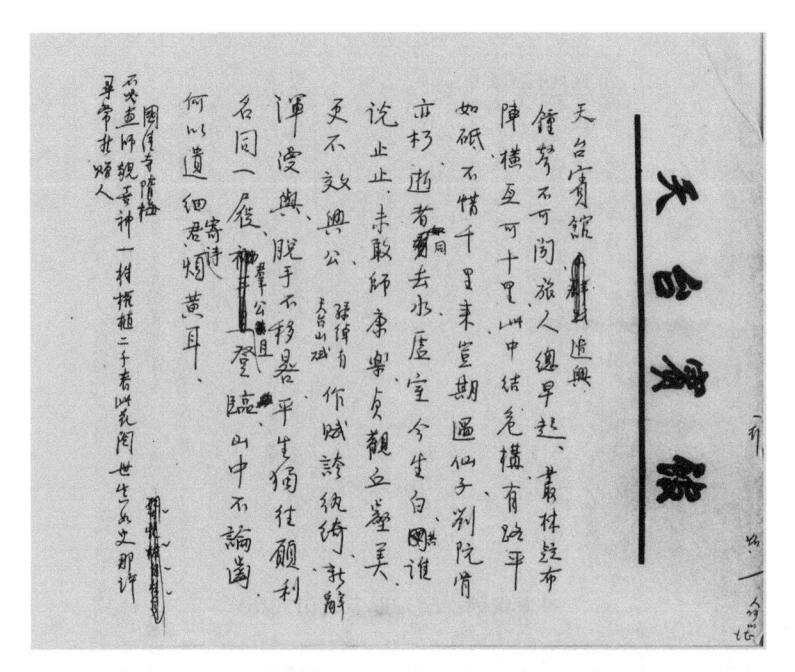

檔案編號：A.Jg00.002.01.017

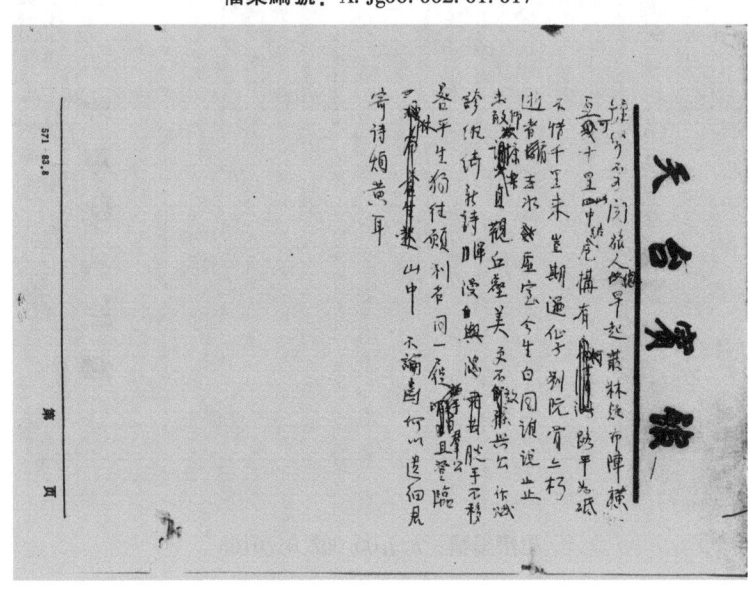

檔案編號：A.Jg00.002.01.018

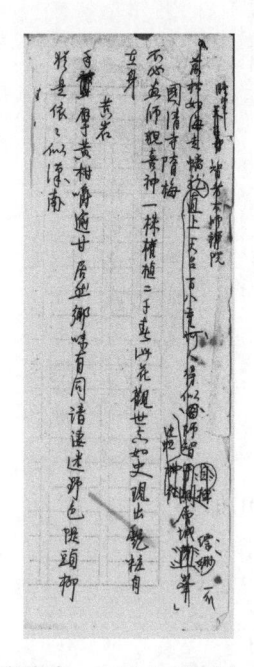

二 《江南春集》相關史料選輯 / 227

檔案編號：A. Jg00. 002. 01. 019

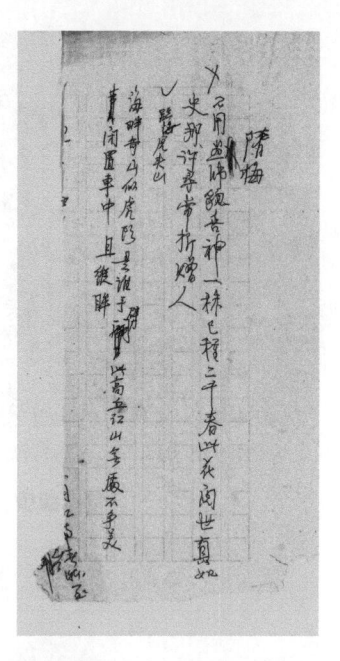

檔案編號：A. Jg00. 002. 01. 020

檔案編號：A. Jg00. 002. 01. 021

檔案編號：A. Jg00. 002. 01. 022

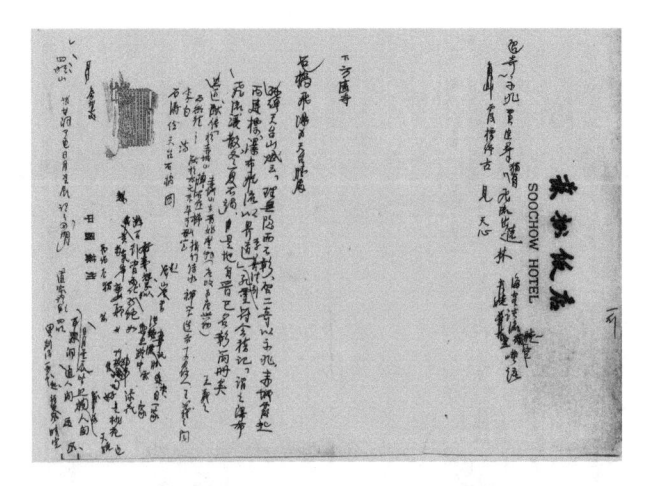

檔案編號：A.Jg00.002.01.023

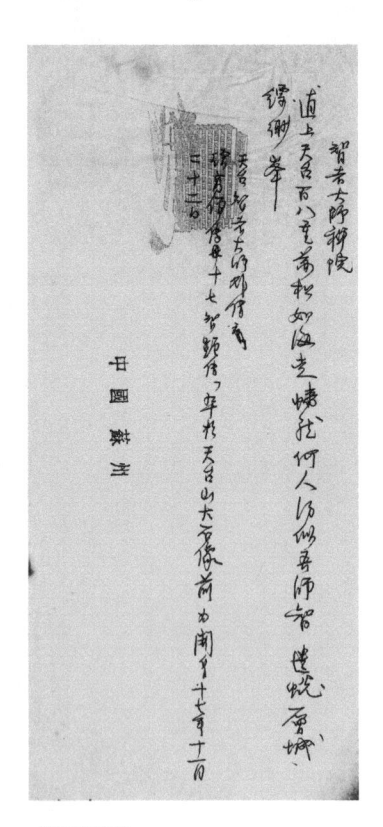

檔案編號：A.Jg00.002.01.024

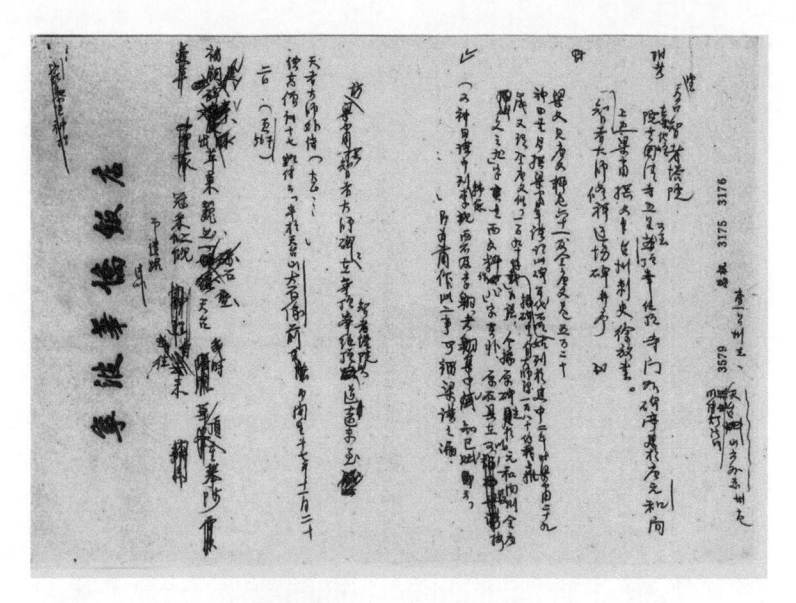

档案编号：A.Jg00.002.01.025

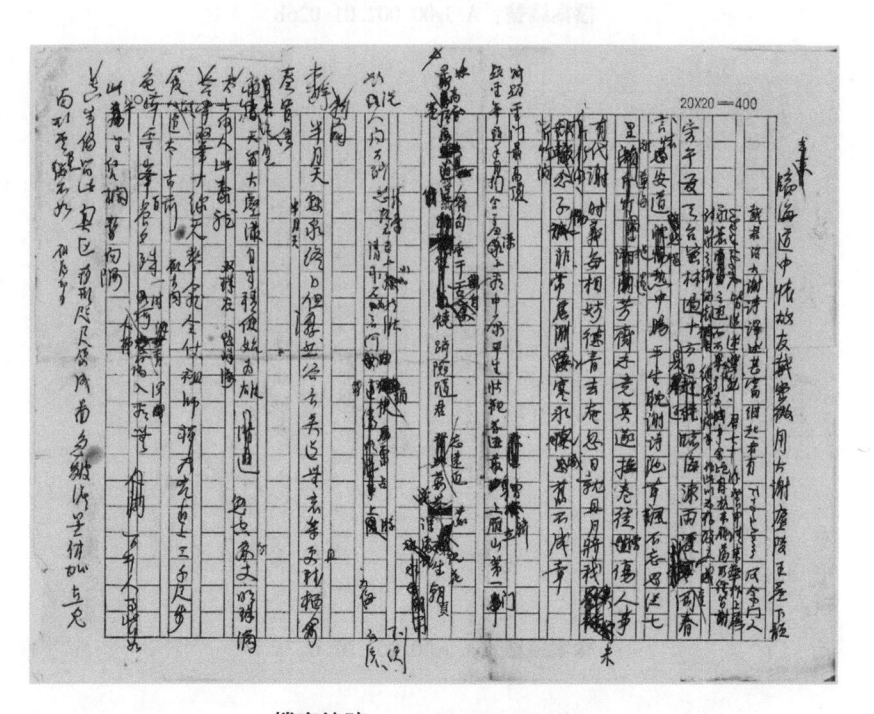

档案编号：A.Jg00.002.01.026a

檔案編號：A. Jg00. 002. 01. 026b

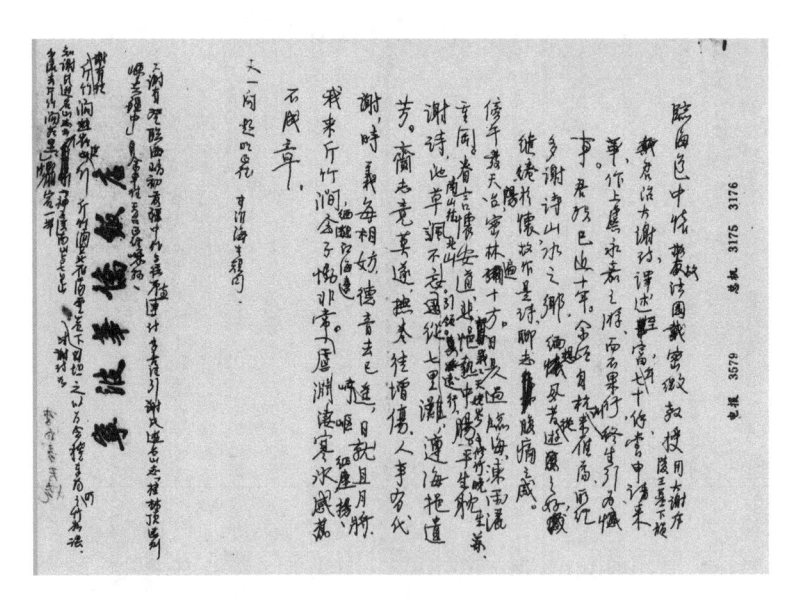

檔案編號：A. Jg00. 002. 01. 027a

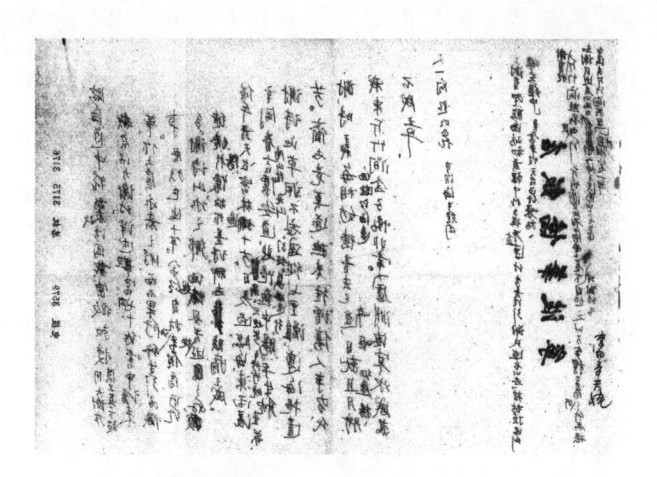

檔案編號：A.Jg00.002.01.027b

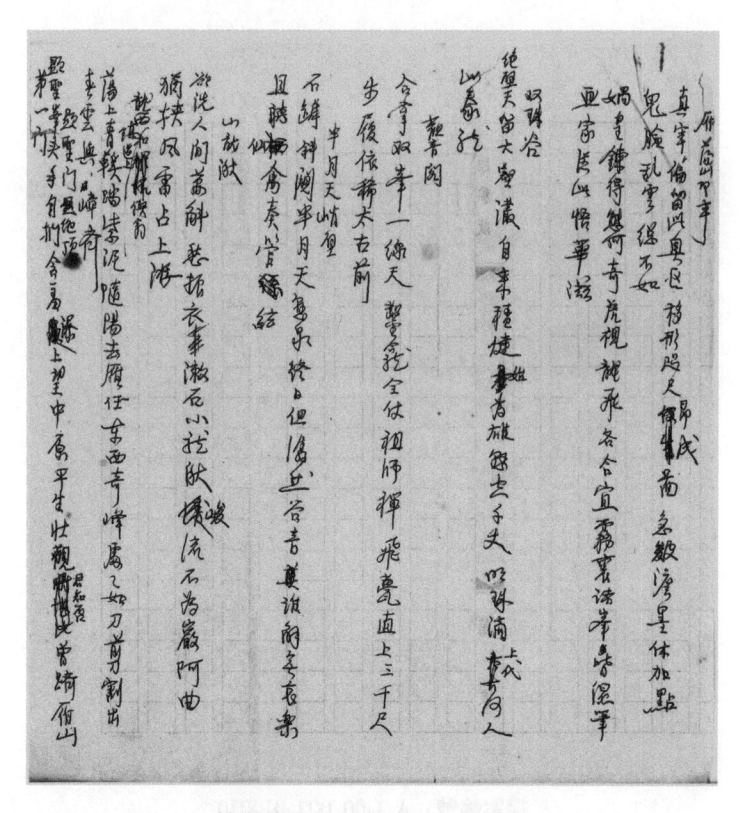

檔案編號：A.Jg00.002.01.028

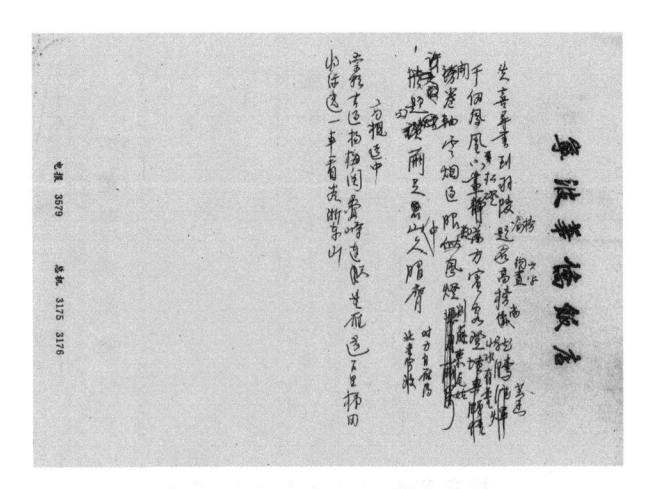

檔案編號：A.Jg00.002.01.029

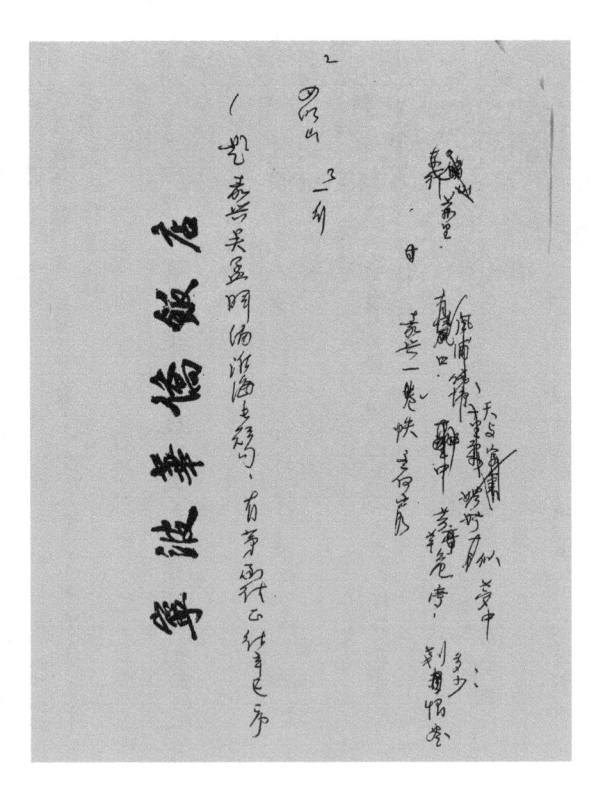

檔案編號：A.Jg00.002.01.030

二 《江南春集》相關史料選輯 / 233

檔案編號：A. Jg00. 002. 01. 031a

檔案編號：A. Jg00. 002. 01. 031b

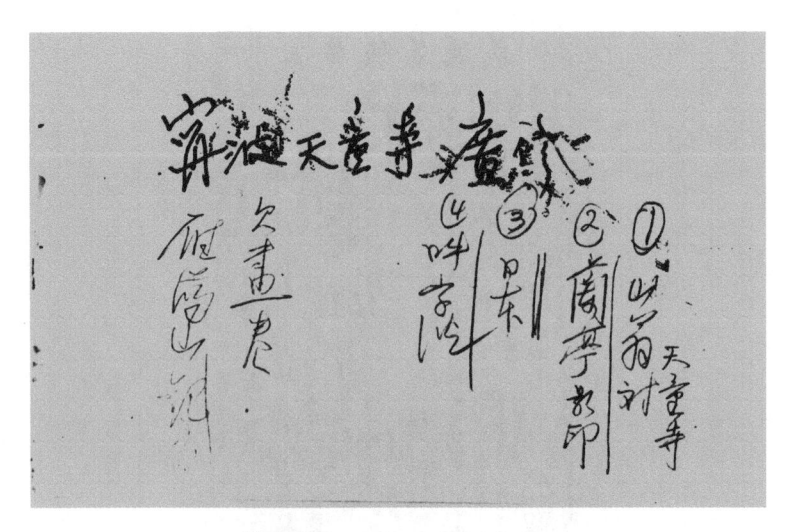

檔案編號：A.Jg00.002.01.034

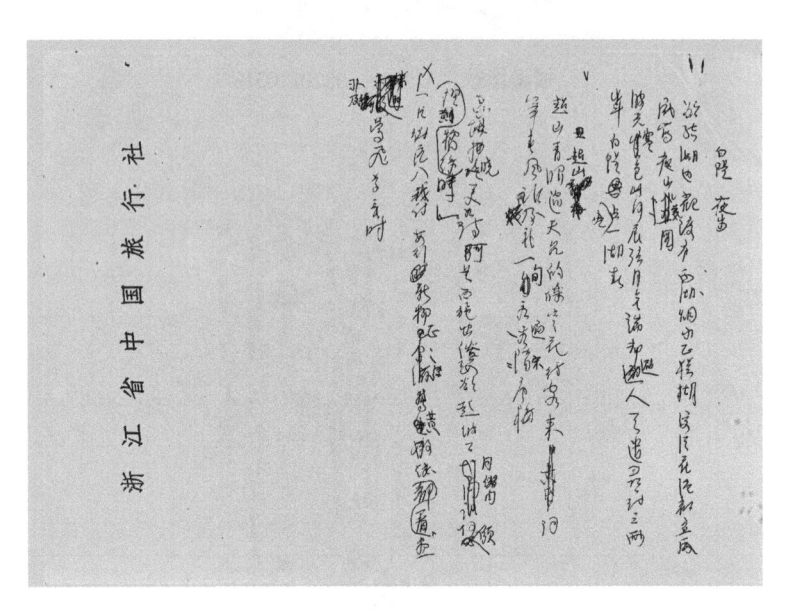

檔案編號：A.Jg00.002.01.036

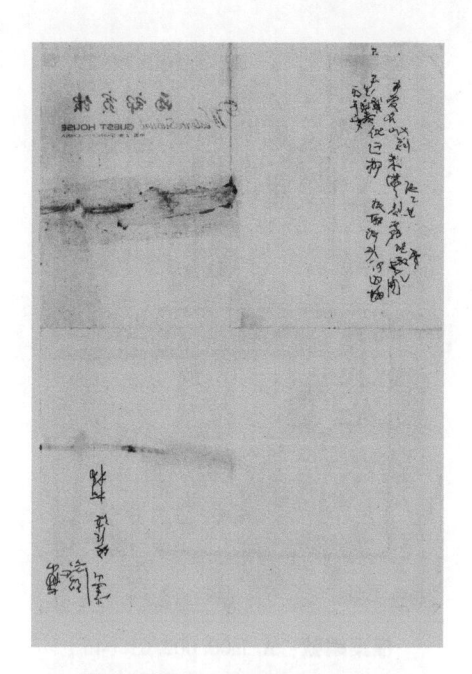

二　《江南春集》相關史料選輯　/　235

檔案編號：A. Jg00. 002. 01. 037

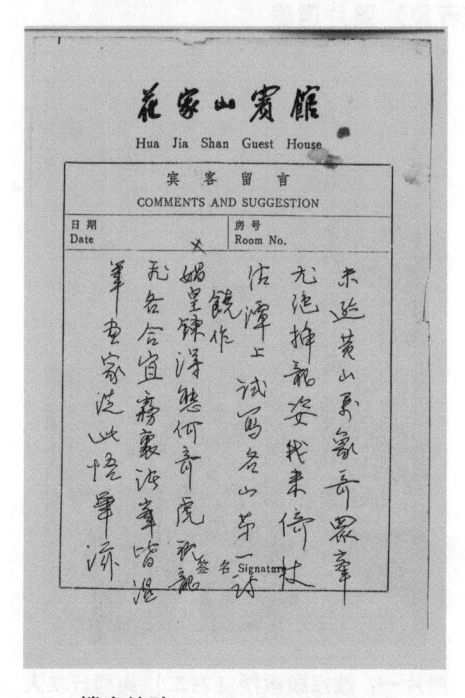

檔案編號：A. Jg00. 002. 01. 038

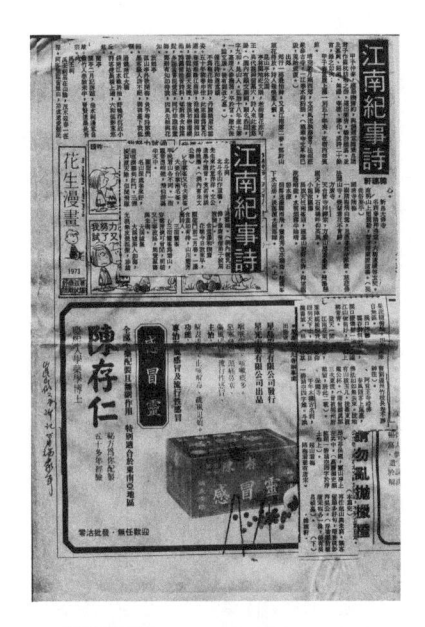

236 / 饒宗頤先生《江南春集》文獻及相關史料研究

檔案編號：A. Jg00.002.01.046

(二)《江南春集》照片選錄

照片一：饒宗頤教授（右二）與同行友人

二 《江南春集》相關史料選輯 / 237

照片二：雁蕩山觀音閣

照片三：雁蕩山風景

照片四：饒宗頤教授（左）與友人在雁蕩山

照片五：雁蕩山風景

二 《江南春集》相關史料選輯 / 239

照片六：雁蕩山風景

照片七：饒宗頤教授在天一閣即興揮毫

240 / 饒宗頤先生《江南春集》文獻及相關史料研究

照片八：饒宗頤教授（左三）與其所書《登天一閣》詩

(三) 饒宗頤教授江南旅途速寫畫稿

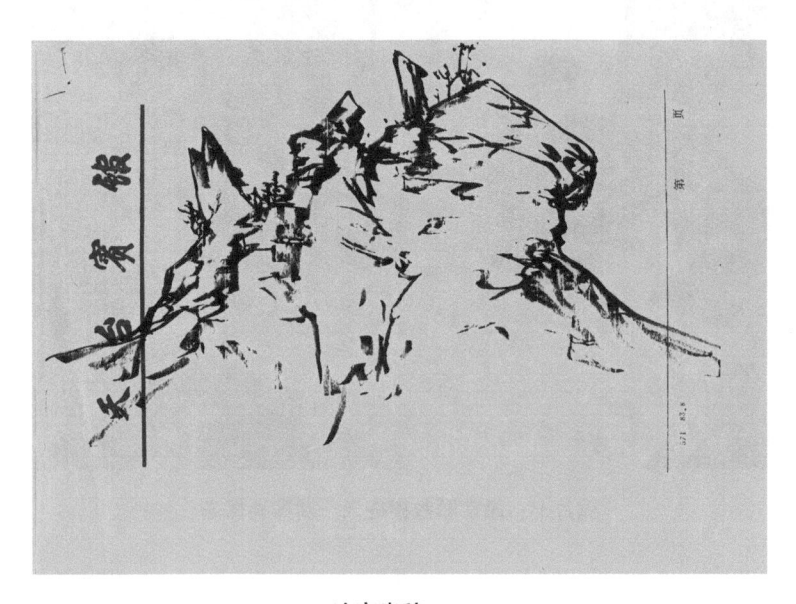

速寫畫稿 001

二 《江南春集》相關史料選輯 / 241

速寫畫稿002

速寫畫稿003

速寫畫稿004

速寫畫稿005

二 《江南春集》相關史料選輯 / 243

速寫畫稿006a

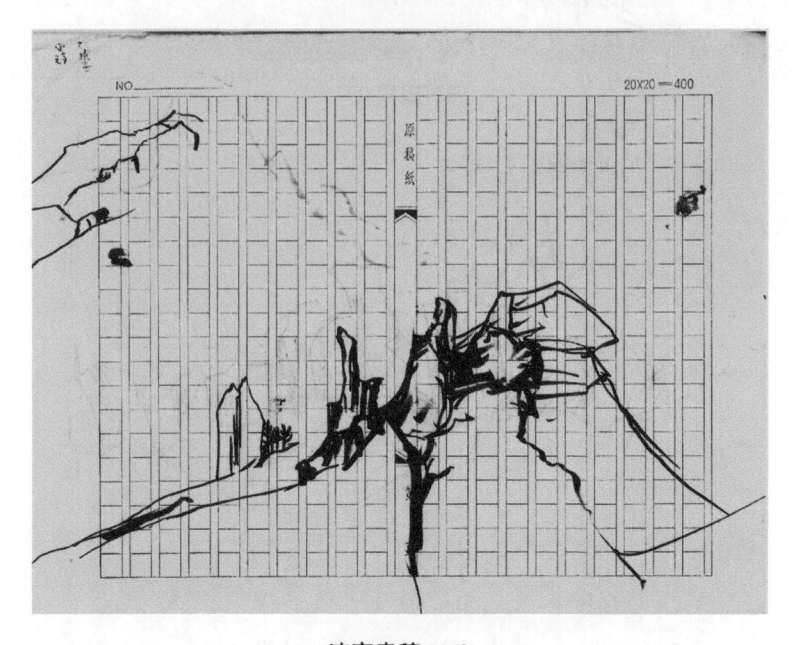

速寫畫稿006b

244 　/　饒宗頤先生《江南春集》文獻及相關史料研究

速寫畫稿 007

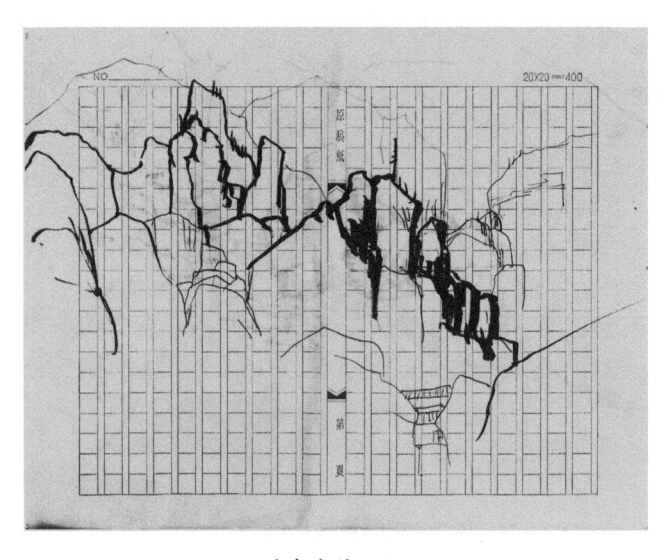

速寫畫稿 008a

二 《江南春集》相關史料選輯 / 245

速寫畫稿008b

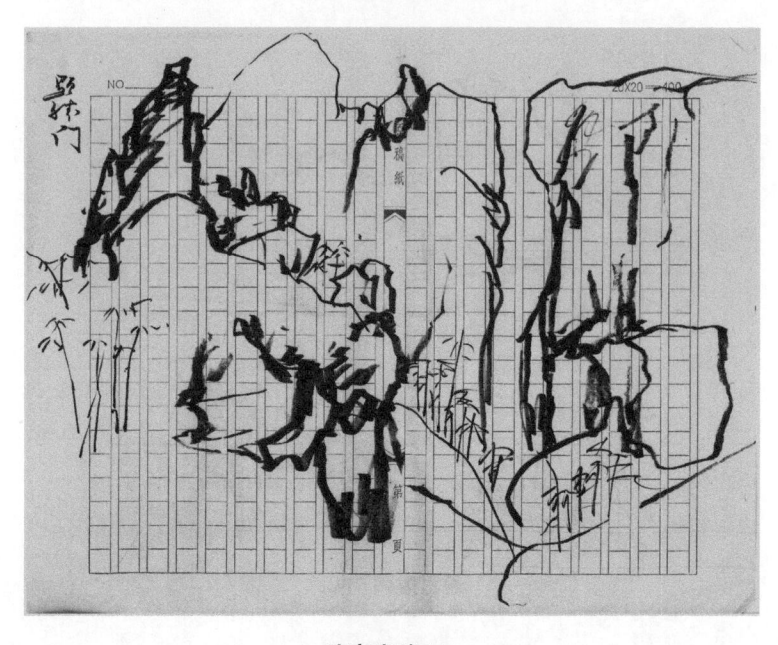

速寫畫稿009

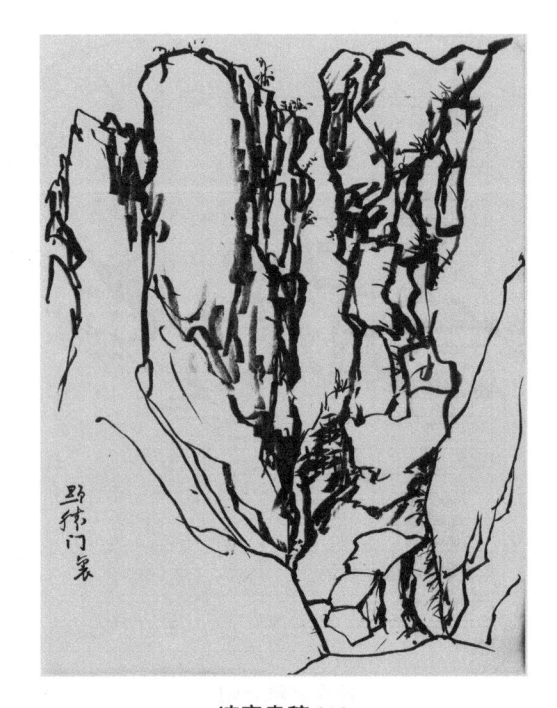

246 / 饒宗頤先生《江南春集》文獻及相關史料研究

速寫畫稿 010

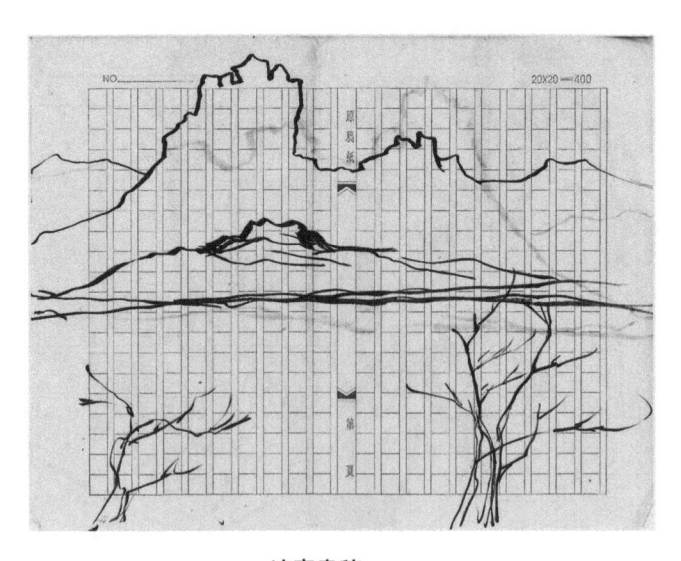

速寫畫稿 011a

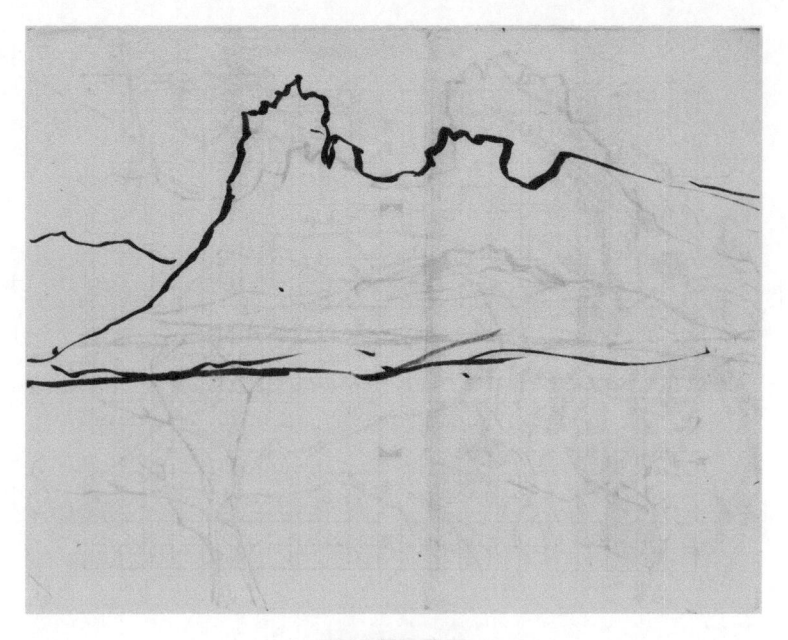

二 《江南春集》相關史料選輯 / 247

速寫畫稿011b

速寫畫稿012a

248　/　饒宗頤先生《江南春集》文獻及相關史料研究

速寫畫稿 012b

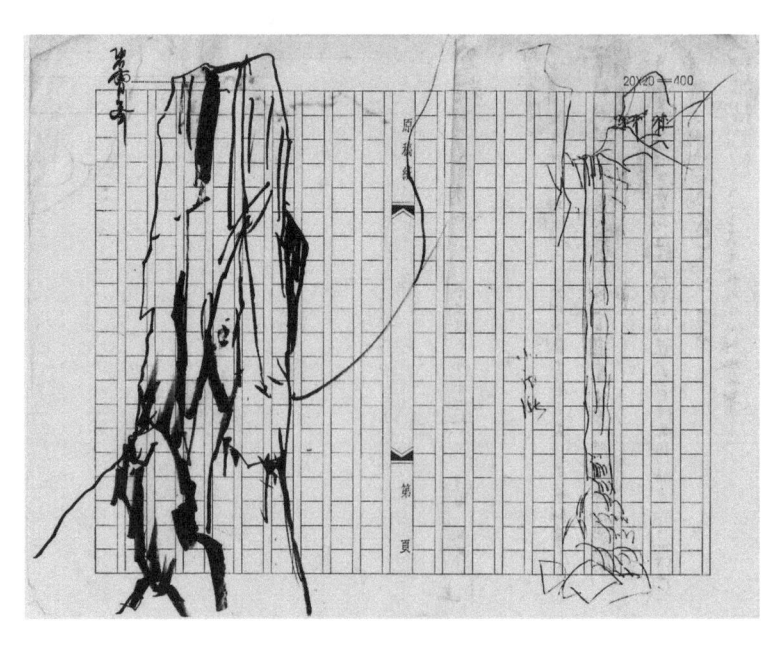

速寫畫稿 013a

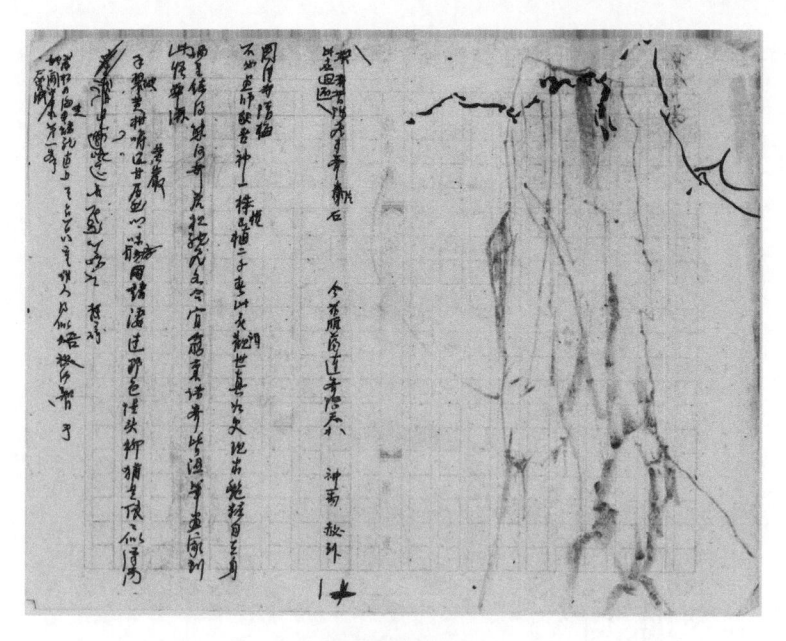

速寫畫稿 013b

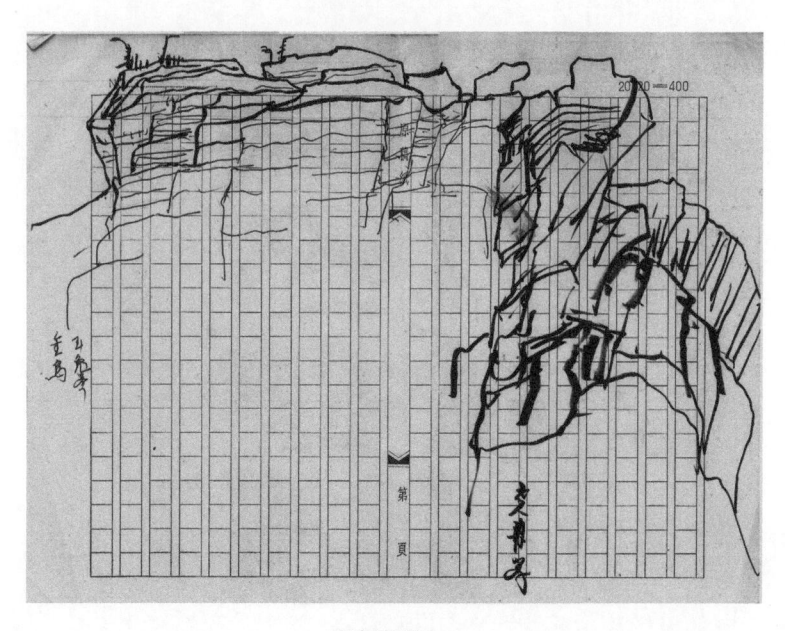

速寫畫稿 014

（四）饒宗頤教授《江南春集》相關書畫創作

圖一　《西湖小冊》寫生冊頁

圖二　《雁蕩心影》寫生冊頁

二 《江南春集》相關史料選輯 / 251

圖三 《山陰道上》寫生冊頁

圖四 《雁蕩搜奇》寫生冊頁

圖五 《天臺勝處》

圖六 《赤城山色四聯屏》

二 《江南春集》相關史料選輯 / 253

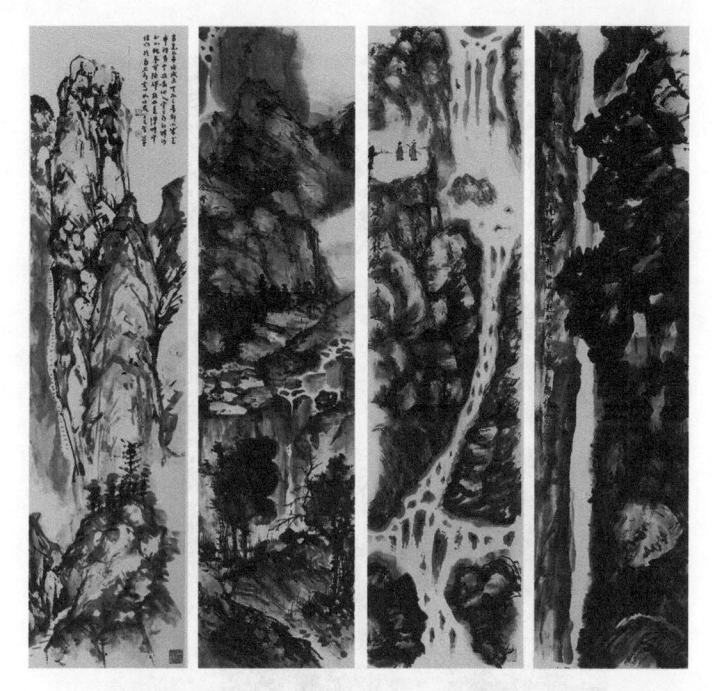

圖七 《終南、雁蕩、匡廬、太華四山風光》

圖八 《山水四屏（華山、黃山、赤城、雁蕩）》

254 / 饒宗頤先生《江南春集》文獻及相關史料研究

圖九 《雁蕩秋月》

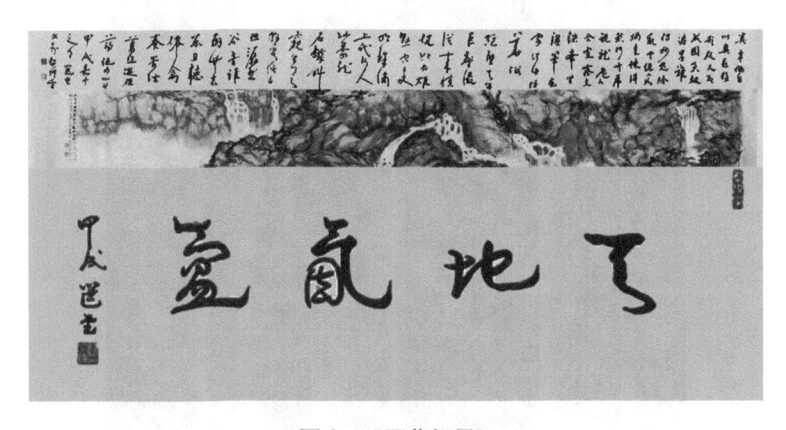

圖十 《雁蕩煙霞》

二 《江南春集》相關史料選輯 / 255

圖十一 《高棍道中》

圖十二 《雁蕩山色》

圖十三 《雁蕩天柱峰》

二　《江南春集》相關史料選輯　/　257

圖十四　《天台石梁飛瀑》

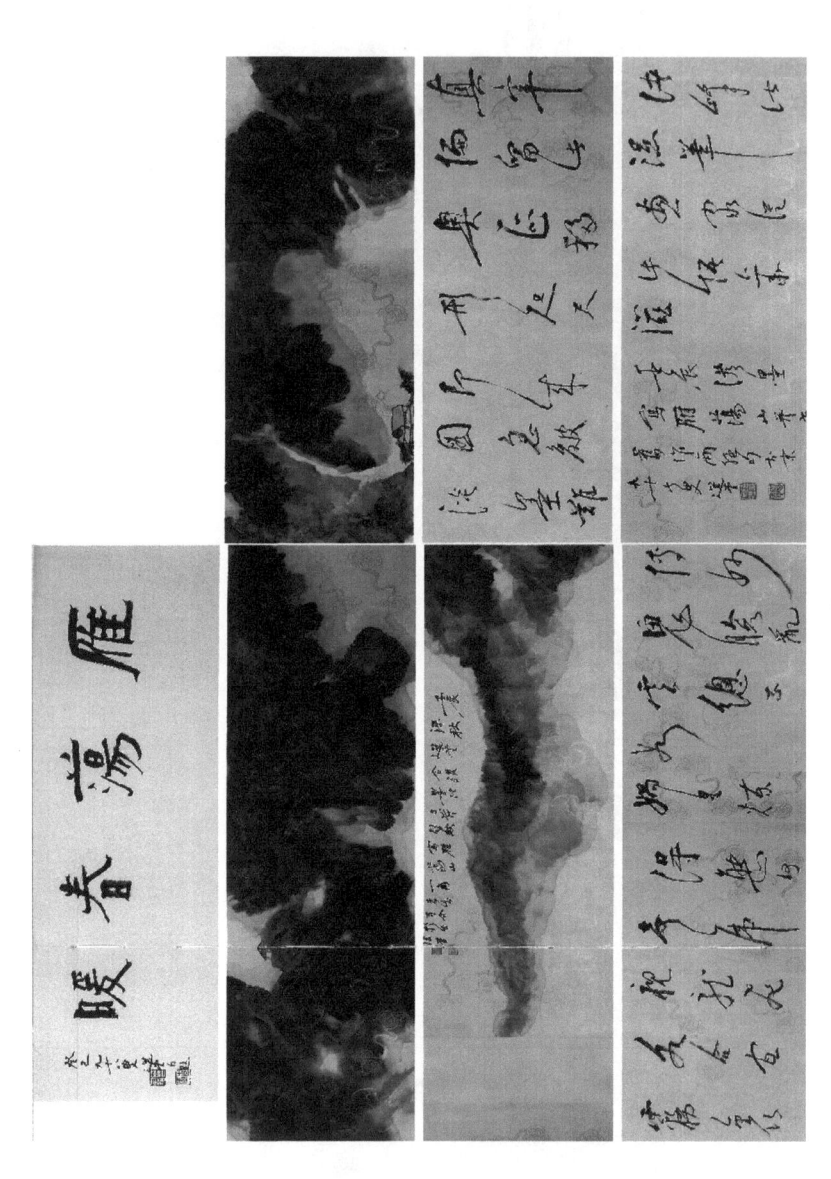

258 / 饒宗頤先生《江南春集》文獻及相關史料研究

圖十五 《雁蕩春暖》

二 《江南春集》相關史料選輯 / 259

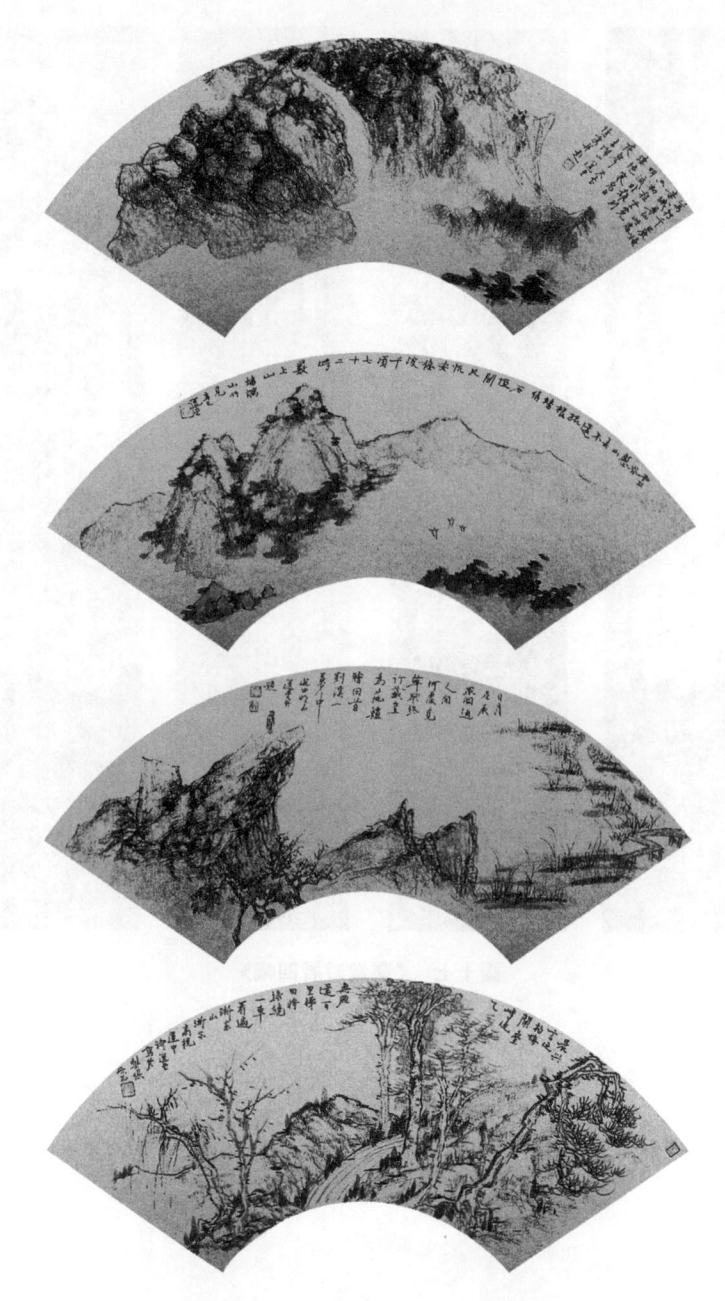

圖十六 《中國風光》扇面（選刊）

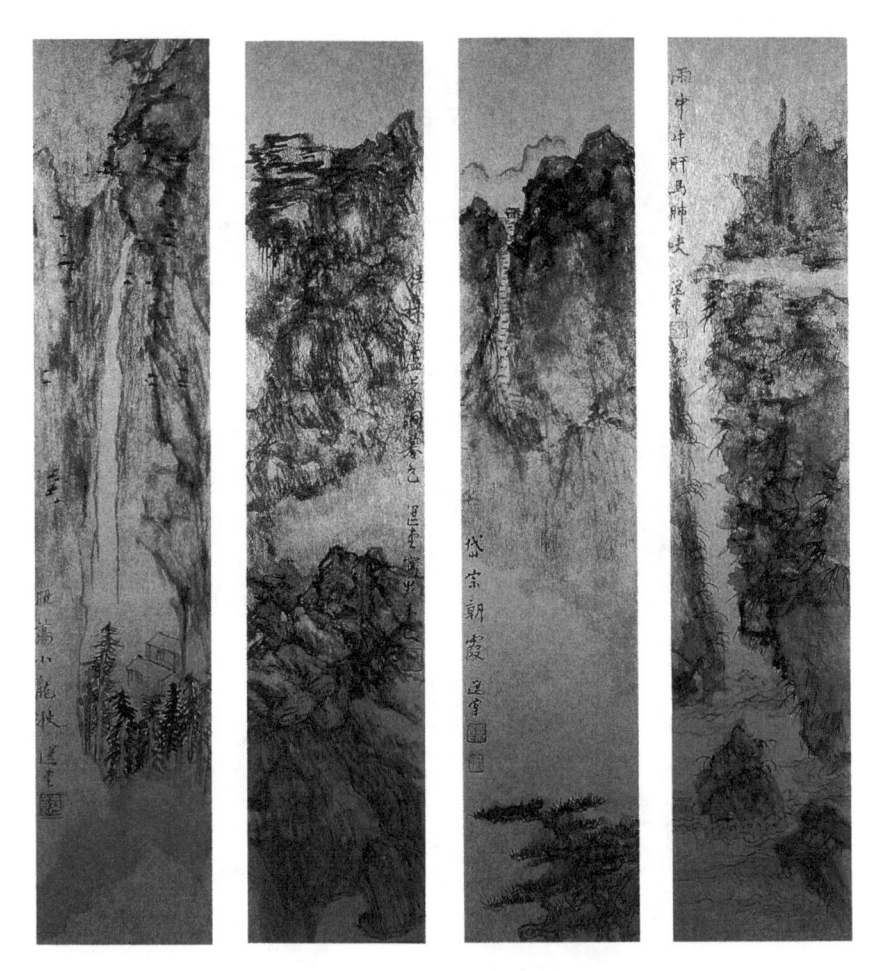

圖十七 《選堂遊展四幅》

二　《江南春集》相關史料選輯　/　261

圖十八　《四睡圖》

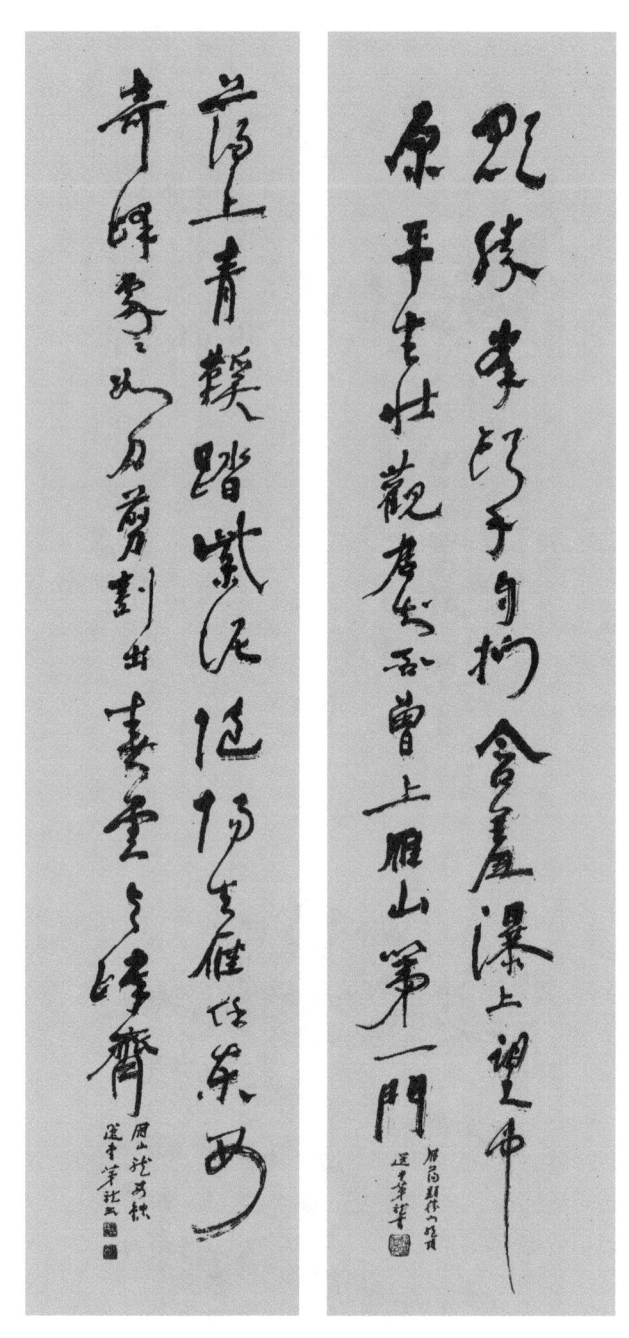

圖十九 《自書雁蕩山詩雙幅》

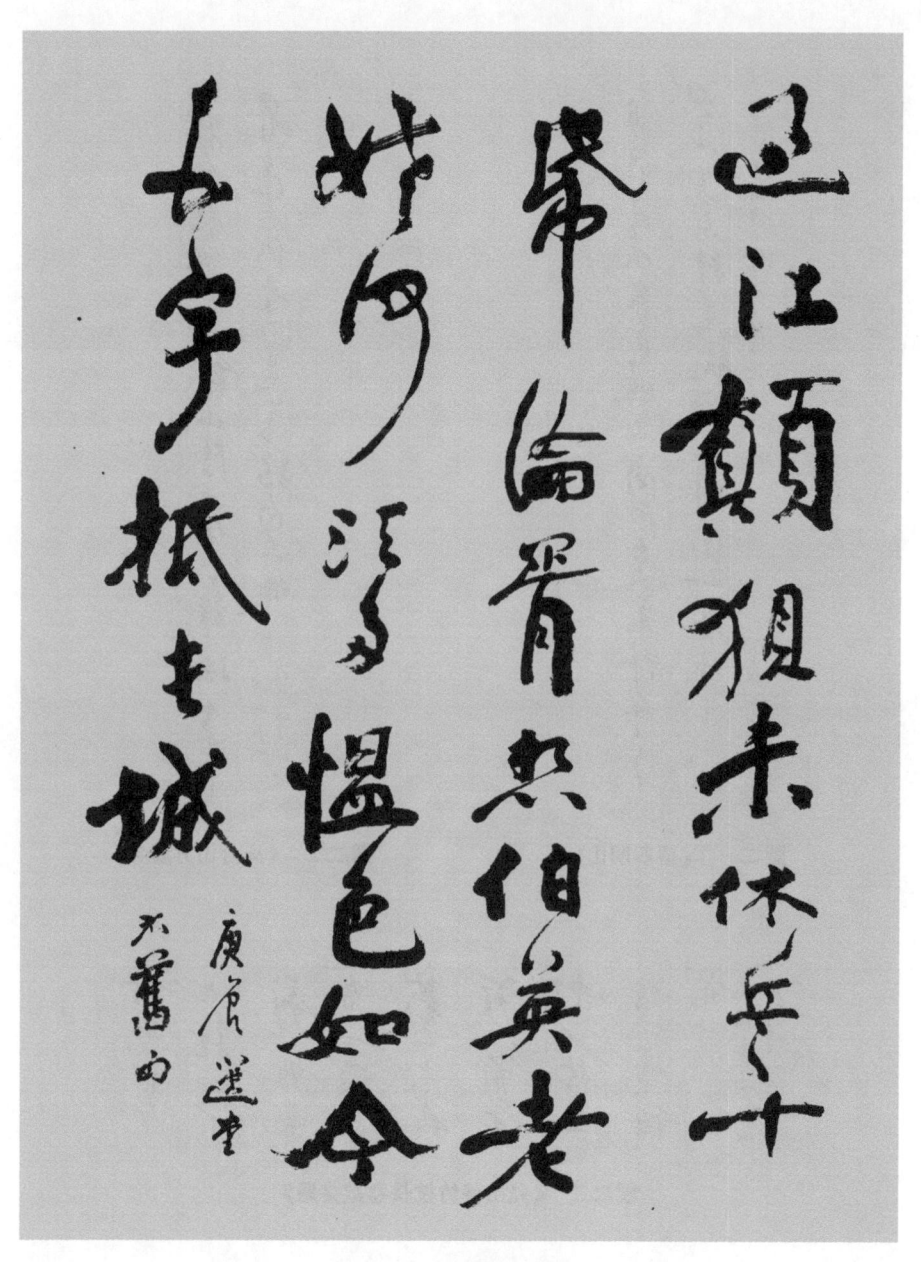

圖二十 《草書自書詩》

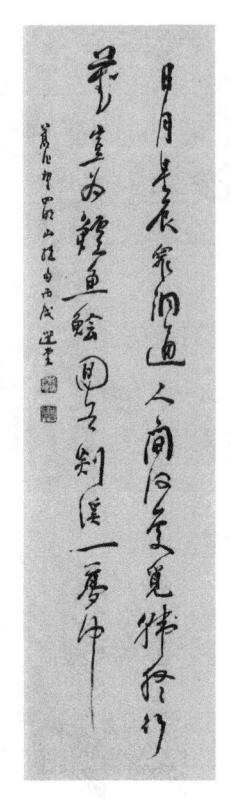

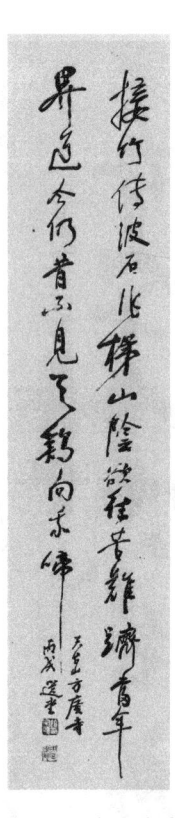

圖二一 《望四明山》　　圖二二 《天台山方廣寺》

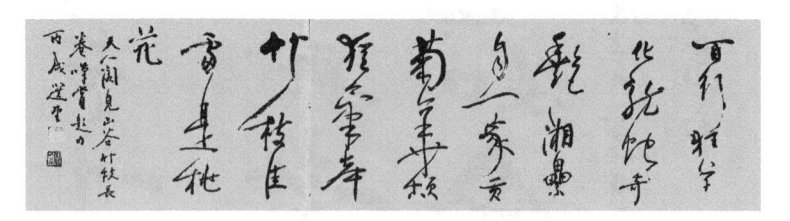

圖二三 《見山谷竹枝長卷歡賞題》

二　《江南春集》相關史料選輯　/　265

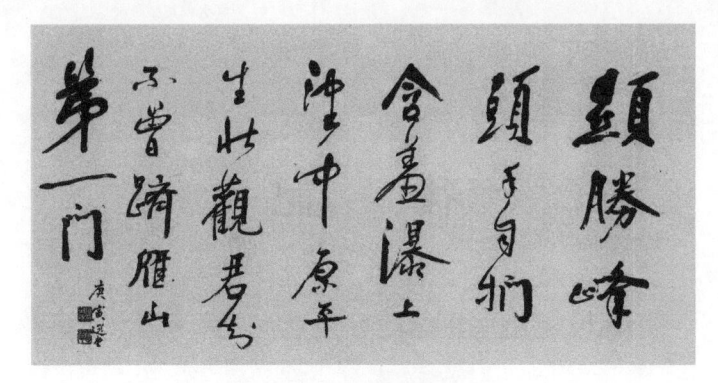

圖二四　《自題雁蕩山句》

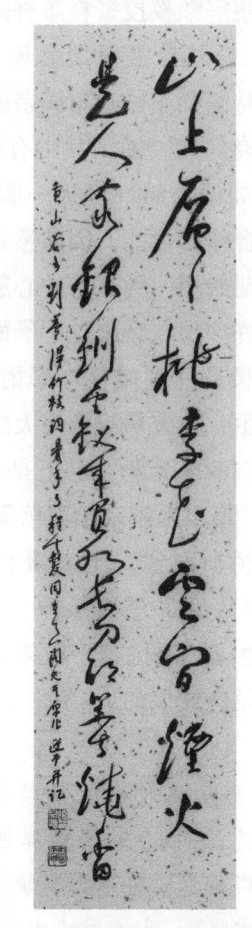

圖二五　《臨黃山谷書劉禹錫句》

後　　記

　　本項研究起源於2012年，時孫沁君碩士畢業後加入香港大學饒宗頤學術館，隨我著手整理饒宗頤教授資料庫暨饒學研究中心之藏品，在盤點登記中心藏書之時，意外於書櫃頂發現一大牛皮紙包，亦即此"《江南春集》檔案"。彼時兩個小姑娘對饒宗頤教授之著述學問，皆知之甚少，初翻看時並不知為何物，僅因其中有寧波天一閣導覽小冊子，又適逢我們正開始與天一閣博物館（今天一閣博物院）電話接洽，探討港大饒館與其開展交流合作的可能，因此感到分外驚喜。在此巧合激起的好奇心下，我們本能開始用一種八卦的心態探索這批材料及其背後可能相關的故事，提出過許多現在看來並不學術的觀點和猜想。我們的上司，時為學術部主任、後升任副館長（學術）的鄭煒明老師，是追隨饒宗頤教授數十年的學生，他秉承饒教授大開大合的治學理念，對我們的"胡鬧"持開放和支持的態度。也正是在他的鼓勵下，我們於2013年12月香港舉辦之"第二屆饒宗頤與華學暨香港大學饒宗頤學術館成立十周年慶典國際學術研討會"上宣讀了第一篇相關論文。本打算一篇文章即可收工，卻又每每意猶未盡，而不停衍出新的題目而"刹車"失敗，最後竟演變成一場持續十數年之久的"馬拉松"。項目進行期間，正式發表之階段性成果如下：

　　1. 羅慧、孫沁：《香港大學饒宗頤學術館饒學研究中心藏"〈江南春集〉檔案"初探》，見鄭煒明執行主編《饒學與華學——第二屆饒宗頤與華學暨香港大學饒宗頤學術館成立十周年慶典國際學術研討會論文集》，上海辭書出版社2016年版，上冊，第238—248頁。

2. 羅慧、孫沁：《饒宗頤教授〈江南春集〉版本研究》，見鄭煒明主編：《饒宗頤教授百歲華誕國際學術研討會論文選集》，（香港）紫荊出版社2016年，第154—162頁。

3. 羅慧、孫沁：《〈江南春集〉足本校訂》，見趙松元主編：《饒學研究》第四卷，暨南大學出版社2020年版，第84—102頁。

4. 羅慧、孫沁：《由〈江南春集〉相關書畫看饒宗頤學藝融通的藝術人生》，《華南師範大學學報（社會科學版）》2018年第6期，第183—188頁。

5. 羅慧、孫沁、鄭煒明：《天一閣藏明刊本〈淮海居士長短句〉考略》，《國際考古學暨歷史語言學學會學刊》第13卷（2020年2月），第19—30頁。

2019年，時饒宗頤教授已於之前一年仙逝，館內大浪未起而草灰蛇線已伏，學術部規模日漸收縮。而孫沁將離港赴閩讀博，故命其臨行前翻檢舊稿、草綴成書。孫沁走後，祇剩下鄭老師與我二人。又逢香港不靖、後續三年大疫，萬事延宕、心緒不寧之間，斷續撿起舊稿，屢次嘗試批閱修訂，皆有新體會、新認識，略有長進之餘，倒是日漸吃力了。此時方愈感學術之博大艱深及饒教授道行之高。亦感慨當日真為初生牛犢不怕虎，不自量力得過分了。惟事已至此，硬著頭皮勉力為之。此四年間，反覆校讎、增訂、修改，較之舊稿多出近倍。又多得鄭老師安撫鼓勵，並蒙他親自審校數次，最後一次，還發生在他退休之後，始為此書定稿。

至此，除了感謝鄭老師的幫助，和饒宗頤學術館之友對本書出版經費的贊助，還需感謝天一閣給予過我們幫助的老師們：賀宇紅老師、袁芳芳老師、饒國慶老師、袁慧老師、李開升老師……他們在本項目不同時期為我們提供了不同方面的協助和指導。

2024年，即傳說中的"紫離火運"的開始。據鄭老師說，饒先生前最重視《周易》中的離卦。此固與饒教授在二戰時期一次卜得離卦，而拯救了自己和很多人免於被日本人飛機轟炸致死的絕境，而這些幸存者日後亦多有後福的這一故事有關。而看離卦之卜辭："離，利貞，亨。"《彖》曰："離，麗也。日月麗乎天，百穀草木麗乎土，重明以麗乎正，乃化成天下。"《象》曰："明兩作，離，大人以繼明照于四方。"化成天下之明，雖有"焚如、死如、棄如"之變爻，終吉也。

此書以此時得成，亦天意乎？

祝願：

"王用出征，有嘉，折首，獲匪其醜，无咎。"

終至"太和"。

羅　慧

於香港大學鄧志昂樓

香港大學饒宗頤學術館